주식
투자의
지혜

《炒股的智慧》STOCK TRADING WISDOM

by Chen, Chiang Tim

Originally published in Chinese by The Commercial Press, Ltd., Beijing, 2018

Copyright © The Commercial Press, Ltd., 2018

Korean translation copyright © FN Media Co., Ltd., 2021

《炒股的智慧》韩文版由商务印书馆有限公司授权出版发行.

This Korean edition published by arrangement with The Commercial Press, Ltd., Beijing through RightsDo©tor, Seoul

주식 투자의 지혜

천장팅 지음

김재현, 양성희 옮김

홍진채 감수

에프엔미디어

차례

가치투자자와 차티스트 모두를 위한 책

원칙이 단순해야 적절한 시기에 빠르게 투자를 결정한다. 그래서인지 투자의 구루는 공통적으로 딱 부러지는 투자 원칙을 제시한다. 그러나 그들도 처음부터 그러하지는 않았을 것이다. 건축가가 처음에는 복잡하게 스케치한 후, 디자인에 자신의 향기를 입혀, 독창성이 드러날 때까지 주변을 지워내는 것과 비슷하다. 주가는 건축보다 더 복잡하다. 인간은 감정에 휘둘리기 때문이다. 수학적으로 정교해 보이기도 하지만 감정의 기복에서 자유롭기 힘든 것이 현실이다. 투자 결정에 이르기까지 복잡한 과정을 거치며 잔가지를 쳐내는 능력이 필요한 이유다.

"얇음에서 두꺼움으로, 두꺼움에서 다시 얇음으로"

　나는 증권업계에 들어와 다양한 시도를 했고 '미스터 마켓MR. Market'의 변덕에 좌절하기도, 성취감을 맛보기도 했다. 데이터를 모으고 분석하면서 경험이 쌓였고, 경험이 쌓이면서 생각이 복잡해졌다. 그를 통해 유기적으로 연결된 사회와 시장의 관계를 파악하고 내게 맞는 방법과 의사 결정 기준을 가지게 되었다. 결론은 "기준을 단순화하고 내 판단을 신뢰하자"였다. 찰리 멍거의 조언 '단순하게(Keep it simple)'의 의미를 조금은 이해하게 된 것도 50대 중반이 된 지금이다. 긴 시간의 경험과 결정을 책으로 전하고 싶은 마음도 있었는데, 이제는 그럴 필요가 없어졌다. 천장팅의 《주식투자의 지혜》가 번역 출간되었기 때문이다.

　역사는 과거와 현재의 대화라고 한다. 그런데 과거의 무엇과 현재의 무엇이 어떻게 대화한다는 것일까? 실제는 바로 순간만 있을 뿐이다. 기억(과거)하고 기대(미래)하는 일도 현재형 사건에 불과하다. 투자도 그러하다. '장기냐 단기냐', '성장이냐 가치냐' 등 어떤 방식이든 바로 이 순간 자기 스스로 판단할 수 있어야 한다. 저자 천장팅은 이 책을 이렇게 시작한다. "이 책은 나의 실제 경험과 분석을 통해 주식투자에 꼭 필요하다고 생각하는 정보만 담으려고 노력했다." 알고 경험한 것, 그것만을 솔직히 녹여낸 책이다. 두껍지 않고, 단순하다. 오직 임계점, 바로 그 순간을 어떻게 잡아낼 수 있을지에 집중했다.

나는 이 책이 생소했다. 에프엔미디어에서 추천사를 의뢰했을 때 원고를 보고 고민해보겠다고 답한 첫 번째 이유다. 나름 투자 관련 책을 꽤 읽어왔지만 처음 들어보는 저자였고 낯설게 느껴지는 제목이었다. 이 책이 중국에서 수천만 권 팔린 '초울트라 베스트셀러'라는 사실은 한참 뒤에 알았다. 수많은 트레이더가 이 책이 나오기 전, 절판된 구판 번역본을 복사해 돌려 읽었다는 사실도 얼마 전에야 알았다.

더 내키지 않았던 이유는 두 번째다. 에프엔미디어는 추천사를 의뢰하며 내가 '기술적 분석의 최고 전문가이기 때문'이라고 했다. 솔직히 '기술적 분석'이 점성술과 비슷한 취급을 받는 분위기에서 굳이 추천사를 쓸 이유가 있나 하는 생각이 들었다. 점성술은 예언 자체가 틀리다기보다는 어떤 상황에도 '말이 되게끔' 한다는 데 한계가 있다. 기술적 분석에 대한 비판도 판단 자체보다 '결과론적'이고 '자기실현적' 해석이라는 데 모아진다.

번역된 원고를 받아 읽기 시작했다. 2장을 읽다가 잠시 숨을 멈추었다. 내가 책을 쓴다면 꼭 언급하고 싶었던 내용이 그 안에 있었기 때문이다.

독서는 얇은 것에서 두꺼운 것으로, 두꺼운 것에서 다시 얇은 것으로 가는 과정이다. (…) 차트는 얇음에서 두꺼움, 두꺼움에서 다시 얇음으로 가는 전체 학습 과정 중 마지막 얇음에 해당한다. 중간의 두꺼움을 건너뛰고 첫 번째 얇음에서 마지막 얇음으로 바로 가고 싶겠지만 그럴

수는 없다. (…) 이 두꺼움 단계를 무시하고 건너뛸 수는 없다.(111~113쪽)

언젠가부터 기술적 분석을 의도적으로 언급하지 않았다. 무협지의 정파와 사파처럼, 기본적 분석에 기초한 여의도 분위기에서 기술적 분석은 이질적으로 취급되었기 때문이다. 나는 계속해서 투자 판단에 기술적 분석을 비중 있게 적용해왔지만 특정 비율을 신봉하거나 특정 지표에 의한 매수·매도 신호를 따르는 방식은 배제했다. 이 책을 읽으면서 가장 공감했던 것은 '단순히 가격과 거래량을 통한 전통적 기술 분석만으로 투자 판단을 해서는 안 된다'는 주장이었다.

한 번 대승하는 장수가 아니라
싸울 때마다 이기는 장수가 명장

기술적 분석이 효과적이려면 펀더멘털 분석이 필요하며 무엇보다 다양한 데이터를 종합적으로 고려해야 한다. 하지만 아쉽게도 한국의 기술적 분석은 아직도 존 J. 머피의 3가지 전제 중 하나인 '시장 움직임이 모든 것을 반영한다'를 금과옥조로 여기는 분위기다. 일본식 봉차트의 패턴 분석 아니면 주가에 기초한 이동평균선 또는 기술적 지표 분석에 머물고 있다. 이러한 접근은 그리 유용하지 않다. 기술적 분석의 실행 방식은 두 갈래로 진화해왔다.

첫째는 백테스팅이다. 리처드 데니스를 예로 들 수 있는데 그는 수학과 컴퓨터 전문가를 고용해 시장을 분석하고 트레이딩 원칙을 정했으며 이 원칙을 터틀이라는 집단에 시험 적용했다. 결과는 놀라웠다. 대상자 23명 중 20명이 연 수익률 100%를 달성한 것이다. 과거 데이터에 기초한 백테스트 운용 원칙이 실전에서 유용하다는 것을 보여주었다. 백테스팅은 다양한 방식으로 진화했지만 큰 줄기는 같다. 방대한 데이터를 테스트해서 더 정교하고 어느 환경에서든 수익을 극대화할 수 있는 모델을 만드는 것이다. 하지만 이를 위해서는 데이터를 만지고 노는 능력이 전제되어야 한다. 일반 투자자가 접근하기 쉬운 방법이 아니다.

현실적인 대안은 두 번째다. 'CAN SLIM'으로 널리 알려진 윌리엄 오닐의 투자 방식이다. 오닐은 기술적 분석과 기본적 분석이 혼합된 접근 방식을 제시했다. 펀더멘털 분석으로 주도주를 발굴한 다음 'Cup-With-Handle' 패턴 돌파가 나올 때 접근하는 것이다. 사실 이러한 접근법은 이전에도 존재했고 지금도 진화하고 있다. 일찍이 니콜라스 다바스는 수익 창출 능력이 있는 기업으로 투자 대상을 제한했다. 저자 역시 기본적 분석으로 투자할 종목을 찾아낸 다음 시장 흐름을 점검하고 기술적 분석을 실시한다.

책을 읽으면서 이 책 전체를 관통하는 논리가 무엇인지 생각해보았다. 일단 저자는 '위험 관리'가 중요하다는 것을 강조한다. 그리고 '행동재무학적 접근'을 오랫동안 선호해온 것으로 보인다. 8장에서는 손자를 인용한다.

전쟁을 잘하는 장수는 혁혁한 공이 없다. 전쟁을 잘하는 장수의 전투는 비범한 승리가 없고 지모로 쌓은 명성이 없으며 용감하게 세운 공로도 없다!(310쪽)

한 번 대승하는 장수가 아니라 싸울 때마다 이기는 장수가 명장이라는 통찰은 너무도 당연하다. 그가 인용한 월스트리트의 격언도 한 방의 대박을 강조하는 우리 투자 문화에 큰 울림을 준다.

월스트리트에 용감한 트레이더도 있고 나이 많은 트레이더도 있지만 용감하고 나이 많은 트레이더는 없다.(312쪽)

4장에서 소개한 매수와 매도 기법도 심리 분석과 관련이 높다. 앞에서 언급한 것처럼 책 전반에 녹아 있는 이론적 기반은 행동재무학이라는 생각이 들 정도다. 행동재무학은 경험과 의사 결정 과정의 차이를 주목한다. '의사를 결정할 때 경험이 큰 영향을 준다'는 너무나 당연한 사실을 이론으로 정리하고 강조한다. 이는 현실에 유용하다. 공포와 탐욕을 피하라고 하지만 일상 투자에서는 비현실적인 조언이다. 이유는 단순하다. 공포와 탐욕은 주관적이기 때문이다. 오히려 손실에 대한 혐오와 편견이 더 문제일 수 있다. 저자는 자신의 투자 경험을 통해 행동재무학에서 제기한 경향성과 편향이 공포와 탐욕에 큰 영향을 준다고 보는 듯하다. 그는 3장에서도 심리적 안정과 지속적인 수익 가능성의 중요성을 강조하며 다음과 같이 조언한다.

> 주식 걱정에 잠을 이루지 못한다면 이미 감당하기 힘든 리스크를 짊어지고 있다는 뜻이다. (…) 투자를 주업으로 삼고 싶다면 평가 기준은 '내가 얼마를 벌었는가'여야 한다. 옷 가게 주인이 손해를 봤는데 옆 가게보다 덜 손해 봤다고 좋아하는 경우가 있을까?(132~133쪽)

임계점 찾는 것은 예술의 영역

저자는 잃지 않는 투자의 중요성을 일관되게 반복한다. 그리고 절대적인 비법은 없다고 강조한다. 경험은 주관적이기에 언제 어디서 활용되는지 정형화하기 힘들다. 행동재무학 용어를 빌리면 '가용성 편향'이다. 미세한 접근의 차이가 완전히 다른 결과를 가져온다. 시장은 유기체이기에 특정 모델과 논리적 인과 관계만으로는 정답을 찾을 수 없다. 주가, 기업 이익, 사회 구조에서 새로운 관계가 형성되면 이전의 관계는 변이되기 때문이다. 과거에 성과가 좋았더라도 현재나 미래에 잘 작동할 것이라 확신할 수는 없다.

9장은 이것을 솔직하게 다룬다. 저자는 주식 투자의 단계를 '마구잡이, 탐색, 리스크 체험, 지속적인 수익'으로 제시한다. 지속적인 수익 단계에 들어서면 주가의 '임계점'을 알 수 있을 것이라고 말한다. 탐색하고 리스크를 극복하는 등 학습하는 과정을 스스로 거쳐야 지속적인 수익 단계에 도달할 것이라고 강조한다.

공감했다. 많은 투자자가 인과 관계만 파악하면 수익을 얻을 것이라고 착각한다. 하지만 합리적 인과 관계는 모두가 인지하기에 잘 작동하지 않는다. 투자 의견이 분산되기보다 집중될 때는 그 반대편에 기회가 있다. 예측은 대개 각자 생각하는 미래일 뿐이며 타당성을 가지는 경우는 드물다. 예측은 원하는 것 또는 두려워하는 것을 투시한 결과에 불과하기 때문이다. 투자 기회는 준비한 대로 오지 않는다. 닥쳐온다.

저자는 솔직하다. 임계점이 무엇인지 명확하게 제시하지 않는다.

임계점을 찾는 방법, 임계점 부근에서 매매하는 방법을 더 자세히 설명할 수 있다면 좋겠지만 이는 예술의 영역에 속하는 문제라 말로는 온전하게 설명하기가 불가능하다. (…) 임계점을 찾는 지름길은 없으며 무수한 시행착오만이 유일한 방법이다.(353쪽)

시행착오가 중요하다. 미래의 원인은 현재에 있다. 현재의 투자 경험이 하루하루 무의미하게 흘러간다면 미래의 모습은 뻔하다. 저자의 말대로 시행착오를 통해 자신의 단순한 원칙을 내재화해야 한다.

멋진 책이다. 이 책을 세 가지 부류의 투자자에게 강력 추천한다.

첫째, 주가가 움직이는 이유(펀더멘털)를 아는 것은 수익률 향상과 별 관련이 없다고 보는 기술적 분석 신봉자다. 패턴, 지표, 뻔한 기술적 분석이 모든 시장에서 통한다고 믿는 교조적 투자자가 그 착각에서 벗어날 수 있는 계기가 될 것이다.

둘째, 기업 이익 사이클 안에서 주가는 이를 앞서거니 뒤서거니 하겠지만 결국 가치에 수렴할 것으로 보는 기본적 분석 신봉자다. 주가는 항상 앞을 내다보고 있으며 이것이 바로 할인 또는 할증의 메커니즘이다. 위든 아래든 가치를 벗어난 국면에서 주가와 거래량을 활용한 필터링을 통해 기술적 분석의 유용함을 깨닫게 될 것이다.

셋째, 기본적 분석과 기술적 분석을 조화롭게 활용하려는 투자자다. 저자가 제시한 것처럼 경험을 바탕으로 한 결정을 신뢰하게 되면 틀에 갇힌 결론에서 벗어나 자신의 판단으로 빠른 의사 결정을 하게 될 것이다.

결국 모든 투자자에게 유용한 책이다. 좋은 생각은 바이러스처럼 사람에서 사람으로 옮겨 가며 이 과정에서 변형되고 진화

한다. 이 책을 읽고 나서 저자의 생각에 감염되는 것을 넘어 새로운 생각으로 진화하기를 바란다. 그래야만 저자가 설명할 수 없다고 말한 그 임계점을 터득한 고수의 경지에 오르게 될 것이다.

윤지호(이베스트투자증권 리서치센터장)

한국어판 서문

《주식투자의 지혜》가 한국 독자와 만날 수 있어 매우 영광스럽다.

주식시장은 시대 진보의 산물이다. 400년이 넘는 역사를 가진 주식시장의 시작은 유럽의 대항해 시대로 거슬러 올라간다. 전 세계를 탐험했던 유럽 제국주의 국가는 선박과 설비에 필요한 자금을 주식 매매로 조달했고, 이 거래를 위해 주식시장이 생겨났다. 이때부터 주식은 상당히 효율적인 자금 모집 수단이었다. 오늘날 기업은 대부분 주식회사 형식으로 존재하며 상장기업 주식은 증권거래소에서 거래된다. 주식은 이미 가장 대중화된 자산 거래 수단이 되었다.

주식시장은 도전으로 가득한 곳이다. 나는 중국에서 태어나 성장했고 대학 졸업 후 미국으로 가 MBA를 공부하면서 주식시장을 처음 접했다. 주식시장의 특성이 내 성향과 잘 맞았던 탓인지 나는 주식을 접하자마자 투자에 집중했다.

이 책은 내가 주식을 공부하면서 정리한 노트로 일상적인 생각과 깨달음을 기록했다. 주식시장은 연애와 같아서, 상대가 특별하지 않더라도 경험과 관점에 따라 색다른 매력을 발견할 수 있다. 비슷한 문화적 배경을 가진 한국 독자이기에 내가 주식투자를 하면서 거쳐온 과정이 상당 부분 공유될 것이라 기대한다.

내가 MBA를 공부할 때 국제금융이라는 과목이 있었다. 한국에서 온 김 교수가 가르쳤다. 김 교수는 첫 수업에서 칠판에 '위기危機'라는 한자를 적은 후 우리에게 '금융학의 정수는 리스크를 통제하고 기회를 잡는 것'이라고 가르쳤다. 30년도 더 지난 가르침이지만 여전히 유효한 지혜다. 성공 투자를 위한 지혜는 바로 '위기를 제어하고 기회를 잡는 것'이다. 김 교수가 칠판에 적었던 '위기'의 의미를 제대로 이해한다면 이 책을 덮어도 좋다.

오늘날 세계는 북미, 유럽연합, 동아시아라는 3개의 주요 경제 블록으로 나뉘어 있다. 인터넷과 인공지능의 발달에 따라 현재의 경제 발전은 천연자원보다 인적 자본의 영향을 크게 받는다. 나는 동아시아인의 평균 지능이 가장 높으며 동아시아 경제 블록이 가장 크게 발전할 것으로 확신한다. 머지않은 미래에 한국, 중국, 일본이 유럽연합처럼 국경의 장벽을 약화하고 서로 더 의존하면서 융합하고 협력하는 운명 공동체가 될 것으로 믿는다. 모든 주식시장은 국가 경제의 상승과 하강에 따라 움직인다. 따라서 동아시아 경제 블록의 주식시장은 전 세계에서 가장 활기찬 모습을 보이게 될 것이다.

이 지면을 빌려 한국의 에프엔미디어와 중국의 상무인서관商務印書館에 감사를 표한다. 두 출판사가 손잡고 내놓는 《주식투자의 지혜》가 한국 독자에게 좋은 반응을 얻으면 좋겠다. 이 책을 번역한 김재현 선생은 우연찮게 내 모교인 상하이교통대학에서 박사 학위를 받은 동문이다. 공역자 양성희 선생에게도 감사를 표한다.

마지막으로 독자 여러분의 건강과 순조로운 일상을 기원한다.

2021년 3월

뉴욕에서 천장팅

프롤로그

나는 주식투자가 업業인 사람으로서, 투자를 주업으로 삼아 안정적인 소득 기반을 마련하고 경제적 자유를 이루려는 개인 투자자를 위해 이 책을 썼다. 따라서 주식투자를 단순히 취미나 용돈벌이 정도로 여기는 사람에게는 이 책이 맞지 않을 수 있다. 책에서 말하는 대로 해서는 '소소한 도박'의 즐거움을 누리지 못할 테니까.

다른 모든 분야가 그렇듯 주식투자도 전문가가 되려면 기본 지식 공부와 실전 연습에 최선을 다해야 한다. 한 분야에서 성공하려면 재능은 물론 노력과 경험에 운까지 따라야 한다. 그런데 행운의 여신은 재능이 뛰어난 사람보다 노력하는 사람 편에 설 때가 많다.

다시 말하지만 이 책은 일반적인 주식투자 상식을 소개하는 책이 아니다. 나는 독자 여러분이 이미 주식의 기본 지식을 익히고 어느 정도 실전 투자 경험까지 갖추었기를 바란다. 피 같은 돈을 주식시장에 저당 잡힌 채 요동치는 주가 그래프를 보며 탐욕에 빠지거나 공포와 희망을 느껴보지 못한 사람은 아마 책에서 말하는 투자 원칙을 이해하기 힘들 것이다.

주식투자를 위해 쓴 책이지만 여기에 언급한 원칙은 다른 분야에도 그대로 적용할 수 있다. 성공한 사람은 상당 부분 비슷한 성향을 보이기 때문에 투자에 성공한 사람은 다른 분야에서도 성공할 가능성이 크다.

주식투자는 금융업의 한 갈래지만 주식의 본래 목적은 투자나 투기가 아니다. 주식 상장은 기업이 생산 설비 확충 등에 필요한 자금을 마련하기 위해 지분의 일부를 매각하는 것이다. 이후 기업이 성장하면 그 과정에서 맺은 결실과 수익이 주주에게 돌아간다. 그러나 기업 경영 상태나 실적이 늘 좋을 수만은 없고, 이에 따라 주가는 상승과 하락을 끊임없이 반복한다. 이 상승과 하락의 격차가 바로 투자 이익을 실현할 기회가 된다. 이 기회와 연결된 수익 규모가 엄청나서 각계 인재가 앞다퉈 몰려든 상황이다.

주식시장에도 '악어와 악어새' 관계가 존재하지만 전체로 보면 비교적 건전한 시장이다. 주식시장의 거시적 흐름은 해당 국가나 지역의 전반적인 경제 발전 상황을 반영한다. 이런 관점에서 볼 때 주식투자는 장기적으로 화폐 구매력을 유지하는 데 아주 효과적인 방법이다.

금융은 범위가 방대하므로 주가 변동에 영향을 끼치는 요인이 매우 다양하고 이와 관련된 자료와 정보도 셀 수 없이 많다. 그래서 주식투자에 관한 책을 쓰기로 했을 때 어떤 소재를 선택하고 어떤 관점으로 풀어가야 할지 정말 많이 고민했다. 내 이름 앞에 '저자'가 아니라 '편저'를 붙이기로 했다면 이 책을 경제학 백과사전처럼 두껍게 만들 수도 있었다. 솔직히 두꺼운 책을 읽으라면 나도 싫다. 그래서 이 책은 나의 실제 경험과 분석을 통해 주식투자에 꼭 필요하다고 생각하는 정보만 담으려 노력했다.

여러분이 실전 투자에서 실수했을 때 이 책을 통해 무엇이 잘못되었는지 알고 같은 실수를 반복하지 않을 방법을 찾기를 바란다. 무엇이 잘못되었는지는 꼭 알아야 한다. 실수하지 않을까 걱정하지 말라. 정말 걱정해야 할 것은 그것이 실수인지 깨닫지 못하는 것이다. 더 큰 문제는 실수인 줄 알면서 인정하지 않는 것이다.

어떤 분야에서든 성공하려면 무엇보다 성공에 대한 욕망이 있어야 한다. 그리고 욕망을 실현할 지식과 지식을 실천할 의지가 있어야 한다. 실제 주식투자에서 이런 요소를 어떻게 적용해야 하는지는 본문에서 하나하나 구체적으로 설명하겠다.

나는 35년간 미국에서 세계 각지에서 온 사람과 어울려 살면서 인종과 문화를 초월한 공통된 인간 본성을 발견했다. 그리고 경영대학원에서 국제금융을 전공하면서 세계 각국의 금융시장을 연구해본 결과 금융시장에서도 지역을 뛰어넘는 공통 법칙을 발견했다. 쉽게 말해 주식투자 방법만 제대로 배우면 세계 어디를 가더라도 먹고살 걱정 없는 특기를 갖게 된다.

이 책은 나의 30년 주식투자 경험과 연구 분석의 결정체로, 뻔한 이론이나 공식과는 거리가 멀다. 나는 전업專業 투자자로 활동한 25년 동안 이 책에 실린 투자 법칙을 하나하나 배울 때마다 적지 않은 수업료를 지불했다. 독자 여러분만큼은 부디 조금이라도 대가를 덜 치르길 바란다.

주식투자에는 건전한 투자와 불온한 투기라는 두 가지 상반된 시선이 있다. 영국의 유명 투자자 어니스트 카셀Ernest Cassel의 명언보다 투자와 투기를 확실하게 설명하는 말은 없을 것이다.

"젊은 시절, 사람들은 내게 투기꾼이라고 했고 내가 큰돈을 모으자 투자 전문가라고 불렀다. 그 후 언젠가부터 은행가라고 하더니 지금은 자선가라고 부른다. 하지만 나는 지난 수십 년 동안 늘 같은 일을 해왔다."

주식투자로 어쩌다 한두 번 수익을 내기는 어렵지 않다. 문제는 어떻게 지속적인 수익을 올릴 것인가다. 주식투자는 직업이 될 수 있다. 직업 판단의 중요한 기준 중 하나가 바로 '지속적인 수입으로 생계를 유지할 수 있는가'다. 따라서 꾸준한 수입이 보장된다면 농사를 짓거나 사업을 하는 것과 마찬가지로 주식투자 역시 직업이 될 수 있다.

다만 직업으로서 주식투자의 특징은 초창기에는 수입을 올리기가 힘들다는 점이다. 하지만 다른 직업을 돌아볼 필요가 있다. 쉽게 시작할 수 있는 직업은 대부분 일이 힘들면서 보수가 적다. 반면 진입 장벽이 높은 직업은 제대로 시작하기만 하면 훨씬 편하고 풍족하게 살 수 있다. 직업으로서의 주식투자는 후자에 해당한다.

종종 주식시장에 발을 들이자마자 돈을 벌었다며 주식투자가 별것 아니라고 말하는 사람이 있는데 대단히 큰 착각이다. 그저 한순간 운이 좋았을 뿐이다. 이렇게 벌어들인 돈은 주식시장이 잠시 빌려준 것이기에 조만간 분명히 되찾아갈 것이다. 지금은 못 믿을 수도 있지만 3년만 기다려보면 알게 된다. 주식시장에서 계속해서 돈을 벌어들이려면 전문가가 되어야 한다. 이것이 바로 책에서 말하고자 하는 것이다.

주식시장을 제대로 경험하지 못한 사람에게 투자를 직업으로 삼으라면 매우 부담스러울 것이다. 어쩌다 돈을 벌어도 왜 돈을 벌었는지 모르기 때문에 다음에 어떻게 해야 다시 돈을 벌 수 있을지 알 수 없다. 반대로 돈을 잃었을 때도 왜 실패했는지 모르기 때문에 다음에 어떻게 해야 돈을 잃지 않을지 깨닫지 못한다. 나는 여러분이 이 책에서 이런 문제의 해결책을 찾길 바란다.

주식투자 성공에는 특별한 비결이 존재하지 않으며 필요한 전문 지식도 그리 많지 않다. 그래서 가끔 길에서 호떡 파는 할머니가 주식투자로 대박을 터트렸다는 말은 들을 수 있지만 호떡 파는 할머니가 인공위성이나 미사일을 만들었다는 말은 한 번도 들어본 적이 없다.

주가의 움직임은 상승, 하락, 보합 세 가지뿐이다. 주가의 모든 움직임은 이 세 단어로 설명할 수 있다. 그런데도 사람들이 주식투자에 성공하지 못하는 것은 복잡하고 어려워서가 아니라 인간이 본성적으로 지닌 약점 때문이다. 그래서 1장에서 주식시장의 특징과 인간의 본성을 설명한다.

2장에서는 주식투자에 꼭 필요한 기본 지식을 다룬다. 이 장은 두 가지 의문을 가지고 읽어주면 좋겠다. 첫째, 주가에 영향을 주는 요인이 무엇일까? 둘째, 주가는 어떤 상황에서 정상적으로 움직일까? 2장은 크게 기본적 분석, 기술적 분석, 시장 흐름 분석의 세 부분으로 구성했다. 이 세 가지 분석 결과가 모두 청신호로 나타난다면 투자에 성공할 가능성이 매우 크다는 뜻이다.

3장의 주제는 성공의 요인이다. 투자에 성공하려면 어떻게 해야 하는지, 구체적인 실천 방법과 마음가짐을 말한다. 어떻게 해야 하는지는 금방 알 수 있다. 성공과 실패는 그것을 어떻게 실천하는가에 달렸다.

4장은 매매 타이밍에 대한 내용이다. 단언컨대 '신중하게 저점에서 매수해 큰 욕심 부리지 말고 고점에서 매도해야 한다'처럼 뻔하고 의미 없는 말은 절대 없다. 어디가 저점이고 언제가 고점인지 도대체 무슨 기준으로 판단한단 말인가? 이론으로만 가능한 이런 허무맹랑한 방법은 현실에서는 전혀 도움이 되지 않는다. 주식 매매 타이밍의 핵심은 어떻게 '임계점'을 찾아낼 것인가다. 투자 전략에 따라 매매 타이밍이 달라지므로 무엇보다 상황에 따른 전략을 정확히 파악해야 한다.

5장에서는 월스트리트의 교훈을 소개한다. 과학자 뉴턴 Isaac Newton은 "나는 거인의 어깨에서 보았기에 다른 사람보다 멀리 내다볼 수 있었다"라는 명언을 남겼다. 경험자의 노하우가 얼마나 중요한지 강조하는 말이다. 이 장에서는 선배 투자 대가들의 경험을 살펴본다. 인간의 투자 행위는 영원할 것이니, 여러분이 전문가가 되면 여러분의 경험이 곧 '거인의 어깨'가 될 것이다.

6장은 마인드 훈련이다. 인간의 본성에 깊이 뿌리박힌 공포, 희망, 탐욕 등의 감정이 모든 결정에 큰 영향을 끼쳐 우리는 결국 꼭 해내야 하는 일을 제대로 실천하지 못한다. 인간 본성의 약점을 완전히 극복하기는 쉽지 않지만 약점의 특징을 제대로 파악하고 올바른 대처법을 준비해둬야 한다.

7장에서는 무엇이 큰 기회인지, 큰 기회의 특징이 무엇인지 분석한다. 직접 읽어보면 나의 의도를 바로 이해할 것이다. 여기에서 말하는 내용이 꼭 주식투자에만 해당하는 것은 아니다.

8장은 겉으로 드러나지 않는 진정한 성공에 대한 이야기다. 앞에서 투자 성공 확률을 높이는 방법과 주식시장의 변화에 대처하는 마음가짐을 배웠다. 이 장에서는 리스크를 분산해야 하는 이유와 방법, 수익 예측에 따른 적절한 자산 배분을 알아본다. 주식시장에서 살아남는 최후의 승자는 위험을 무릅쓰고 용기 있게 도전해 큰 수익을 기록한 사람이 아니다. 주식투자의 최종 목표는 경제적 자유다. 이를 위해서는 큰 승리 한 번이 아니라 작은 승리를 반복적으로 쌓아가야 한다.

9장은 내가 직접 경험한 주식투자 공부 과정을 소개하고, 그동안 이 책이 재판을 거듭하면서 독자들에게 받은 주요 질문에 대한 답변도 정리했다. 인간 본성이 보편적이라는 가설이 틀리지 않는다면 여러분이 가야 할 길과 내가 걸어온 길이 크게 다르지 않을 것이다. 앞으로 주식시장에서 분투할 여러분이 나의 경험을 이정표 삼아 조금이라도 편안한 길을 걷길 바란다.

오늘날 우리 사회에는 돈이라면 물불을 가리지 않는 사람이 많다. 이 책의 주제가 '돈'인 만큼 이런 사람들을 더욱 부추기지 않을까 걱정스러운 마음에 '돈에 대한 반성'을 마지막에 추가했다. 부디 돈에 대한 균형적인 감각을 기를 수 있길 바란다. 이를 통해 독자 여러분의 인생에 대한 생각이 조금이라도 바뀐다면 나로서는 정말 보람 있고 감사한 일이다.

끝으로 이 책을 선택한 모든 독자에게 고맙다는 인사를 드린다.

세 가지 이야기

월스트리트에 이런 말이 있다.

"주식시장에서 10년을 버텼다면 계속해서 수익을 올릴 수 있을 것이다. 20년을 버텼다면 당신의 경험은 다른 사람이 배울 만한 훌륭한 가치가 있다. 30년간 살아남았다면 아주 큰 부자가 되어 풍요로운 은퇴를 맞을 것이다."

물론 여기에는 한 가지 전제 조건이 있다. 10년, 20년, 30년을 버티는 동안 명실상부한 투자 전문가가 되어 있어야 한다. 그래야 주식시장에서 계속 돈을 벌 뿐 아니라 번 돈을 지킬 수 있다.

어느 청년 이야기

한 시골 청년이 책을 몇 권 읽은 후 지루하고 따분한 시골 생활이 싫어져 넓은 세상을 보기 위해 도시로 떠날 결심을 했다.

청년은 떠나기 전에 촌장을 찾아가 가르침을 청했다. 이때 촌장의 가르침은 '두려워하지 말라'라는 딱 한 마디뿐이었다. 대신 나중에 돌아오면 한 가지 가르침을 더 주겠다고 약속했다.

청년은 30년 동안 산전수전 다 겪고 백발이 되어 시골로 돌아왔다. 그런데 촌장이 이미 죽은 지 오래여서 나머지 가르침을 받을 수 없어 매우 당황스러웠다. 이때 촌장의 아들이 찾아와 아버지가 죽기 전에 부탁한 일이라며 편지 한 통을 전해주었다. 편지의 가르침은 역시 한마디였다.

'후회하지 말라.'

도박 이야기

아주 오랜 옛날 중국 민간에 골패 도박이 유행이었다. 숫자 1부터 36까지 쓰여 있는 골패 36개를 각자 준비하고, 참가자가 먼저 골패 하나를 건 후 도박판 주인이 골패 하나를 뒤집어 숫자를 공개하는 방식이다. 숫자가 일치하면 참가자는 건 돈의 35배를 받을 수 있다.

어느 날 오랫동안 돈을 따지 못한 한 도박꾼이 골패 36개를 싸 들고 도박판에 나타났다.

"오늘부로 도박에서 손을 뗄 거요. 하지만 그 전에 꼭 한 번은 이겨봐야겠소. 골패 36개를 다 가져왔으니 적어도 하나는 맞히지 않겠소? 오늘 한 번만 이기면 내일부터 완전히 손을 뗄 거요."

도박꾼이 뒷간에 가려고 일어설 때 그의 품에서 붉은 천으로 감싼 패가 하나 떨어졌다. 도박꾼이 이를 모르고 자리를 떠나자 도박판 주인이 몰래 패를 주워 천을 풀어봤다. 숫자 12였다.

잠시 후 자리에 돌아온 도박꾼이 가져온 패를 모두 탁자에 꺼내놓았는데 35개뿐이었다. 나머지 한 개는 도무지 찾을 수 없었다. 도박꾼이 머리를 긁적이며 중얼거렸다.

"거참 이상하네. 분명히 36개 다 가져왔는데 도대체 어디에서 떨어뜨린 거지? 혹시 집에 두고 왔나?"

하지만 이미 도박판이 준비된 터라 다시 집에 다녀올 시간은 없었다.

"할 수 없지. 패 하나 부족한 게 뭐 대수겠어?"

도박판 주인은 이 절호의 기회를 놓치고 싶지 않아 첫판에 12가 적힌 패를 펼쳤다. 주위에 몰려든 구경꾼들은 도박꾼이건, 붉은 천으로 감싼 골패 35개를 일제히 주시했다. 도박꾼이 붉은 천을 하나하나 풀기 시작하는데 첫 번째도 12, 두 번째도 12, …… 35개가 모두 12였다.

도박판 주인은 이 한 판으로 파산하고 말았다.

도둑 이야기

옛날 어느 마을에 도둑질로 먹고사는 사람이 있었다. 어느 날 아들이 도둑에게 말했다.

"아버지, 저도 도둑이 될래요. 도둑질하는 법을 가르쳐주세요."

도둑은 천성이 게으르고 욕심 많은 아들이 도둑질이라도 제대로 하지 못하면 굶겠구나 싶어 가르쳐주겠다고 대답했다.

어느 날 밤, 도둑은 아들과 함께 부잣집을 털기로 하고 벽에 구멍을 뚫어 집 안으로 기어들어 갔다. 귀중품을 숨겨둔 방을 찾은 후 도둑은 아들에게 방에 들어가 값나가는 물건을 챙기라고 말했다. 도둑은 아들이 방에 들어가자마자 밖에서 문을 잠그고 고래고래 소리를 질러 사람들을 모두 깨우고, 들어왔던 구멍으로 혼자 빠져나갔다. 부잣집 사람들이 모두 달려 나와 집 안을 뒤졌다. 잠시 후 벽에 뚫린 구멍을 보고 도둑이 이미 도망갔다고 판단하고, 촛불을 준비해 귀중품이 있는 방을 확인하러 갔다.

이때 귀중품 방에 갇힌 아들은 아버지에게 온갖 욕을 퍼붓다가 사람들 발소리가 가까워지자 크게 당황했다. 도망갈 곳이 없어 일단 문 뒤에 숨었다. 잠시 후 하인이 문을 열자 아들이 재빨리 뛰어나가 먼저 촛불을 꺼버린 후 하인을 밀치고 죽을힘을 다해 달렸다. 부잣집 사람들이 소리를 지르며 뒤쫓아갔다. 한참을 달리던 아들은 작은 연못을 발견하고 큰 돌을 연못에 던졌다. 부잣집 사람들이 연못가에서 '시체'가 떠오르길 기다리는 동안 아들은 무사히 집으로 돌아갔다. 집에 돌아온 아들이 아버지에게 화를 내려는 순간, 아버지가 먼저 입을 열었다.

"아들아, 어떻게 도망쳐 나왔는지 얘기해주겠니?"

도둑은 아들의 이야기를 들은 후 이렇게 말했다.

"잘했다. 넌 이미 도둑질하는 법을 다 배웠다."

여러분은 세상에서 가장 재미있고 짜릿한 게임에서 성공하고
자 이 책을 펼쳤을 것이다. 그런 여러분에게 미리 해두고 싶은
말이 있다.

두려워하지 말고 후회하지 말라. 게임을 시작하기 전에 게임
의 규칙을 확실히 파악하라. 특히 누군가 판을 조종하고 있다면
반드시 상대의 심리를 읽을 수 있어야 한다.

마지막으로 하나 더, 도둑질의 기본은 '어떻게 훔치는가'가 아
니라 '위기 상황에서 어떻게 빠져나가는가'의 문제다.

1장
도전, 주식투자

주식시장은 기본적으로 돈이 돈을 버는 곳, 특히 적은 돈으로 큰돈을 벌 기회가 존재하는 곳이다. 그래서 야망이 큰 사람에게는 더할 나위 없이 매력적인 '경제적 낙원'이 될 수 있다. 하지만 '경험 많은 사람은 돈을 얻고, 돈 많은 사람은 경험을 얻는다'는 말처럼 주식시장 곳곳에 위험이 도사리고 있다. 어쩌다 한두 번 재미를 볼 수는 있지만 매번 수익을 올리기는 매우 어렵다. 그러므로 주식투자를 직업으로 삼는 일은 자신과의 싸움이자 인간 본성에 대한 도전이기도 하다.

개인 투자자가 실패하는 것은 대부분 인간 본성의 약점을 이겨내지 못해서다. 구체적으로 말하면 인간은 본능적으로 리스크를 싫어하고, 빨리 부자가 되고 싶어 하며, 저만 잘난 줄 알고, 남들 하는 대로 따라가기 좋아한다. 또 과거의 잘못을 답습하고, 보상 심리가 강해 주식시장의 함정에 빠지기 쉽다. 한마디로 작은 이익을 탐하고 작은 손해도 보지 않으려는 생각과 태도가 개인 투자자를 패배자로 만든다.

주식투자와
인생

돈을 버는 데에는 세 가지 방법이 있다고 한다. 몸을 쓰는 방법, 머리를 쓰는 방법, 그리고 돈으로 돈을 버는 방법이다. 몸을 쓰는 사람은 지치도록 몸을 움직여야 하고 머리를 쓰는 사람은 다른 사람을 부려야 한다. 하지만 진정한 고수는 돈으로 돈을 번다.

돈으로 돈을 번다니, 이 얼마나 황홀한 일인가. 과연 이 방법을 싫어할 사람이 있을까?

하지만 여기에는 필수 조건이 붙는다. 일단 돈, 반드시 돈이 필요하다. 그리고 돈을 제대로 굴릴 지식과 정보가 있어야 한다. 이 두 가지를 갖춘 사람이 돈으로 돈을 벌 기회가 있는 곳,

그곳이 바로 주식시장이다.

　주식투자를 할 때 반드시 큰돈이 필요한 것은 아니다. 돈이 많으면 많이, 돈이 적으면 적게 투자하면 된다. 나처럼 흙수저로 태어난 사람이라도 적은 돈으로 기회를 노릴 수 있다. 대단한 전문 지식이나 화려한 학력을 요구하지도 않는다. 주식시장은 타고난 복과 무관하게 누구에게나 동등한 기회를 부여한다. 흙수저라도 열심히 노력하면 자기 자리를 찾을 수 있는 곳, 그곳이 바로 주식시장이다.

　나는 이력이 조금 복잡한 편이다. 중국과 해외 곳곳을 돌아다니며 별별 일, 다양한 직업을 경험했다. 소를 키우며 농사도 지었고 공장에서 엔지니어로 일한 적도 있으며 신문 기자 생활도 했다. 미국에서는 초반 몇 년간 레스토랑 웨이터로 일했고 나중에는 제법 큰 기업에서 애널리스트로 활동했으며 은행에서 대출 전담 창구를 담당하기도 했다. 이 외에 보험 설계사 일도 해보고 부동산 중개 자격증도 땄다.

　돌이켜 보면 이 많은 경험 중 주식투자를 직업으로 삼는 것보다 힘든 일은 없었다.

누가 주식시장에서 살아남을까?

　그동안 전업 투자자가 되겠다며 주식투자를 가르쳐달라는 친구가 꽤 있었다. 전업 투자자가 되면 힘들게 출퇴근할 필요 없고 다른 사람과 경쟁하지 않아도 되며 사장 눈치 볼 필요도 없다. 얼마나 멋진 직업인가. 그 친구들은 거의 다 석박사 학위를 가진 엘리트였지만 대부분 몇 달을 넘기지 못했다.

나는 친구들이 도전을 시작할 때마다 늘 내 경험과 노하우를 아낌없이 베풀었다. 주식투자에 특별한 비법이 존재하지 않으므로 친구들이 수시로 전화해 물어보면 그때그때 성심껏 조언해주었다.

하지만 친구들은 '주식학교'에 수업료만 내고 결국 '졸업'은 하지 못했다. 평소에 하나를 가르쳐주면 열을 아는 아주 똑똑한 친구들인데 왜 주식시장에서는 성공하지 못했을까? 당시에는 이해가 안 되었는데 시간이 지나면서 경험과 노하우가 더 쌓이니 비로소 그 이유를 깨닫게 되었다.

첫째, 주식투자 기술은 변화무쌍한 것이어서 상황에 따라 다르게 적용해야 한다.

둘째, 그들은 너무 똑똑해서 다른 선택지가 많았다.

주식투자에는 물론 기술이 필요하다. "주식시장은 경험이 많으면 돈을 얻고, 돈이 많으면 경험을 얻는 곳"이라는 미국의 투자자 대니얼 드류Daniel Drew의 말처럼 주식투자 기술은 경험 축적의 결과물이다. 하지만 이 축적 과정이 길고 힘들어서 게으르고 머리 쓰기를 싫어하는 사람, 단기간에 부자가 되고 싶은 사람은 주식시장에서 살아남기 어렵다.

주식투자의 기술이 다른 분야와 가장 다른 점은 고정불변의 것이 아니라 상황마다 바뀐다는 사실이다. 그것은 보이지 않고 만질 수도 없는 일종의 '심리 상태'이기 때문에 가슴으로 느끼고 깨달아야 한다.

자동차 정비를 배운다고 해보자. 타이어를 교체하고 브레이크를 고치는 일은 오랜 시간 반복하면 노련한 전문가가 될 수 있다. 타이어 교체와 브레이크 수리는 눈으로 보고 손으로 만지며 방법을 익히기 때문에 전에 했던 방법을 똑같이 반복할 수 있다. 주식투자는 다르다. 어제 환율 상승 뉴스가 나왔을 때에는 주가가 상승했지만 다음에 같은 뉴스가 나왔을 때에는 주가가 하락할 수도 있다.

그렇다면 주가가 언제 오르는지, 언제 내리는지 어떻게 알 수 있을까? 특별한 방법이 있는 것이 아니라 경험에서 우러난 '감'이 필요하다. 주가가 정상적으로 움직이는 상황과 비정상적으로 움직이는 상황을 구별할 수 있는 안목과 직감을 키워야 한다.

하지만 현실적으로 주가의 움직임을 정확하게 예측할 수 있는 사람은 아무도 없다. 아무리 경험 많은 전문가라도 확률이 조금 높을 뿐, 정확하게 맞히는 것은 불가능하다. 주가의 움직임은 상승과 하락 두 가지뿐이지만 언제 어떻게 움직일지는 매우 불확실하다. 사람은 본성적으로 불확실성에 대한 두려움이 커서 주가 움직임의 불확실성을 받아들이는 것 자체가 큰 도전일 수밖에 없다.

본성과 경험

앞에서 말한 '심리 상태'를 알아보자.

중국 속담에 '바보는 매번 새롭다'라는 말이 있다. 사기를 치고 사기를 당하는 상황이 매번 다르게 되풀이된다는 뜻이다. 그동안 사기를 치고 사기를 당하는 사람 이야기를 많이 듣고 보았다. 알고 보면 사기 치는 수법이 그리 대단하지도 않고 사기를 당한 사람이 아주 멍청한 것도 아닌데 비슷비슷한 사기 사건이 끊임없이 일어나는 이유가 무엇일까? 언제가 이 문제를 깊이 생각해봤는데 사기를 당하는 사람들은 눈에 띄는 공통점이 있었다. 대부분 불로소득에 대한 탐욕이 강했다.

탐욕은 심리 상태다. 이런 사람에게 앞으로 쉽게 다른 사람을 믿지 말라고 충고나 교육을 할 수는 있겠지만 기본적으로 탐욕의 심리 상태를 고치지 않는 한 결국 또 사기를 당할 것이다. 어떻든 예방법보다 사기 수법이 더 빨리 진화하는 법이니까. 그러므로 이런 사람에게 가르쳐야 할 것은 '탐하지 않는 심리 상태'다. 탐욕 없는 사람이 사기를 당하는 경우는 거의 없다. 우리는 탐하지 않는 심리 상태를 배워야 한다.

'탐욕'은 타고난 본성이고 '탐하지 않는 심리 상태'는 수많은 경험의 결과다. 탐하지 말라는 말 한마디로 본성을 쉽게 바꿀 수는 없다. 탐욕 때문에 막대한 손해를 보고 여러 번 사기도 당해보면 탐하지 않는 마음이 사기를 당하지 않는 최고의 비법임을 스스로 깨닫는다.

주식투자도 마찬가지다. 앞으로 여러분은 투자에서 가장 중요한 원칙인 손해를 멈추는 방법, 즉 손절매를 배울 것이다.

인간은 본능적으로 작은 이익에 욕심을 내면서 작은 손해도 보지 않으려 한다. 그렇게 계속 작은 이익을 탐하다가 큰 이익을 놓치고, 작은 손해도 보지 않으려다 결국 큰 손해를 보고 만다. 우리는 이런 경험을 통해 작은 이익을 탐하지 않고 작은 손해를 두려워하지 않는 마음을 배운다. 주식투자를 배우는 과정도 이와 비슷하다. 탐욕과 같은 인간 본성의 약점을 극복하고, 탐하지 않는 마음과 같은 후천적 경험을 쌓아야 한다.

하지만 이 배움의 과정은 생각보다 쉽지 않다. 작은 이익을 탐하면서 작은 손해도 보지 않으려는 마음, 작은 이익을 탐하지 않고 작은 손해를 두려워하지 않는 마음, 이 두 가지는 똑같이 심리 상태에 속하지만 자신과의 싸움에서 이겨야만 변화시킬 수 있다. 알다시피 자신과의 싸움은 정말 힘든 일이다. 똑똑한 사람이 주식투자에 실패하는 가장 큰 이유이기도 하다. 똑똑한 머리로 외부 조건은 극복해도 자신을 극복하기는 힘든 법이다.

똑똑하고 많이 배운 내 친구들은 결국 지극히 이성적이고 합리적인 선택을 내렸다. 그들은 적당한 시점에 이르자 당장 다음 달에 수입이 있을지, 앞으로도 지속적인 수입이 이어질지 불투명한 전업 투자를 포기했다. 지금은 대부분 고정수입이 보장되는 직장에 열심히 출퇴근하고 있다. 이 친구들은 애초에 남들이 부러워할 전문직 종사자였기에 직업으로서의 주식투자를 미련 없이 포기할 수 있었을 것이다.

나는 공학과 금융학 석사 학위를 가진 덕분에 이 두 분야에 종사하는 친구가 많다. 이 중 상당수가 전업 투자자를 꿈꾸지만 성공한 사람은 아직 한 명도 보지 못했다. 독자 여러분 중 공학이나 금융 분야에서 일하는 사람이 있다면 이 말을 꼭 해주고 싶다. 여러분이 주식시장을 연구하거나 다른 사람에게 주식투자 방법을 가르치는 직업을 갖는 것은 괜찮지만 직접 투자하는 전업 투자자가 되는 것은 부디 심사숙고하길 바란다. 여러분은 직업 선택의 범위가 넓기 때문에 전업 투자자로 성공할 가능성은 크지 않다. 하지만 굳은 결심으로 자신을 이겨낸다면 그 누구보다 빨리 성공할 것이다. 나 스스로 걸어온 길이기에 확실히 말할 수 있다.

나는 수십 년 동안 월스트리트에서 주식투자를 업으로 삼아왔다. 솔직히 내가 주식시장에서 살아남으려고 이 악물고 나 자신을 극복한 것은 타국 땅에서 먹고살기 위해 서양인 사장에게 굽실거리며 눈치 보는 일이 죽기보다 싫었기 때문이다. 그래서 취업 대신 장사를 택하는 동양인이 많지만 이 역시 내가 바라는 것은 아니었다. 어찌 보면 내가 전업 투자자로 살아남은 것은 '어쩔 수 없었기 때문'이다. 하지만 지금 돌이켜 보니 아주 힘들고 고생스러운 순간은 그렇게 길지 않았다.

사람은 누구나 약점이 있는 법이다. 그중에는 타고난 본능에 속하는 것이 있고 살면서 오랜 시간 반복해서 굳어진 습관도 있다. 이런 약점은 주식시장의 특징과 맞물려 아주 적나라하게 드러난다.

계속해서 주식시장의 특징을 바탕으로 개인 투자자들이 주식시장에서 성공하기 힘든 이유를 분석해보겠다.

{ 특별한
도박장 }

유혹이 난무하는 주식시장

주식의 기본 의미부터 짚어보자. 주식은 상장기업의 지분을 의미한다. 주식은 기업 자산이라는 모체에서 탄생하지만 일단 발행되면 모체와 완전히 분리되어 독립적으로 움직인다.

간단한 예를 들어보자. 암퇘지 한 마리 시세가 100만 원이고 지분을 100개로 나눠 팔 경우 암퇘지 주식 한 주의 가격은 1만 원이다. 초등학생도 틀리지 않을 아주 쉽고 간단한 수식이지만 주식시장이라면 얘기가 달라진다.

이 암퇘지를 가지고 봉황그룹이라는 회사를 만들어 주식 100주를 발행한다면 봉황그룹 주식 한 주의 가치는 얼마일까? 봉황 그룹 주식이 상장되면 이 주식은 과연 얼마에 거래될까? 이 질문의 답은 100원이 될 수도 있다. 투자자 대부분이 이 암퇘지가 얼마 못 가 늙어 죽을 것으로 본다면 그 가치가 폭락할 것이다. 전혀 다른 상황이 펼쳐질 수도 있다. 암퇘지가 반년마다 새끼 돼지 열 마리를 낳을 수 있고, 그 새끼 돼지가 자라서 또 새끼를 낳을 수 있다고 생각한다면 끊임없이 돈이 굴러 들어오는 그야말로 황금 돼지가 아니겠는가. 그렇다면 이 주식의 가치는 1만 원이 아니라 100만 원이 넘을 수도 있다.

봉황그룹이 상장하면서 암퇘지를 키우던 장 씨가 장 회장이 되었다. 장 회장이 암퇘지의 번식력이 강하고 자신의 경영 능력이 뛰어나다는 사실을 강력하게 어필해 투자자를 설득한다면 봉황그룹 주식은 1,000만 원을 호가할 수도 있다. 상식적으로 봉황그룹의 회사 소개란에 회사 자산이 돼지 한 마리뿐이라고 밝히지는 않았을 것이다. 투자자를 겨냥해 사료 유통업 진출, 품종 개발 등 그럴듯한 사업 확장 계획을 줄줄이 적는 것이 기본이다.

그렇다면 주가와 주가에 반영된 가치는 어떻게 이해해야 할까? 이와 관련해 유명한 일화가 있다.

캘리포니아 몬테레이 앞바다에서 정어리가 사라졌다. 상품 트레이더는 정어리 호가를 올렸다. 정어리 통조림 가격이 치솟았다. 사람들은 거래에 열광했다. 그러던 어느 날 어떤 매수인이 비싼 식사를 하기로 마음을 먹었다. 정어리 통조림을 열어 실제로 먹기 시작한 것이다. 그는 배가 아팠다. 매수인은 매도인에게 정어리가 상한 것 같다고 항의했다. 매도인은 이렇게 대답했다.

"당신은 뭘 모르고 있군. 이건 먹는 정어리가 아니라 거래하는 정어리일세."

- 세스 클라만Seth Klarman, 《Margin of Safety(안전마진)》

지금은 답답해도 꾹 참고 7장까지 읽고 나면 주식과 주가의 특징을 조금 더 확실히 이해하게 될 것이다. 주식시장의 유혹은 대부분 주식 자체의 가치가 아니라 투기에서 비롯된 환상이다.

매 순간이 선택의 시간

주식시장은 시작도 끝도 없는, 영원히 멈추지 않는 '도박판'이며 주가는 끊임없이 움직인다. 누군가 지난번 거래보다 높은 가격으로 주식을 매수하면 주가가 상승하고, 반대로 지난번보다 낮은 가격으로 주식을 매도하면 주가가 하락한다. 출렁이는 파도가 끝없이 밀려오듯 그 시작과 끝은 아무도 알 수 없다.

도박장에서 게임을 하면 딜러가 베팅 시간을 알려주기 때문에 게임이 언제 시작되었는지 알 수 있다. 모든 패가 공개되는 순간 게임이 끝나기 때문에 끝나는 시간도 명확하다. 또 잃었으면 얼마를 잃었는지, 땄으면 얼마를 땄는지도 정확히 알 수 있다.

하지만 주식시장은 언제 진입할지, 얼마나 기다릴지, 언제 나올지까지 모두 홀로 결정해야 한다. 아무도 이 게임의 시작과 끝을 말해주지 않고 스스로 판단해야 한다. 아무런 기준도 없이 혼자 결정하는 일이니 당연히 어려울 수밖에 없다. 이번 투자로 얼마를 벌지 얼마를 잃을지 전혀 예측할 수 없는 상황에서 베팅 액수도 직접 정해야 한다. 충분한 경험 없이 혼자 결정하기에는 무척 부담스럽고 두려운 일들이다.

어렵사리 매수를 결정한 후 운 좋게 주가가 올라 수익이 났다고 치자. 이제 여러분은 또 다른 문제를 마주하게 된다. 얼마까지 오를까? 주가가 더 올라갈지 아닐지 어떻게 알 수 있을까? 반대로 매수 후 주가가 내려갔다면 역시 새로운 문제를 고민해야 한다. 얼마까지 떨어질까? 이 문제가 어려운 것은 이 상황이 날개 잃은 추락인지, 아니면 곧 반등할 일시적인 하락인지 알 수 없기 때문이다. 일시적으로 하락하는 상황이라면 공포에 떨면서 미리 실패를 인정할 필요는 없지 않은가?

영원히 끝나지 않는 도박판과 같은 주식시장에 뛰어드는 순간 우리는 매 순간 선택의 시간을 마주한다. 주식시장의 선택은 단순히 머리만 굴려서 될 일이 아니라 반드시 행동이 뒤따라야 내가 투자한 자금의 운명을 통제할 수 있다. 제때 적정한 행동을 취하지 않으면 내가 투자한 돈은 영원히 판돈으로 남을 것이다. 적당히 게으른 대다수 보통 사람은 이 '행동'이라는 말에 눈살을 찌푸릴지 모른다.

여러분은 스스로 결정을 내리고 그 결과를 책임지기를 좋아하는가? 아마도 대부분 아니라고 답할 것이다. 주식시장은 영원히 끝나지 않는 도박판과 같기에 여러분은 끊임없이 결정하고 책임져야 하는 문제에 직면하게 된다. 대다수 개인 투자자는 여기에서 오는 심리적 압박을 견디지 못해 주식시장에서 도태되는 것이다.

예상치 못한 큰 손실

변화무쌍한 주식시장의 치명적인 문제점 중 하나는 일단 손해가 나면 손해 규모가 예상보다 훨씬 커질 수 있다는 점이다. 손해가 났을 때 바로 행동을 취하지 않아 손해가 계속 커지기 때문이다.

카지노 테이블 도박이라면 잃을 수 있는 최대 금액은 베팅한 액수다. 아직 돈을 잃지 않았지만 얼마를 잃을지 정확히 예상할 수 있다. 다음 판에 다시 베팅하지 않는 한 절대 이 금액을 초과하지 않는다.

주식시장은 당신이 베팅한 돈의 일부를 빼앗아갔다가 다시 조금 돌려주기도 하는데 이 과정이 수없이 반복되고 매번 금액도 다르다. 주가가 오르락내리락하는 동안 이러지도 저러지도 못하는 사람이 대부분이다. 처음에 생각한 최대 손실 금액은 100만 원이지만 결국 500만 원 넘게 잃는 사람도 많다. 주식시장의 게임은 거래 정지가 되지 않는 한 절대 끝나지 않기 때문에 망설이는 동안 손실이 계속 커진다.

카지노 게임은 새 판이 시작될 때마다 모든 것이 리셋되고 이전 판은 자동 종료된다. 새로운 게임은 곧 새로운 기회다. 새로운 기회를 마다할 도박꾼은 많지 않다. 도박꾼이라면 새로운 게임에 손을 대지 않고 참기는 힘들겠지만 나중에 손을 떼는 건 간단하다. 이기든 지든 게임이 끝나면 자동으로 떠나야 하니까. 주식시장에서처럼 심각하게 생각하고 고민할 필요가 없다.

개인 투자자는
왜 실패할까?

개인 투자자가 실패하는 요인을 기술적인 측면에서 보면 여러 가지가 있겠지만 여기에서는 인간의 본성과 심리에 초점을 맞춰 분석해보겠다. 개인 투자자는 정말 주식시장에서 실패할 수밖에 없는 운명일까?

주식투자는 과학이 아니다

주식투자는 매우 특이한 학문이다. 일단 주식투자는 과학이 아니다. 과학적인 현상은 똑같이 반복되는 것이 많지만 주가 움직임에 반복이란 없다. 간혹 아주 비슷하긴 해도 절대 똑같지는 않다. 주가 움직임의 유사성이 20%인 것과 80%인 차트는 한눈에 봐도 완전히 다르다.

나는 기계공학을 공부한 적이 있어서인지, 처음 주식투자 공부를 할 때 객관적이고 과학적인 방법을 선호했다. 하지만 꽤 많은 시간을 허비한 후에야 주식투자는 과학적으로 하는 것이 아님을 알았다. 과학으로는 도저히 답을 찾을 수 없었다. 과학은 기본적으로 수많은 반복을 통해 규칙을 찾아내지만 주가 움직임은 반복이 없어서 과학적인 방법을 적용할 수 없었다.

우리는 아주 어렸을 때부터 수학이라는 과학적 방법에 익숙해진 터라 사고 체계 자체가 과학적인 성향을 띤다. 그래서 처음에는 주식시장에서 규칙성을 찾으려고 한다. 반드시 규칙성이 있을 것으로 생각하기 때문이다. 실제로 많은 투자자가 주식시장에 규칙성이 존재하지 않는다는 사실을 깨닫는 데 많은 시간을 낭비한다. 금융학과 각종 분석법 등 주식과 관련된 지식이 매우 과학적이라고 생각하지만 실전 투자에 적용해보면 대부분 예상과 다른 상황이 펼쳐진다.

수많은 사람이 금융학과가 개설된 대학에서 금융학을 공부하고 금융계에서 일하고 있다. 그런데 금융학 교수가 주식투자로 큰돈을 벌었다는 이야기는 듣지 못했다. 상식적으로 생각하면 금융을 누구보다 잘 알고 있으니 주식투자 성공률이 가장 높아야 할 텐데 실제로는 전혀 그렇지 않다. 주식투자로 성공하려면 금융 지식이 필요하긴 하지만 금융 지식만으로는 실전 투자에서 성공할 수 없다. 금융 지식은 반드시 적절한 사유 과정을 거쳐야 실전 투자에 활용할 수 있다.

그래서 여러분은 새로운 사고방식을 배워야 한다. 철학과 예술적 사고방식으로 불확실성에 대비하고, 확률 분석 사고방식으로 구체적인 행동을 선택해야 한다. 물론 말처럼 쉬운 일은 아니다. 주식투자로 성공하려면 평생 익숙해 있던 과학적인 사고방식에서 벗어나야 한다.

리스크 회피는 인간의 본성이다

뉴욕의 어느 정신과 의사가 두 가지 실험을 했다.

실험 1. A와 B 중 택일
A: 1,000달러를 얻을 확률 75%, 한 푼도 얻지 못할 확률 25%
B: 700달러를 얻을 확률 100%

실험에 참가한 사람들에게 A를 선택하면 확률적으로 750달러를 얻을 수 있다고 분명히 설명했으나 B를 선택한 사람이 80%였다. 수익이 조금 적더라도 안정적이고 확실한 수익을 원하는 사람이 훨씬 많았다.

실험 2. A와 B 중 택일

A: 1,000달러를 잃을 확률 75%, 한 푼도 잃지 않을 확률 25%

B: 700달러를 잃을 확률 100%

두 번째 실험에서는 A를 선택한 사람이 75%였다. 이들은 한 푼도 잃지 않을 25% 확률에 베팅하기 위해 수학적으로 50달러를 손해 보는 조건을 선택했다.

여러분이 실험에 참가했다면 어느 쪽을 선택했을까?

주식은 확률 게임이다. 매수, 매도 등 모든 결정이 100% 옳거나 100% 틀릴 수 없다. 이 불확실성 때문에 리스크를 회피하려는 인간의 본성이 주식 매매 결정에 큰 영향을 끼치는 것이다.

흔히 개인 투자자는 작은 이익에 연연하기 때문에 매수한 주식이 조금만 올라도 매도하고 싶어 안달한다. 이 주식이 계속 오를 확률이 75%라고 해도 25%의 리스크를 피하기 위해 적은 액수라도 확실히 버는 쪽을 선택한다. 이 선택으로 많은 개인 투자자가 1,000만 원을 벌 기회를 놓치고 100만 원 수익에 그친다. 주가가 오르면 뒤늦게 후회하지만 이미 매도한 주식을 더 높은 가격에 다시 매수하기는 정말 힘든 일이다. 하루하루 치솟는 주가를 속수무책으로 바라볼 수밖에 없다.

또 대부분 개인 투자자는 매수한 주식의 가격이 떨어졌을 때 바로 손절매하지 않는다. 대신 여러 가지 이유를 들어 주가가 곧 반등할 것이라는 자기 합리화에 빠진다. 하지만 이것은 결국 한 푼도 잃지 않을 확률 25%에 베팅하는 행동과 같은 이치다. 이렇게 하루하루 지나는 동안 손실은 눈덩이처럼 불어난다.

우리가 자주 듣는 '고점에서 물렸다'는 말이나 손절매를 비유한 '살점이 떨어져나간다'는 말은 노벨문학상을 받아도 될 만큼 기가 막힌 표현이다. 어떻게든 손절매를 피하고 싶은 투자자의 안타까운 마음을 너무 잘 표현했다.

주가 움직임은 상승과 하락 두 가지뿐이므로 모든 매매의 성공 확률은 이론적으로 50%가 되어야 한다. 하지만 개인 투자자는 대부분 작은 이익에 연연하고 작은 손실을 회피하려는 경향이 강해서 성공해도 수익이 아주 적고 실패하면 손실이 아주 크다. 그래서 최종 승률이 50%를 훨씬 밑돌게 된다.

주식시장에는 적이 없다. 자신에게 패한 것이다.

일확천금을 노리는 사람들

그동안 투자 대가들의 전기를 여러 권 읽어봤는데 대부분 성공하기 전에 파산한 경험이 있었다. 20세기 초에 활동한 전설적인 트레이더 제시 리버모어Jesse Livermore는 파산 경험이 세 번이나 있었다. 투자 대가들이 파산한 여러 가지 이유 중에는 한 가지 공통점이 있었다. 일확천금을 노리며 한 번에 모든 것을 쏟아부었다는 것이다.

나는 처음 주식투자를 시작할 때 나 자신의 부족함을 잘 알기에 신중하고 또 신중하며 절대 한 번에 크게 베팅하지 않았다. 그러나 일 년쯤 지나 이제 좀 알겠다 싶으니 점점 욕심이 생겼다. 주식을 매수할 때마다 '이 주식이 내 생활 방식을 바꿔줄 거야'라며 큰 기대를 품었다.

여기에서 먼저 '생활 방식을 바꾼다'의 의미를 살펴보자. 돈이 생기면 양적인 변화로 시작해 질적인 변화로 나아가기 마련이다. 예를 들어 지금 공돈 100만 원이 생긴다면 근사한 레스토랑에서 풍족한 식사를 즐기는 정도의 여유를 부릴 수 있겠지만 여전히 같은 집에 살고 같은 차를 타고 다녀야 한다. 100만 원은 생활 방식을 바꾸기에 턱없이 부족한 금액이다.

그렇다면 10억 원은 어떨까? 아마도 더 큰 집으로 이사하거나, 차를 바꾸거나, 그 외에 돈이 없어 못 샀던 것을 다 살 수 있을 것이다. 바로 양적인 변화에서 질적인 변화로 전환하는 과정이다.

다시 본론으로 돌아가서, 나는 욕심이 생기기 시작하면서 신중함을 잃어갔다. 한 번에 매수하는 금액이 커졌고 손절매 타이밍이 점점 늦어져 결국 막대한 손실을 기록했다. 생활 방식이 바뀔 것이라는 기대 때문에 나에게 유리한 정보에만 귀를 기울이고 불리한 정보는 그냥 흘려버렸다. 주가 움직임이 내 예상과 다르게 흘러가도 내 기대와 욕망은 수그러들지 않았다.

어느 정도 시간이 흐른 뒤 그때 왜 그런 마음이었는지 곰곰이 생각해봤다. 아마도 주식시장 특유의 불확실성 때문이었던 것 같다.

카지노 도박은 베팅 금액에 따라 얼마를 딸지, 얼마를 잃을지 명확히 예상할 수 있다. 운이 나쁘면 베팅한 금액을 몽땅 잃을 것이고, 운이 좋으면 베팅한 만큼 딸 것이다. 너무나 명확해서 굳이 상상할 필요가 없다. 하지만 주가는 어느 방향으로 얼마나 움직일지 전혀 예측할 수 없다. 움직임의 방향은 어차피 운에 맡기겠지만 두 배가 될지 열 배가 될지도 전혀 예상할 수 없다. 적은 확률이긴 하지만 '대박'의 가능성이 분명히 존재하기 때문에 자기도 모르는 사이에 경계심이 무너지는 것이다.

대박 심리로 투자하는 사람들은 대부분 한 번에 큰 금액을 베팅한다. 그리고 운이 따라주지 않아 주가가 하락하기 시작하면 쪽박을 걱정하며 괴로워한다. 하루하루 손실이 커질수록 이성적인 판단력이 사라지고 결국 손실이 감당할 수 없을 만큼 커진 후에야 눈물을 머금고 손절매한다. 정상적인 주가 움직임 상황에서 정상적으로 투자했더라면 발생하지 않을 손해다.

여기에서 잠깐, 주식시장의 유혹적인 함정인 마진론(margin loan, 주식담보대출) 투자에 대해 알아보자. 대출을 받아 투자금을 늘릴 경우 주가 흐름이 상승세라면 당연히 훨씬 많은 수익을 얻을 것이다. 하지만 주가 흐름이 하락세라면 감당할 수 없는 손실을 뒤집어쓰게 된다.

일반적으로 대박을 꿈꾸는 투자자라면 주식담보대출의 유혹을 떨치기 힘들 것이다. 주식투자 금액에는 상한선이 없으니 돈을 빌려 더 큰 수익을 낼 수 있다는 사실 자체가 엄청난 유혹이다. 한번 손을 대면 도저히 멈출 수 없다. 한번 수익을 맛보면 금액이 더 커지기 마련이다. 그러다 결국 대출의 덫에 걸려 원금에 이자까지 더해 고스란히 주식시장에 반납하게 된다.

대박은 주식시장에서 가장 경계해야 할 대상이다. 대박 이후 생활 방식이 바뀔 것이라는 기대, 신분 상승에 대한 환상과 허영심은 매우 위험하다. 대박 가능성이 존재하는 것은 사실이지만 수많은 경험과 극강의 절제력이 필요한 일이기에 실현 가능성은 매우 낮다.

독선적인 본성

주가는 상승과 하락을 끊임없이 반복한다. 그러다가 하루 거래가 마감되는 시점의 마지막 거래가를 종가라고 한다. 종가의 의미를 조금 다르게 풀어보면 하루 장이 끝나는 시점에서 시장 참여자들이 보편적으로 인정하는 해당 주식의 가치다.

모든 거래에는 매수자와 매도자가 존재한다. 여러분이 주식을 매수했다면 누군가 그 주식을 매도한 것이다. 증권거래소는 주식 거래를 위해 제공되는 장소다. 주식시장에서는 참여자 두 사람이 특정 가격에 동의해 한쪽은 팔고 한쪽은 사기를 원하면 바로 거래가 성사된다. 이때 거래 가격이 주가다. 간혹 이 둘의 거래가 말도 안 되고 바보 같아 보일 수도 있지만 두 사람이 합의한 가격에서 거래가 성사되었다는 것만큼은 분명한 사실이다. 그 주식이 그 가격에 거래될 만한 가치가 없더라도 누군가 그 가격에 매수했다면 그 가격이 곧 주가가 된다.

만약 여러분이 어마어마한 자금을 동원할 수 있다면 다른 참여자의 의견을 무시하고 자신이 원하는 대로 특정 주식의 가격을 결정할 수 있다. 자금 동원력이 없다면 여러분의 생각, 판단, 분석, 그 무엇도 주가에 영향을 끼치지 못한다. 여러분의 가치 판단이 과학적인 분석에 근거한 정확한 의견이라도 대다수 시장 참여자의 공감을 얻지 못하면 주가는 결국 다수의 의견에 따라 움직일 것이다.

분명히 알아둬야 할 것은 주식시장에서는 일반적인 옳고 그름의 판단 기준이 통하지 않는다는 사실이다. 아무리 머리가 똑똑하고 학벌이 뛰어나고 덕망이 높은 사람이라도, 다른 분야와 달리 주식시장에서는 개인의 의견이 주가 흐름에 큰 영향을 끼치지 못한다. 주가 결정에 영향을 끼치는 유일한 존재는 다수 시장 참여자의 공통된 인식이다. 이들의 판단과 영향력은 거래를 통해 증명된다. 나의 의견이 일부 투자자의 판단에 영향을 끼칠 수는 있겠지만 그 사람들이 내 의견대로 매매를 실행하지 않는다면 실제로는 아무런 영향도 끼치지 못한 것이다.

주식시장의 관찰자 입장에서 볼 때 모든 거래와 주가 변동은 향후 추세를 예측하기 위한 귀중한 정보다. 이들 정보에 담긴 의미를 제대로 찾아낸다면 '저가에 매수해 고가에 매도할 기회'를 잡을 수 있다. 모든 투자자는 매수와 매도를 결정하는 나름의 이유가 있기 마련이다. 그 이유가 터무니없이 황당하더라도 대다수 투자자가 비슷한 생각을 한다면 주가 흐름은 그들의 생각대로 움직일 것이다. 내 생각이 옳아도 손해를 볼 수 있다는 뜻이다. 따라서 내가 분석하고 판단한 주식의 가치와 실제 주가의 괴리가 아주 크더라도 주가는 주가 자체로 인정해야 한다. 주가는 무조건 옳다.

여러분은 주식시장의 참여자이기에 앞서 철저히 객관적인 관찰자로서 주가 움직임을 파악하면서 기회를 찾아내길 바란다. 앞으로 계속 '옳은 결정'과 '돈을 벌 수 있는 결정' 중 하나를 선택해야 할 것이다. 주식시장에서는 이 둘은 대부분 같이 가지 않는다는 사실을 꼭 기억하자.

부화뇌동 심리

홀로 주식시장에 뛰어든 개인 투자자는 매수 타이밍, 보유 기간, 매도 타이밍을 스스로 결정해야 한다. 주식시장은 모든 투자자에게 바다와 같은 존재다. 언제 어떻게 시작되었는지 모를 파도가 끊임없이 출렁이고 조류의 방향이 수시로 바뀐다. 밀물과 썰물이 반복되는 가운데 밀물 중에도 빠져나가는 파도가 있고 썰물 중에도 밀려오는 파도가 있기 마련이다. 한마디로 주식 시장에는 정형화된 운행 법칙이 없다.

주식시장에서 수익 목표를 달성하려면 반드시 자신만의 기준과 원칙을 세워야 한다. 원칙 없이 이런저런 가능성을 기웃거리다 보면 참담한 결과를 맞기 십상이다. 자신만의 기준과 원칙을 세우고 선택의 결과를 겸허히 받아들이며 책임지는 자세가 필요하다. 하지만 대다수 개인 투자자는 '책임'에 큰 부담을 느낀다.

책임에 대한 부담감은 모든 사람의 보편적인 성향이다. 어떤 문제가 발생했을 때 서로 책임을 떠넘기는 모습을 흔히 볼 수 있다. 이런 성향은 주식시장에서도 고스란히 드러난다.

주가 움직임의 특징을 제대로 이해하지 못하면 어떤 상황에서 어떻게 대처해야 하는지 모르기 때문에 자기만의 기준과 원칙을 세우기가 어렵다. 주식과 시장에 대한 풍부한 지식과 경험, 독립적인 판단력을 갖춘 사람이라도 100% 성공하는 완벽한 원칙을 세울 수는 없다. 주식시장의 특성과 리스크 감당 능력을 합리적으로 평가할 수준에 이를 때까지 기존의 원칙을 계속해서 수정, 보완해야 한다. 그 과정에서 수많은 시행착오를 겪을 것이고 그 시행착오의 결과는 오롯이 자신이 책임져야 한다.

개인 투자자는 보통 큰 성공을 꿈꾸며 주식시장에 발을 들여놓는다. 하지만 대부분 자신만의 원칙을 세우지 못하고 선택과 결과에 대한 책임을 받아들일 마음의 준비도 안 된 상태여서 믿고 따를 만한 멘토를 물색한다. 이렇게 찾은 주식시장의 멘토는 동네 치킨집 아저씨일 수도 있고 학교 친구일 수도 있다. 초보 투자자들이 이들을 멘토로 삼는 근거는 투자 경력이 오래되었거나 큰 수익을 올린 적이 있다는 것이다. 멘토의 조언을 따르면 골치 아프고 부담스러운 투자 결정을 직접 하지 않아도 되고 실패했을 때 책임을 떠넘길 수 있다.

"○○가 분명히 오른다고 했단 말이야! 에잇, 못 믿을 사람이야."

주식시장에서 부화뇌동하는 사람의 전형적인 사례다.

어느 날 한 친구의 전화를 받았다. 보유 주식을 모두 팔아치울 생각이라길래 왜 그러느냐고 물었는데 대답이 가관이었다.

"어젯밤에 길에서 재수 없게 넘어졌어. 이건 분명히 불길한 징조야."

말도 안 되는 이유지만 나는 친구에게 팔고 싶으면 팔라고 말했다. 팔지 않으면 불안해서 잠도 못 잘 테니까.

나도 이런 비슷한 생각을 한 적이 있기에 그 친구가 어떤 마음인지 이해할 수 있다. 초보자는 대개 특별한 투자 계획이 없어서 성공하든 실패하든 그저 우연일 뿐이다. 동전 던지기를 할 때 앞면이 나올지 뒷면이 나올지 전혀 예측할 수 없는 것과 같다. 지난번 투자에서 돈을 벌긴 했는데 왜 벌었는지 모르기 때문에 다음에도 돈을 벌려면 어떻게 해야 하는지 전혀 갈피를 잡을 수 없다. 반대로 돈을 잃었을 때도 뭘 잘못했는지 모르기 때문에 다음에 실패하지 않으려면 어떻게 해야 하는지 알 수 없다.

이런 상황이라면 당연히 큰 부담과 걱정이 앞선다. 기대 반 우려 반으로 고민에 고민을 거듭하는 순간 정말 죽을 맛이라는 생각도 든다. 주식시장이라는 거대한 바다에서 중심을 잃고 정처 없이 표류하는 기분이랄까. 지금 떠밀려가는 방향이 성공일지 실패일지 도저히 가늠할 수 없다.

이런 문제를 해결할 유일한 방법은 학습과 실전 경험을 통해 꾸준히 시장 감각을 익히는 것뿐이다. 절대 남들이 하는 말에 흔들리지 말고 자신만의 투자 원칙을 만들어가야 한다.

과거의 실수를 답습하는 경향

우리의 일상은 같은 길, 같은 집, 늘 익숙한 풍경에 둘러싸여 있다. 간혹 도로 정비를 하는 등 작은 변화가 있지만 대체로 같은 모습이다. 매일 같은 길로 출근하고 늘 똑같은 사무실에서 비슷한 업무를 처리한다. 이렇게 변화가 적은 상황을 '안정적'이라고 말한다.

반대로 낯선 곳으로 출근해야 하는데 아무도 사무실의 위치를 알려주는 사람이 없다고 가정해보자. 익숙하지 않은 풍경에 처음 가는 길을 두리번거리며 혼자 힘으로 그곳까지 찾아가야 한다. 여러분이 이런 상황이라면 어떤 심정이겠는가? 아마도 어디로 가야 할지 몰라 막막하고 두려울 것이다.

주식시장이 바로 그런 곳이다. 주식시장에서는 똑같은 일이 반복되는 경우가 없다. 어떤 주식이 작년 이맘때 올랐었다고 해서 올해도 오르리라는 보장이 없다. 그래서 개인 투자자는 망망대해 한가운데 떠 있는 길 잃은 조각배처럼 한없이 외롭고 기댈 곳 없는 미약한 존재가 된다.

물론 주식시장에도 고유의 법칙과 특징이 존재한다. 하지만 언제나 똑같이 적용되는 고정불변의 법칙이 아니다. 그저 비슷하거나 익숙한 상황으로 인식될 뿐이다. 이 익숙한 느낌이 이끄는 대로 시장의 흐름을 따라갔을 때 승률 50%를 넘기면 성공적이라고 볼 수 있다. 투자를 직업으로 삼으려면 이런 미지의 상황을 매일 마주해야 한다. 이렇게 두렵고 불안한 상황을 장기간 버틸 수 있는 사람이 과연 얼마나 될까?

보상 심리

카지노에 가보면 한 판 지고 나서 다음 판에 더 크게 베팅하는 도박꾼들을 자주 볼 수 있다. 대개 한 번으로 끝나지 않고 지는 횟수가 많아질수록 베팅 금액이 점점 커진다. 언제든 한 번만 이기면 한 방에 전부 만회할 수 있다는 생각 때문이다. 이는 손실을 받아들이지 않으려고 하는 인간의 본성과, 자신에게 손실을 입힌 카지노에서 보상받으려는 심리가 결합해 나타나는 현상이다. 물론 수학적으로 보면 얼마든지 가능한 일이다. 다만 언젠가 한 번 이길 때까지 베팅 금액을 늘릴 수 있는 충분한 자금이 필요하다.

그래서 미국의 카지노에는 최소 베팅 금액과 최대 베팅 금액을 제한하는 규정이 있는데 대개 7배까지만 딸 수 있게 했다. 최소 베팅 금액이 5달러라면 최대 베팅 금액은 보통 500달러다. 솔직히 나도 첫판에 5달러, 둘째 판에 10달러, 셋째 판에 20달러, 넷째 판에 40달러를 베팅하는 식으로 도박을 해본 적이 있다. 결과는 처참했다. 카지노에서는 일곱 판 연속으로 지는 것만큼 쉬운 일이 없다는 사실을, 판돈을 두 배로 늘려가는 베팅 방식이 알거지가 되는 지름길이라는 사실을 그때 깨달았다.

주식시장에서 자신이 보유한 주식이 하락했을 때 추가 매수하는 사람들이 있다. 지난번보다 낮은 가격에 매수함으로써 평균 매수 단가를 낮추는, 속칭 '물타기'다. 카지노에서 돈을 잃었을 때처럼 손실 회피 본성과 보상 심리가 작용한 결과다. 카지노에서 다음 판에 이길 것이라고 기대하는 것처럼 추가 매수를 할 때에도 앞으로 주가가 오를 것이라고 기대한다. 평균 매수가가 낮아졌으니 주가가 조금만 상승해도 금방 손실을 메울 수 있다고 생각하는 것이다.

이런 심리는 매우 위험하다. 주가가 하락할 때는 그럴 만한 이유가 있기 마련이어서 하락세가 쉽게 멈추지 않는 경우가 많다. 한번 물리기 시작하면 손해가 걷잡을 수 없이 늘어나 감당하기 힘든 상황이 된다. 이렇게 막대한 손실, 처참한 실패를 맛본 사람들은 결국 주식시장을 떠나게 된다.

우유부단하며 요행을 바라는 마음

미국의 최대 명절인 추수감사절은 '칠면조 데이'로 불리기도 한다. 이 전통은 가장 먼저 미국 땅에 도착한 영국인들이 굶어 죽을 위기에 처했을 때 인디언이 칠면조 구이를 대접하며 도움을 준 데서 유래했다고 한다.

당시 미국에 야생 칠면조가 아주 흔했는데 보통 위로 들어 올리는 문이 달린 큰 상자를 이용해 칠면조를 잡았다. 먼저 칠면조가 다니는 길에 듬성듬성 옥수수를 뿌려 상자로 유인한다. 상자 안에 옥수수를 많이 넣어두면 칠면조가 먹는 데 정신이 팔려 한동안 나갈 생각을 하지 않는다. 이때 미리 연결해놓은 줄을 잡아당겨 문을 닫으면 칠면조를 사로잡을 수 있다. 이 칠면조 사냥법에 얽힌 재미있는 일화가 있다.

어느 날 한 남자가 미리 설치해둔 상자에 칠면조 12마리가 들어와 있는 것을 보고 기쁨을 감추지 못했다. 문과 연결된 줄을 잡아당기기 직전, 한 마리가 상자 밖으로 나갔다.

"이런, 타이밍을 놓쳤네. 저 녀석이 다시 들어올 때까지 조금 더 기다려야겠다."

방금 나간 칠면조가 돌아오길 기다리며 계속 문을 열어놓았는데 오히려 두 마리가 더 나가버렸다.

"젠장, 11마리도 충분했는데 괜히 기다리다가 두 마리 더 손해 봤네. 세 마리 중에 한 마리만 돌아오면 바로 문 닫아야지."

그런데 이 말을 하자마자 세 마리가 더 나가고 금방 또 세 마리가 더 나갔다. 잠시 후 상자 안에 남은 칠면조는 결국 한 마리뿐이었다. 남자는 너무 화가 났다.

"한 마리는 너무하잖아. 딱 한 마리만 돌아오면 정말 바로 문을 닫을 거야. 두 마리는 잡아야 하지 않겠어?"

남자는 결국 빈손으로 돌아갔다.

이 과정을 직접 지켜본 미국 칼럼니스트 프레드 켈리^{Fred C. Kelly}는 《이기는 사람, 지는 사람(Why You Win or Lose: The Psychology of Speculation)》이라는 책에서 이 일화를 소개했다.

주식투자 경험이 있는 사람이라면 이 이야기가 의미하는 바가 무엇인지 금방 이해할 것이다. 이런 심리는 주식투자자라면 누구나 한 번쯤 경험했을, 아주 익숙한 상황이기 때문이다. 예를 들어 20달러에 주식을 매수하면서 손절매 가격을 18달러로 정했다고 치자. 얼마 뒤 주가가 18달러까지 하락했다면 여러분은 어떻게 하겠는가? 혹시 조금 더 기다려봐야겠다고 생각한 적이 있지 않은가? 어쩌면 금방 반등할지도 모른다고 기대하면서 말이다. 하지만 주가 하락세는 멈추지 않고 16달러까지 떨어졌다. 이때는 제 머리를 쥐어뜯으며 후회할 것이다.

"아, 원래 계획대로 18달러에 손절매해야 했어. 지금 팔면 손해가 너무 큰데…… 50센트만 회복하면 바로 손떼야지."

불행히도 주가가 계속 내려가 10달러가 되었다. 여러분이라면 어떻게 하겠는가? 일단 화가 나지 않을까? 아마도 매우 열받을 것이다.

"젠장, 아주 끝장을 볼 테다! 이렇게 큰 손해를 보고 끝낼 순 없어. 어디까지 떨어지는지 한번 두고 보겠어!"

안타깝지만 기적은 거의 일어나지 않는다. 그래서 주식시장에는 막대한 수업료만 지불하고 졸업하지 못하는 열등생이 넘쳐난다.

지금까지 주식시장의 특징과 인간 본성의 약점을 알아보았다. 종합해보면 꼭 성공하겠다는 신념을 제외한 나머지는 모두 여러분의 성공을 방해하고 있다고 보면 맞다. 여러분이 주식투자를 업으로 삼겠다고 하면 가족과 지인들 대부분 지지하지 않는 이유이기도 할 것이다. 그렇다면 가볍게 용돈이나 벌어볼 생각으로 주식투자를 시작하는 사람은 어떨까? 처음에는 주식시장이 반갑게 맞아주는 것 같겠지만 나중에는 빚쟁이처럼 무섭게 돌변할 수도 있다.

여러분이 상대할 주식시장은 무시무시하고 아주 강력한 존재임을 잊지 말자. 주식투자 계좌를 만들기는 아주 쉽다. 주식을 사고파는 것도 쉽다. 그런데 누구와 거래하고 있는지 생각해본 적이 있는가? 여러분의 상대는 워런 버핏^{Warren Buffett}일 수도, 최첨단 인공지능일 수도 있다.

현실적으로 내가 누굴 상대하는지 알 수 없기에 더 위협적이다. 부단히 기술을 연마해야 하고 가능한 한 정면 대결을 피해야 한다. 거대한 주식시장의 습성을 파악한 후 확실한 기회가 왔을 때 상대의 급소를 정확히 공격해야 성공할 수 있다. 주식시장이라는 거인에 비하면 개인 투자자는 민첩한 대처가 가능한 게 강점이다. 공격이 먹히지 않는다면 최대한 빨리 제자리로 돌아와 거인의 반격에 대비해야 한다.

주식시장은 오랜 역사를 지닌 만큼 수많은 성공 사례가 있지만 천재적인 능력으로 성공한 경우는 거의 없다. 포기하지 않는 열정과 끈기, 자신의 약점을 극복하는 용기와 의지가 성공 열쇠다. 학벌이나 재능은 주식시장의 성공에 직접적인 영향을 끼치지 못한다. 똑똑하면 조금 더 빨리 이해할 수는 있을 것이다.

다음 장에서 주식투자에 필요한 기본 지식을 알아보자.

2장
주식 분석에 필요한
기본 지식

주식의 가치를 분석하는 기본적 분석은 주로 기업의 미시적 환경 분석이다. 주식시장의 거시적 변화는 흥미로운 이야깃거리이긴 하지만 실제 주식투자에는 별 도움이 안 된다.

특정 기업의 미시적 환경 분석은 주식투자에서 매우 중요한 부분이다. 해당 기업의 사업 내용과 진행 상황은 모른 채 주가 차트만 보고 투자할 경우 막연한 불안감에 시달릴 확률이 높다.

먼저 투자자 입장에서 주식을 매수하는 결정적 요인이 무엇인지 생각해보자. 월스트리트 투자자를 상대로 조사한 결과 개인 투자자가 주식 매수를 결정하는 가장 큰 요인은 주가수익배수^{PER}가 낮거나 배당률이 높은 것이 아니라 단순히 주가가 오르는 것이었다. 같은 맥락에서 매도의 결정적 이유 역시 주가가 내려가는 것이었다.

여기에 가장 중요한 사실이 있다. 보는 사람마다 주식으로 돈을 벌었다고 말한다면 주식시장이 '상투'를 찍었거나 상투에 근접했을 가능성이 크다. 이미 많은 사람이 주식투자에 자금을 투입했으니 앞으로 주가가 추가 상승할 원동력이 고갈된 셈이다. 반대로 주가가 계속 하락하면서 공황에 빠진 투자자의 투매 행렬이 이어졌다면 주가가 거의 바닥을 쳤다고 볼 수 있다.

여기서 잠깐! 이 책은 독자 여러분이 주식의 정의, 실제 매매 방법 등 주식투자와 관계된 최소한의 기본 지식을 갖췄다는 전제하에 쓴 것이므로, 기본 지식이 부족한 독자는 먼저 투자 입문서를 읽어보길 바란다. 초보자를 위한 입문서는 서점에서 쉽게 찾아볼 수 있을 것이다. 이런 기본 지식은 딱히 정보라고 할 것도 없고 어려운 내용도 아니니, 제대로 읽기만한다면 누구나 1~2주 만에 이해할 수 있다. 어디에서나 쉽게 접할 수 있는 내용이므로 이 책에서는 굳이 다루지 않겠다. 제대로 공부할 생각이라면 관련 책을 두루 읽어보는 것이 좋고, 이왕이면 기초부터 탄탄히 다져두는 것이 더 좋다.

본론으로 돌아가서, 주가 움직임과 그 이유를 분석하는 방법에는 크게 기본적 분석fundamental analysis과 기술적 분석technical analysis이 있다. 기술적 분석은 주가, 시간, 거래량의 연관성을 바탕으로 그래프를 분석하는 것이고 나머지 부분은 모두 기본적 분석 범주에 속한다.

이 둘은 실제 주식시장에서 매우 밀접하게 연관되어 있으므로 완벽하게 분리해서 다루기는 힘들다. 기술적 분석의 핵심인 주가, 시간, 거래량의 연관성에 기업 경영 상황을 바라보는 투자자의 의견이 반영되기 때문이다. 투자자가 주식을 매수하는 행위는 그 기업의 가능성을 지지한다는 뜻이다.

주식투자에 큰 영향을 끼치는 두 번째 중요한 지식은 시장의 거시적 환경, 즉 주식시장의 흐름이 어디로 향하고 있는가를 판단하기 위한 것이다. 주식투자에 성공하려면 반드시 시장의 큰 흐름을 읽을 수 있어야 한다. 여기에서 말하는 주식시장의 흐름이란 장기간에 걸친 주가 상승이나 강세장에 해당하는 불 마켓bull market과 그 반대의 약세장을 지칭하는 베어 마켓bear market을 의미한다.

기본적 분석을 위한 기본 지식

역사적으로 주식을 다루는 사람은 투기꾼 이미지가 강했다. 주식을 정상적인 투자로 인식한 지는 100년이 채 안 되었다. 투기와 투자는 영어로 각각 speculation과 investment라고 하며 본질적으로 큰 차이가 있다. 일반적으로 도박과 같은 고위험 거래를 투기라고 하고, 수학적인 분석과 확률을 토대로 해서 상대적으로 위험도가 낮은 거래를 투자라고 한다.

벤저민 그레이엄Benjamin Graham은 투기에서 투자로 주식 거래의 패러다임을 바꾸는 데 가장 크게 기여한 인물이다. 특히 그의 명저 《현명한 투자자(The Intelligent Investor)》와 《증권분석(Security Analysis)》은 주식 기본적 분석 이론의 중요한 밑거름이 되었다. 이 이론을 충실히 이행한 대표적인 성공 투자자가 바로 워런 버핏이다.

그레이엄의 기본적 분석은 기업의 자산, 이익, 배당금, 부채 등 재무지표를 치밀하게 분석하는 것이다. 이렇게 정확한 수치 자료를 지침으로 삼아야 주식시장의 투자 광풍이나 집단 심리에 휩쓸리지 않고 이성적인 판단을 내릴 수 있다.

이후 1990년 노벨경제학상을 수상한 해리 마코위츠^{Harry} ^{Markowitz}의 현대 포트폴리오 이론 등 여러 전문가의 주옥같은 이론이 더해진 결과, 기본적 분석은 주식투자의 기본 이론으로 확실히 자리 잡았다. 나는 금융학도 시절에 해리 마코위츠 교수의 현대 포트폴리오 이론 강의를 직접 들을 기회가 있었다. 이 이론이 그때부터 내 주식투자 인생의 중요한 이정표가 되었다.

이 이론은 수치 데이터를 기본으로 매우 객관적이고 과학적이라는 이미지를 주며 많은 이에게 인정받았다. 하지만 현대 포트폴리오 이론과 기본적 분석을 모두 알려면 분량이 만만치 않고 개인 투자자는 기본 개념만 이해해도 큰 도움이 되므로 간단히 소개하겠다. 실제로 경험해보니 이론적으로 너무 깊이 파고들면 오히려 실전 투자에 좋지 않은 영향을 끼쳤다. 주가 등락에 영향을 미치는 가장 큰 요인은 결국 과거의 숫자가 아니라 현재 대다수 투자자의 생각이기 때문이다.

기업의 재무 분석은 주식 기본적 분석의 기본이지만 구체적인 방법은 또 별개의 사안이다. 가능하면 다음의 재무 분석 기본 개념을 확실히 정리해두기 바란다.

자산은 기업의 모든 소유물을 처분했을 때 현재 화폐 가치로 얼마인지, 이익은 현재 기업이 얼마를 벌어들였는지, 부채는 빚 진 돈이 얼마인지를 숫자로 정리한 것이다. 이 수치를 기업이 발행한 주식 수량으로 나누면 주당 자산 및 부채 금액을 알 수 있다.

그렇다면 그레이엄은 실전 투자에서 이 숫자들을 어떻게 활용했을까? 기본적 분석의 사고 체계에는 내재가치intrinsic value라는 개념이 존재한다. 이론적으로 분석하면 주가는 그 기업의 고정 가치를 중심으로 등락을 반복한다. 그레이엄은 내재가치 계산법을 명확하게 규정하지는 않았지만 유형자산tangible assets의 중요성을 특별히 강조하면서 이익, 배당금, 재무 상황, 수익성 등 다른 요인도 언급했다.

예를 들어 주당 기업 유형자산 금액이 10달러이고 현재 주가가 5달러라면 저평가된 주식이니 매수할 만한 가치가 있다고 볼 수 있다. 이처럼 가장 기본적인 가치를 판단하는 것이기 때문에 기본적 분석 혹은 가치 분석이라고 부른다.

그레이엄 분석의 또 다른 특징은 투자자를 방어형defensive과 공격형aggressive으로 구분한 점이다. 방어형 투자자는 원금 손실이 적고 수익이 보장되는 사업의 연속성이 높은 대기업에 투자하고, 공격형 투자자는 말 그대로 위험을 무릅쓰고 과감하게 중소기업에 투자한다.

여기에서 그레이엄의 이론을 전부 소개할 수 없으니 나머지는 그레이엄의 명저를 통해 직접 확인하길 바란다. 하지만 이 책에서 그레이엄을 언급한 이유는 잊지 않길 바란다. 그레이엄은 주식 거래의 이미지를 투기에서 투자로 바꾸었고 기업 관련 수치 자료를 과학적으로 분석하는 기본적 분석을 통해 리스크를 수치화할 수 있게 했다.

그레이엄 덕분에 주식시장에 대한 대중의 시선이 180도 바뀌었다. 단순히 이미지만 바뀐 것이 아니라 본질적인 변화도 일어났다. 원래 주식시장은 소수의 투기꾼만 존재했지만 지금은 대중이 참여하는 대표적인 자산신탁시장이 되었다. 여러분의 소중한 자산을 '투기'에 쏟아부으라면 하겠는가? 하지만 '투자'라고 하면 왠지 엘리트의 유행 문화에 참여하는 기분이다. 투자라는 명칭 덕분에 월스트리트의 명성과 규모가 상상을 초월할 만큼 커졌다.

실전에서 기본적 분석의 수치 자료만으로 투자 결정을 내리기는 쉽지 않다. 수치 자료는 어떻게 계산하고 분석하는가에 따라 의견이 달라질 수 있기 때문이다. 주식시장은 물리적 실체가 없고 심리적 요인이 큰 영향을 미치는 곳이다.

지금부터는 이 책의 가장 큰 목적인 '실용성'에 초점을 맞춰 기본적 분석의 거시적 환경과 미시적 환경을 알아보겠다. 간단히 설명하면 거시적 환경은 기업의 외부 요인이고 미시적 환경은 기업의 내부 요인이다. 이 외에 주가 상승에 큰 영향을 끼치는 세 가지 요인도 자세히 분석해보겠다.

거시적 환경

이자율

한 사회의 유동자금은 유한하므로 이자율이 상승해 은행 예금의 메리트가 높아지면 주식시장에 유입될 자금이 은행으로 흘러 들어간다. 또한 이자율 상승이 기업의 대출금 비용 부담을 증가시켜 기업의 이익이 감소한다. 한마디로 이자율 상승은 주가에 부정적인 영향을 끼친다. 같은 맥락에서 이자율이 하락하면 정반대 효과가 나타난다.

정부의 세수税收

법인세가 증가하면 기업 이익 중 세금으로 지출되는 금액이 늘어나 기업의 순이익이 감소하기 때문에 주가 하락 요인이 될 수 있다.

환율

환율 변동으로 본국 화폐가 절상되면 수출이 어려워져 기업 매출액이 감소하기 때문에 역시 주가에 부정적인 영향을 끼친다. 환율은 국제금융 환경의 영향을 받기 때문에 환율과 주가의 상관관계는 매우 복잡하다. 특히 국가 및 지역 간 정치와 경제 논리의 대립에서 비롯되는 사건이 많다.

환율이 주가에 어떤 영향을 미치는가에 대한 보고서와 논문은 수없이 많지만 지금까지 명확한 결론은 없다. 나는 국제금융 전공자로서 환율과 주가의 관계가 매우 복잡하며 한두 마디로 설명할 수 없음을 잘 안다. 이 부분이 더 궁금하다면 스스로 공부해보길 바란다. 하지만 개인 투자자는 환율이 주가에 영향을 미치는 요소라는 정도만 알아도 충분할 것 같다.

화폐 유동성

시중에 화폐 유동성이 증가하면 주식시장에도 자금이 증가해 주가에 긍정적인 영향을 끼친다. 반대로 유동성이 감소하면 주가에 끼치는 영향은 부정적이다.

경제 주기

경제 주기는 시장경제의 필연적인 결과물이다. 특정 상품이 공급 부족으로 품귀 현상이 나타나면 이 상품의 생산에 투자하려는 사람이 갑자기 폭증해 생산량이 크게 늘어나고 결국 공급 과잉으로 이어진다. 상품이 부족하면 가격이 올라가 생산 기업의 이익이 증가해 주가 상승 요인으로 작용한다. 하지만 생산 과잉으로 재고가 쌓이면 할인 판매는 기본이고 상황에 따라 원가 이하로 판매하기도 한다. 이 경우 기업 이익이 감소하므로 주가 하락 요인이 될 수밖에 없다.

통화 팽창

통화 팽창이 주가에 미치는 영향을 판단하기는 매우 복잡하고 어렵다. 일반적으로 정부가 통화 팽창을 조절하기 위해 이자율을 올릴 때 주가가 하락하는 경우가 많다.

정치 환경

대규모 정치 혼란은 곧 대규모 경제 혼란으로 이어진다. 전쟁, 잦은 정권 교체, 불안정한 정국 상황은 주가에 부정적인 영향을 끼친다.

정부의 산업 정책

정부가 특정 산업을 육성하기 위해 세금 감면, 기업 대출 금리 인하 등 기업 활동에 필요한 각종 혜택을 지원할 경우 당연히 주가에 긍정적인 영향을 끼친다.

미시적 환경

매출액

성장 가능성이 큰 기업은 대체로 매출 증가 속도가 매우 빠르다. 작년 매출액이 100억 원이었다면 올해는 200억 원, 내년 매출은 400억 원으로 예상하는 식이다. 이렇게 폭발적으로 성장하는 기업은 단기간에 주가가 몇 배 이상 급등하기도 한다.

순이익

사업 분야가 다양한 기업은 정작 이윤을 남기지 못하는 경우가 많다. 기업의 경영 상태를 평가하는 대표적인 기준이 순이익이다. 순이익이 증가하면 주가는 당연히 오른다.

고정자산

고정자산이란 기업이 보유한 모든 부동 자산을 의미한다. 어느 기업의 시가총액이 1,000억 원이고 고정자산이 1,500억 원이라면 주가가 기업의 가치를 충분히 반영하지 못해 저평가된 상황이라고 볼 수 있다.

동종 업계 상황

가전제품처럼 경쟁 상품을 생산하는 기업이 여럿이라면 동종 업계의 다른 기업 상황을 참고할 필요가 있다. 일반적으로 동종 기업은 경제 주기가 비슷하기 때문에 주가 움직임도 비슷한 경우가 많다.

브랜드 가치

관련 업계 전문가들은 코카콜라의 브랜드 가치를 약 650억 달러로 평가한다(2020년 기준). 지금 여러분이 투자하려는 기업이 어떤 브랜드를 가지고 있는지, 그 브랜드 가치가 어느 정도인지 생각해봐야 한다. 브랜드 가치가 주가에 끼치는 영향은 매우 크다.

기본적 분석의 대상은 주로 기업의 미시적 환경이다. 거시적 환경은 다양한 요인이 복잡하게 뒤얽혀 분석이 쉽지 않기 때문에 주식시장의 전체 흐름을 판단하는 정도로만 사용된다. 피터 린치Peter Lynch는 "내가 거시경제 분석에 할애하는 시간은 일 년에 15분도 안 된다"라고 말하기도 했다. 거시적 환경 변화는 시간 보내기 좋은 이야깃거리지만 실전 주식투자에는 별 도움이 되지 않는다. 하지만 늘 예외가 있는 법, 사회 혼란을 일으킬 만한 큰 사건이라면 반드시 주목해야 한다.

미시적 환경 중에서도 기업의 경영 상태 분석은 매우 중요하다. 기업의 사업 내용과 진행 상황을 모르는 상태에서 단순히 주가 차트만 보고 투자하면 작은 변화에도 쉽게 불안해진다.

기업의 경영 상태를 분석하려면 재무제표를 읽을 수 있을 정도의 기본 회계 상식이 필요하다. 하지만 기본 상식만으로 해결할 수 없는 복잡한 문제가 많다. 예를 들어 영업이익은 기업마다 계산 방식이 다르기 때문에 똑같은 기준으로 판단하면 안 된다. 어떤 기업은 상품을 출고하고 수금을 완료한 시점, 어떤 기업은 상품을 출고한 시점, 어떤 기업은 수주 시점에서 영업이익이 발생한 것으로 기록한다. 상품 출고 후 대금을 받지 못하거나 수주를 했다가 취소될 가능성도 염두에 둬야 한다.

고정자산을 어떻게 계산했는지도 잘 살펴봐야 한다. 일부 낡은 공장의 경우 서류상으로 꽤 높은 값이 매겨져 있지만 실제로 들여다보면 그냥 줘도 안 가져갈 고철 덩어리만 가득할 수도 있다. 이런 경우 서류상 고정자산 금액을 그대로 받아들여도 될까? 일반적으로 매입원가에서 감가상각비를 차감하는 계산법을 사용하지만 숫자는 숫자에 불과할 뿐 현실을 반영하지 못해 큰 의미가 없다. 따라서 재무제표를 확인할 때 이런 부분도 놓치지 말자.

주가 상승을 이끄는 세 가지 요인

주가 상승 요인은 여러 가지가 있지만 가장 큰 영향을 끼치는 것은 역시 기업의 순이익과 그 증가 추세다. 기업이 돈을 벌지 못한다면 존재 이유가 없지 않겠는가.

지금부터 주가 상승에 가장 큰 영향을 끼치는 세 가지 요인을 알아보자.

순이익 증가

주가를 주당순이익으로 나눈 주가수익배수PER는 주식투자에서 알아야 할 매우 중요한 개념이다. 일부 초보 투자자는 여기에 너무 매몰된 나머지 PER만으로 특정 주식의 저평가 혹은 고평가 여부를 판단하기도 한다. 그러나 이 수치는 이론적으로 완벽할 뿐, 실제 주식투자에는 많은 예외가 있다.

미국 마이크로소프트의 주식은 상장 초기에 PER이 100을 넘었고 근래 40~50 수준을 유지하고 있다. 이론으로만 계산하면 마이크로소프트 주식에 1만 달러를 투자했을 경우 13년 만에 백만장자가 될 수 있다.

기업의 경영 상태가 건전하고 성장 속도가 빠르다면 순이익이 해마다 증가할 것이다. 투자자 입장에선 증가 속도가 빠를수록 좋다. 기업의 순이익이 매년 25% 속도로 증가한다면 3년 후에 두 배가 된다.

이 증가 속도를 판단할 때에는 반드시 의미 있는 수치에 근거했는지 봐야 한다. 어떤 기업의 주당순이익이 작년에 10원이었고 올해 20원으로 100% 증가했다고 하자. 증가율로 보면 대단한 것 같지만 순이익 규모로 보면 의미 없는 숫자다. 그러나 1,000원에서 2,000원으로 100% 증가했다면 확실히 눈길을 끌만한 성장이다.

순이익이 증가하려면 당연히 영업이익이 증가해야 한다. 기업의 영업이익이 증가하지 않았는데 순이익이 증가했다면 회계

처리 과정에 문제가 있을 수 있으므로 좀 더 자세히 알아볼 필요가 있다.

마지막으로 영업이익 증가 속도와 순이익 증가 속도를 비교해볼 필요가 있다. 예를 들어 어떤 기업의 매출액이 100억 원에서 200억 원으로 100% 증가했는데 주당순이익이 500원에서 600원으로 20% 증가하는 데 그쳤다면 이유를 자세히 따져봐야 한다. 업계 내 경쟁이 심해져 할인가로 판매한 탓이라면 마진율이 낮아지기 때문에 매출액이 증가해도 주가 상승에 끼치는 영향은 미미할 것이다.

주식시장에서 투자자가 가장 주목하는 부분을 꼽으라면 단연 순이익 증가 속도다. 어떤 기업의 순이익이 매년 25% 증가하다가 갑자기 40%, 50% 속도로 증가하기 시작했다면 조만간 주가가 급등할 조건 하나를 갖추었다고 볼 수 있다.

신제품

한 제약회사가 획기적인 암 치료 신약 개발에 성공했다면 이 기업의 발전 가능성을 어떻게 판단하겠는가? 지금까지 신제품이 기업의 순이익을 빠르게 증가시킨 사례는 수없이 많았다. 1963년 미국의 제약회사 신텍스가 경구 피임약을 출시한 후 6개월 만에 주가가 5배 상승했다. 중국의 왕안컴퓨터는 새로운 워드 프로그램을 개발한 후 주가가 2년 만에 무려 13배나 급등했다. 세계적인 프랜차이즈 기업 맥도날드의 주가는 1967년에서 1971년 사이에 11배 상승하기도 했다.

여기에서 말하는 신제품이란 실물 상품만이 아니라 새로운 비즈니스 모델, 마케팅 방식, 경영 관리 방식 등이 모두 포함된다.

기업의 자사주 매입

기업의 자사주 매입은 대표적인 주가 상승 요인으로 꼽힌다. 기업이 자사주를 매입하는 행위는 경영 상태가 양호하다는 의미다. 일반적으로 주가가 기업의 내재가치를 반영하지 못한다고 판단할 때 취하는 방식이다. 주식시장에 유통되는 주식 물량을 줄이면 주당순이익이 증가하기 때문에 PER이 낮아지는 효과가 있다. 같은 맥락에서 특정 주식의 유통 물량을 확인하는 것이 매우 중요하다. 유통 물량이 많을 경우 주가가 상승하려면 큰 매수 세력이 나타나야 하므로 주가 움직임이 더딜 수밖에 없다.

기술적 분석을 위한 기본 지식

기술적 분석은 한마디로 차트 분석이다. 즉 주식의 가격, 거래량, 시간의 상관관계를 분석해 향후 주가 움직임을 예측하는 것이다. 투자자들이 기술적 분석을 하는 목적은 주가 흐름과 그 흐름의 변화를 파악하고, 분석 결과가 보여주는 신호를 정확히 읽어 매매 차익을 실현하는 것이다.

인간의 본성은 개인마다 큰 차이가 없어서, 외부 조건이 같을 경우 집단 전체가 비슷한 반응을 보인다. 이런 반응은 고스란히 주가 차트에 반영된다. 투자자는 보통 과거 주가의 운동 패턴을 분석해 향후 움직임을 예측한다. 이처럼 기술적 분석은 인간의 본성이 비슷하다는 심리적 가설을 바탕으로 한다.

그러나 이 가설은 어디까지나 이론일 뿐 완벽한 적용은 불가능하다. 대다수 투자자의 군중 심리와 집단행동이 주가 변동에 반영되기는 하지만 사람은 워낙 복잡한 동물이라 단순하게 과거 행동을 똑같이 반복하지 않는다. 그래서 주식투자는 과학이 아니라 예술이라는 말이 있다. 그래도 이 집단행동의 결과는 어느 정도 유사한 특징을 보이기 때문에 이 특징을 잘 파악하면 투자 성공률을 50% 이상으로 끌어올릴 수 있다.

또한 기술적 분석은 돈의 흐름을 분석하는 것이라고도 할 수 있다. 직관적으로 보면 주식 차트는 돈이 들고 나는 상황을 그린 것이다. 돈은 거짓말을 하지 않는 법이다.

주식시장에는 다양한 이익집단이 존재한다. 주식시장 참여자 중에는 주식을 보유한 투자자(롱 포지션)도 있고 공매도한 투자자(숏 포지션)도 있다. 일부 기업과 집단은 암암리에 부당한 거래를 하기도 한다. 증권가의 투자 분석 리포트 중에는 이런 부당한 거래를 뒷받침하는 것도 적지 않다. 그러므로 언론 기사와 유명 애널리스트의 말을 곧이곧대로 듣지 말고 항상 의심하고 다시 확인해야 한다.

하지만 돈은 절대 거짓말을 하지 않는다. 주가가 상승했다면 팔려는 사람보다 사려는 사람이 많다는 뜻이다. 반대 상황이라면 당연히 주가가 하락한다. 따라서 우리는 누가 무슨 말을 하는지 신경 쓰지 않고 돈의 흐름만 쫓아가면 된다. 종종 유명 애널리스트가 자사 보유 주식의 가격이 고점을 찍었다고 판단할 때 일반 투자자가 그 주식을 매수하도록 정보를 흘리기도 하는데 이는 차트 기술적 분석을 통해 어느 정도 가려낼 수 있다.

기본 패턴

기술적 분석은 월스트리트에서 이미 체계적인 분석법으로 인정받아 500~600쪽 분량으로 내용을 자세히 소개하는 책도 많다. 하지만 내가 직접 경험해보니 이들 책에서 말하는 내용 중에는 현실과 동떨어진 의미 없는 쟁점과 분석을 위한 분석이 너무 많았다.

여기에서 나는 실제 투자 경험을 통해 유용하다고 확인한 핵심 내용만 소개하겠다. 단순화한 그래프에 최대한 간단한 설명을 덧붙였을 뿐이지만 주가 움직임이 정상인지를 판단하는 데 중요한 바탕이 될 것이다. 나는 실제로 이렇게 매일 주가 흐름을 파악하고 있다.

주가 추세와 추세선

[그림 2-1]은 전형적인 상승 추세 차트로 각 파동의 저점을 연결한 것이 상승 추세선이다. 상승 차트에서는 거래량 변화를 잘 살펴봐야 한다. 일반적으로 주가가 상승할 때 거래량이 증가하고 하락할 때 거래량이 감소한다. 각 파동의 최고점과 최저점은

시간이 흐를수록 조금씩 상승한다.

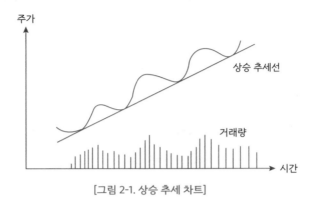

[그림 2-1. 상승 추세 차트]

[그림 2-2]는 전형적인 하락 추세 차트로 각 파동의 고점을 연결한 것이 하락 추세선이다. 하락 추세에서 거래량은 큰 의미가 없다. 각 파동의 최고점과 최저점이 시간이 흐를수록 조금씩 하락함을 알 수 있다.

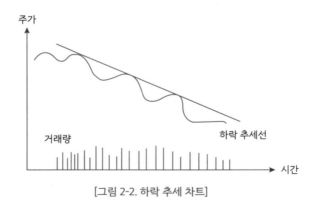

[그림 2-2. 하락 추세 차트]

주식투자의 지혜

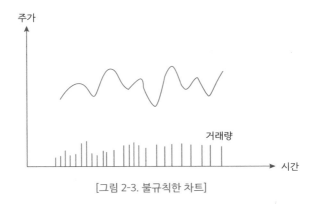

[그림 2-3. 불규칙한 차트]

　　[그림 2-3]은 특징 없이 불규칙하기 때문에 전반적인 흐름을 파악하기 힘들다. 거래량에도 특이점이 없다. 일반적으로 이런 추세인 주식은 투자에 적합하지 않다.

심리 분석하기

　　초보 투자자와 투자 전문가의 흔한 대화 한 토막.

　　"주가가 오르는 이유는 뭐죠?"

　　"매도자보다 매수자가 많기 때문입니다."

　　이미 말했듯 주가가 오르는 것은 PER이 낮거나, 배당금이 많거나, 혹은 어떤 특별한 이유가 있어서가 아니라 단순히 매도자보다 매수자가 많기 때문이다. 물론 PER과 배당금이 투자자의 매매 결정에 영향을 끼치기는 하지만 이런 요인은 결국 과거의 자료일 뿐이다. 투자 결정에 가

장 큰 영향을 끼치는 요인은 향후 전망, 즉 미래에 대한 기대치다. PER
이 높다면 그 기업이 과거에 이익을 많이 내지 못했다는 뜻이지, 앞으로
도 돈을 벌지 못할 것이라는 뜻은 아니다.

먼저 상승 추세 차트를 다시 보자. 상승 추세가 시작될 무렵에는 확
실히 매도자보다 매수자가 많았다. 추세가 나타나기 전까지는 매도세
와 매수세가 거의 균형을 이루고 있었을 것이다. 일단 매수세가 강해지
면 거래량이 늘어나고 주가가 상승한다. 주가가 상승하면 상승 추세 초
기에 주식을 매수해 이익을 본 사람 중 일부는 바로 주식을 팔아 수익을
실현한다. 이 과정이 차트상에 조정 파동으로 나타난다. 하지만 전체적
으로 보면 매도자가 많지 않기 때문에 일반적으로 조정 파동 중에는 거
래량이 많지 않다. 거래량이 줄지 않는다면 정상적인 상승 추세가 아니
다. 기업이 신제품 개발에 성공하는 등 호재가 있다면 곧이어 새로운 매
수 세력이 합류해 두 번째 상승 파동이 나타날 것이다. 정상적인 상승
추세라면 새로운 파동이 이전 파동보다 높아져야 한다.

주가 움직임은 큰 바위를 산 정상으로 밀어 올리는 것과 같다. 올라
갈 때는 큰 힘이 필요하지만 내려올 때는 바위가 저절로 굴러떨어지듯
이 별다른 힘이 필요하지 않다. 매수자가 사라지고 하락 추세가 시작되
면 매도세가 크지 않아도 주가가 뚝뚝 떨어진다. 이 상황에서도 간혹 매
수자가 나타나지만 일단 하락 추세가 시작되면 반등을 기대하기는 어렵
다. 실제로 하락 추세 차트를 보면 하락 파동이 계속 낮아지지만 거래량
변화에는 특이점이 없다.

불규칙 차트는 시장이 그 주식에 별다른 판단을 내리지 않았다는 뜻

이기 때문에 당분간 무의미한 움직임을 반복하게 된다. 불규칙 차트는 기본적으로 매수세와 매도세가 균형을 이룬 상태다.

　그렇다면 개인 투자자들이 매수를 결정하는 결정적인 요인은 무엇일까? 월스트리트 투자자를 상대로 조사한 결과, 개인 투자자들이 주식 매수를 결정하는 가장 큰 요인은 단순히 주가가 오르고 있는 것이었다. 다시 말해 개인 투자자에게는 PER이 낮거나 배당금이 많다는 사실은 큰 의미가 없다. 그저 주가가 오르니까, 계속 오를 것 같으니까 사는 것뿐이다. 그 외 다른 요인의 영향은 아주 미미했다. 한번 오르기 시작한 주가가 파동을 거듭할수록 더 높아지고 상승세가 쉽게 꺾이지 않는 이유가 바로 여기에 있다. 주가 움직임에 대한 감각을 키우려면 이 점을 반드시 유념하길 바란다.

　반대로 개인 투자자들이 매도를 결정하는 가장 큰 이유는 무엇일까? 위 내용을 제대로 읽었다면 이 질문에 자신 있게 답할 수 있을 것이다. 월스트리트 조사 결과, 개인 투자자들이 주식을 매도하는 결정적인 이유는 주가가 하락하는 것이었다. 주가가 떨어지기 때문이다! 역시나 PER이 높아서 혹은 다른 특별한 이유가 아니었다. 한번 떨어지기 시작한 주가의 하락세가 쉽게 멈추지 않는 이유도 바로 이것이다.

　간혹 주가가 상승할 때 너무 터무니없이 오르고 하락할 때 처참하게 추락하는 경우가 있다. 이제 그 이유를 이해하겠는가? 대다수 개인 투자자가 매수와 매도를 결정하는 진짜 이유를 항상 기억하고 꾸준히 시장 흐름을 살핀다면 여러분도 곧 주가 움직임의 특징을 파악할 수 있을 것이다.

지지선과 저항선

[그림 2-4]에 그린 선이 바로 지지선과 저항선이다.

주가가 일정 구간 내에서 등락을 반복할 때 각 파동의 최고점을 연결한 것이 저항선이고 파동의 최저점을 연결한 것이 지지선이다. 주가가 저항선까지 상승하면 일련의 강한 저항에 부딪혀 더는 상승세를 이어가지 못하기 때문에 갑자기 매도 물량이 쏟아진다. 반대로 주가가 지지선까지 하락하면 매수 세력이 몰려 주가 하락세가 멈춘다.

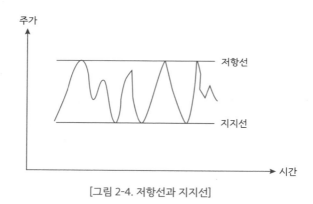

[그림 2-4. 저항선과 지지선]

심리 분석하기 ─────────

이와 관련된 심리를 분석해보자.

"A 주식이 10,000원 밑으로 떨어지면 바로 매수할 겁니다."

"난 B 주식이 15,000원까지 오르면 바로 매도할 거예요."

주식투자의 지혜

증권사 객장에서 혹은 개인 투자자를 만났을 때 흔히 듣는 말이다. 왜 사람들은 10,000원으로 떨어진 주식을 매수하고(가치가 있다고 생각) 15,000원까지 오른 주식을 매도하려고(가치가 없다고 생각) 할까?

이런 심리는 우리의 일상 경험에서 비롯된 것일 수 있다. 현명하고 알뜰한 소비자라면 자신이 사려는 옷의 최저가가 어느 정도 수준인지 미리 알아본다. 이 옷을 최저가로 파는 곳을 발견한다면 당장 달려가 구매할 것이다. 반대로 알아본 최저가보다 비싼 가격이라면 거들떠보지도 않는다. 여기에서 옷을 구입하는 가격이 지지가, 거들떠보지도 않는 가격이 저항가에 해당한다.

다시 주식시장으로 돌아가 보자. 대다수 개인 투자자가 A 주식의 최저가를 10,000원이라고 생각한다면 주가가 10,000원으로 떨어졌을 때 매수 세력이 나타나 하락세가 멈출 것이다. 이런 상황은 [그림 2-4]의 지지선에 그대로 반영된다.

저항선도 같은 맥락으로 이해하면 된다. 옷 가격이 10,000원에서 15,000원 사이를 오르락내리락할 때 여러분이 옷 가게 주인이라면 어떻게 하겠는가? 가격을 10,000원으로 정하면 옷을 사려는 사람은 싸다고 생각해 앞다투어 몰려들겠지만 파는 입장에서는 싸게 팔면 왠지 손해 보는 것 같아 팔고 싶지 않을 것이다. 또 가격을 15,000원으로 정하면 소비자는 너무 비싸다고 생각해 옷을 사지 않을 것이다. 옷 가게 주인은 비싼 가격에 팔고 싶지만 사는 사람이 없으면 팔 수가 없다. 즉, 옷 가격이 10,000원일 때에는 매도자보다 매수자가 많으니 가격이 오를 가능성이 크고, 15,000원일 때에는 매수자보다 매도자가 많아서 가격이 내려갈 수밖에 없다.

옷 가격이 10,000원과 15,000원 사이를 계속 오르락내리락하는 중에 이 가격이 너무 높다 혹은 너무 낮다고 생각하는 사람이 나타날 수 있다. 이 사람은 큰손 소비자일 수도 있고 도매상일 수도 있다. 누군가 기존의 매매 균형을 깨뜨리는 행동을 한다면, 특히 이들의 행동 규모가 아주 크다면 일련의 연쇄 반응이 일어날 것이다. 현재 옷 장사를 하는 사람이나 관망 중인 투기꾼들이 원래 거래 구간 10,000~15,000원을 벗어난 행동에 하나둘 동참할 것이다.

새로운 균형 가격이 사는 쪽에 유리하다면 매수세가 커져 새로운 매수자가 계속 나타나고, 파는 쪽은 값이 오르기를 기대하며 계속해서 매도세를 줄일 것이다. 이런 추세가 이어져 옷 가격이 15,000원을 넘기면 반대 상황이 된다. 파는 쪽은 가격이 충분히 올랐다고 생각해 매도세가 점점 커지고 옷 가격은 새로운 균형 구간에서 움직인다.

저항가 혹은 지지가가 돌파되는 과정은 대략 이렇다. 주식시장에서는 이것을 저항선 돌파, 지지선 돌파라고 부른다.

여기에서 한 가지 주의할 점이 있다. 저항선 돌파 후 기존의 저항선은 새로운 지지선이 되고, 지지선 돌파 후 기존의 지지선은 새로운 저항선이 된다. 지지선 돌파를 예로 들어보자.

주가가 지지선 부근까지 떨어졌을 때 매도세를 능가하는 충분한 매수 세력이 나타나면 주가는 더 이상 하락하지 않는다. 이런 움직임을 몇 번 반복하면 시장 전반에 이 지점이 최저가라는 인식이 형성된다. 그런데 어느 날 갑자기 아주 큰 매도세가 나타나 주가를 지지선 밑으로 떨어뜨리면 이 지지선을 최저가라고 생각해 주식을 매수한 투자자는 모두 손실을 입는다. 이 중 누군가는 바로 손절매하고, 또 누군가는 원래 기대했던 수익률을 고집하며 주가가 반등하기를 기다릴 것이다. 어쨌든 시장 참여자들이 알던 '최저가 인식'이 깨지면서 시장이 투자자를 배신한 셈이다.

여기에서 주가가 지지선을 회복한다면 이 주식에 투자했던 사람들은 어떻게 반응할까? 손절매하지 않고 기다렸던 사람은 드디어 빠져나갈 기회가 생긴 것에 감사해할 것이다. 드디어 손해 없이, 혹은 아주 조금이지만 이익을 본 상태에서 주식을 팔아치울 수 있게 되었으니까. 주가가 지지선을 돌파하며 추락해 마음고생이 정말 심했지만 이제 그 악몽을 끝낼 수 있게 되었다.

그렇다면 이미 손절매한 사람들은 어떨까? 원래 최저가라고 생각했던 지점에서 매수를 결정했다가 배신당한 경험이 있어서 예전의 지지선을 회복해도 다시 매수하기는 쉽지 않다. 그것이 최저가라는 믿음이 이미 깨졌기 때문이다.

결과적으로 매수세는 나타나지 않고 매도세만 커지기 때문에 한번 무너진 지지선은 새로운 저항선이 된다. 같은 원리로 한번 돌파된 저항선은 새로운 지지선이 된다. 저항선 돌파 과정은 스스로 생각해보길 바란다.

이중천장형과 헤드앤숄더형

[그림 2-5]와 [그림 2-6]은 각각 전형적인 이중천장형 차트와

헤드앤숄더형^{head & shoulder} 차트로 주식시장에서 비교적 흔한
패턴이다.

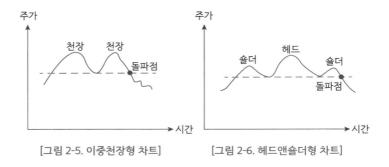

[그림 2-5. 이중천장형 차트]　　　　[그림 2-6. 헤드앤숄더형 차트]

심리 분석하기

　먼저 이중천장형의 특징은 두 개의 고점이다. 여기에서 중요한 점은
두 고점의 위치와 시간 간격의 관련성이다. 하루 중 고점과 일 년 중 고
점은 완전히 다른 것이지만 해석 방법은 같다.

　주가가 계속 오를 때 매수 세력의 최고 관심사는 과연 기존 최고가를
경신할 것인가. 이때 매도 세력은 지난번처럼 기존 최고가에서 매도
세가 몰려 주가 상승세가 꺾일지 유심히 살필 것이다. 다시 말해 주가가
상승세를 탈 때 주식시장 참여자의 관심은 그 움직임이 지난번과 같을
것인지에 집중된다. 지난번에 이 가격까지 올랐을 때 강한 매도세를 만
나 상승세가 꺾였는데 이번에도 같은 상황이 반복될까?

　가능성은 두 가지뿐이다. 지난번 최고가를 돌파하거나 돌파하지 못할

것이다.

이중천장형 차트를 보면 지난번 최고가를 돌파하지 못하고 시장 흐름이 바뀌기 때문에 이 지점에서 주식을 보유하고 있는 투자자는 불안할 수밖에 없다. 그러나 주가가 하락세로 바뀐 후에도 매수세가 감소하지 않으면 결국 지난번 최고가를 돌파해 본격적인 상승 추세를 시작하기도 한다.

헤드앤숄더형의 원리도 이중천장형과 유사하므로 그 흐름에 나타난 투자자의 심리가 어떻게 변하는지 여러분 스스로 정리해보길 바란다. 헤드앤숄더형은 이중천장형의 변형으로 볼 수 있는데 이 두 차트는 뒤집힌 형태로 나타나기도 한다.

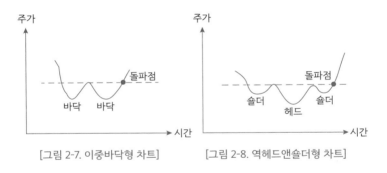

[그림 2-7. 이중바닥형 차트]　　　[그림 2-8. 역헤드앤숄더형 차트]

이중천장형 차트는 매도 선택에 결정적인 힌트를 제공하고 이중바닥형 차트는 매수 선택에 결정적인 힌트를 제공한다. 주가 차트를 볼 때 그 이면에 숨겨진 주가 흐름에 대한 시장 참여자의 심리 변화를 파악하는 것이 매우 중요하다. 자신이 그 상황에 처한다면 어떻게 행동할지 심사숙고해볼 필요가 있다. 이런 자세가 습관이 되면 언제 매수하고 언제 매도해야 할지 서서히 감이 잡힐 것이다.

이동평균선

이동평균선은 주가의 추세를 판단하는 중요한 지표다. 주가의 움직임은 보통 불규칙한 지그재그 선으로 나타나는데 위아래 편차를 조금씩 줄여 완만한 곡선으로 표현한 것이 이동평균선이다.

이동평균선을 계산하는 방법은 여러 가지인데 종가를 기준으로 평균값을 구하는 방법이 가장 일반적이다. 예를 들어 10일 평균값을 구한다면 최근 10일간의 종가를 모두 더한 후 10으로 나누면 된다. 그다음 날 평균값을 구할 때는 그날 종가를 더하고 11일 전 종가를 뺀 후 10으로 나눈다. 이렇게 계산한 하루하루의 평균값을 모두 연결하면 대체로 완만한 곡선이 나타난다. [그림 2-9]의 이동평균선 모양은 평균값을 구하는 날수에 따라 달라진다. 기간이 길어질수록 이동평균선 모양이 직선에 가까워진다.

참고로 나는 200일 이동평균선으로 장기 추세를, 50일 이동평균선으로 중기 추세를 판단한다. 경험상 50일 이하는 큰 의미가 없기 때문에 거의 보지 않는다. 주가의 단기 흐름을 판단할 때에는 주로 주가와 거래량을 참고한다. 나는 보통 200일 이동평균선 아래 위치한 주식은 매수하지 않는다. 물론 단기 매매의

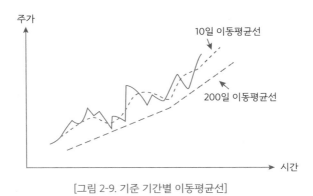

[그림 2-9. 기준 기간별 이동평균선]

경우는 예외다.

기타 패턴

　나는 평소 기술적 분석을 할 때 위에 언급한 네 가지 방법을 가장 많이 이용한다. 그러나 이번 절의 제목이 '기술적 분석을 위한 기본 지식'이니, 나는 잘 사용하지 않는 패턴 몇 가지를 언급하려 한다.

　기술적 분석을 다룬 다른 책을 보면 보통 삼각형, 터널형, 깃발형 등 다양한 차트가 등장한다. 하지만 내 경험상 이 내용은 실전 투자에 거의 도움이 되지 않았다. 물론 나에게 도움이 되지 않는다고 해서 다른 사람에게도 필요 없는 것은 아니니 관심 있는 분들은 직접 공부해보길 바란다. 이 책은 나의 실전 투자 경험을 통해 가치가 있다고 판단한 내용만 선별한 것이기 때문

에 주식시장의 모든 정보와 자료를 다룰 수 없는 점을 이해해주
길 바란다.

최근 컴퓨터 프로그램을 잘 다루는 개인 투자자 중에 MACD
나 스토캐스틱stochastic 같은 보조 지표를 참고하는 사람이 많다
고 한다. 꽤 알려진 것만 꼽아도 20~30개쯤 된다. 나는 주식투
자를 본격적으로 시작하고 2년째 되던 해에 많은 수업료를 내
고 나서야 이런 지표들의 특징을 알았다. 이런 지표는 이상과
현실의 괴리가 너무 컸고 대부분 반짝하자마자 바로 사라져버
렸다. 그렇다고 이 지표들이 완전히 틀렸다는 뜻은 아니다. 어
떻든 이 지표를 만든 사람은 대부분 주식투자에서 크게 성공한
사람들이니까.

하지만 지금 우리가 이 지표의 분석 결과대로 매매를 결정한
다면 과연 어떻게 될까? 나는 이미 직접 경험했다. 나 혼자 거인
의 어깨에 서 있다고 자신했지만 결국 비참하게 굴러떨어지고
말았다.

앞에서 내가 자주 사용한다고 소개했던 패턴들은 당연히 내
가 발명한 것이 아니다. 하지만 실전 투자를 통해 그 이면에 숨
겨진 투자 심리 변화를 확실히 체험했다. 특히 인간의 본성은
쉽게 변하지 않기 때문에 이 패턴들은 앞으로도 실전 투자에 매
우 유용할 것이다. 혹시라도 내가 이 책에서 소개하자마자 바로
사라지지 않기를. 솔직히 그런 일은 절대 없을 것이라고 확신한
다. 인간의 본성은 쉽게 바뀌지 않으니까. 다른 패턴의 이면에

숨겨진 대다수 시장 참여자의 심리 변화는 다른 고수가 설명해 주길 기대해본다.

종합적인 차트 분석

[그림 2-10]은 추세선, 저항선, 지지선을 종합했을 때 지지선 바로 아래가 매도 지점이다. 일단 지지선이 무너지면 상승 추세가 끝났다고 볼 수 있다.

[그림 2-11]은 헤드앤숄더 차트로 [그림 2-10]과 기본 원리는 유사하지만 저항선 부분에서 확실히 다르다.

[그림 2-12]는 [그림 2-10]을 그대로 뒤집은 패턴으로 가장 일반적이고 이상적인 매수 지점을 보여준다. 여기에서 상승 추세가 시작된다면 거래량이 증가할 것이다.

[그림 2-13]은 아주 흔한 주가 차트 패턴 중 하나다. 여기에

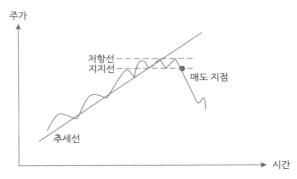

[그림 2-10. 삼중천장형 차트의 매도 지점]

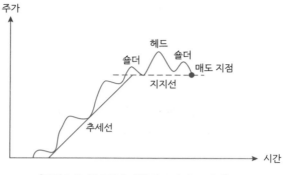

[그림 2-11. 헤드앤숄더형 차트의 매도 지점]

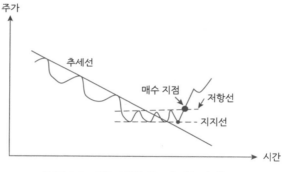

[그림 2-12. 삼중바닥형 차트의 매수 지점]

표시해둔 매수와 매도 지점을 고민해보길 바란다. 실전에 적용하는 구체적인 내용은 4장의 '언제 살까?'에서 알아보겠다. 매수와 매도 지점은 분석 상황에 따라 당연히 달라질 수 있다.

살다 보면 종종 현실과 이상이 많이 다르다는 생각이 들곤 한다. 주식시장도 마찬가지다.

주식투자의 지혜

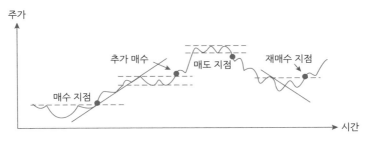

[그림 2-13. 일반적인 주가 차트의 매수 지점과 매도 지점]

    위에서 살펴본 여러 가지 주가 움직임과 그 이면에 숨겨진 투자자의 심리는 오랜 시간에 걸쳐 실전 적용 효과가 입증된 기술적 분석 방법들이다. 기술과 사회가 발전함에 따라 오늘날 미국 주식시장에서 일어나는 주식 거래의 70%가 컴퓨터 거래라고 한다. 컴퓨터 거래에 인간의 본성에서 비롯된 심리 변화 과정을 그대로 적용할 수 있을까? 분명히 차이가 있을 것이다. 하지만 거래 주체가 사람이든 컴퓨터이든 거래의 핵심은 '돈'이다. 주가가 올라가면 매수세가 매도세를 앞지르는 것이 기본이다. 사람이 매수를 결정하든 컴퓨터가 매수를 결정하든 매수가 실현되는 순간 주식시장에 '돈'이 흘러 들어간다.

주가의 정상적인 움직임과 주기

주가의 정상적인 움직임

주가 추세를 분석하려면 일단 주가의 움직임이 정상적인지부터 파악해야 한다. 주가 움직임의 정상 여부를 파악하고 실제 투자에서 어떻게 행동해야 하는지, 다음 키워드를 통해 알아보자.

① 추세와 추세선: 정상적인 상승 추세라면 각 파동의 최고점과 최저점이 직전 파동의 최고점과 최저점보다 높아야 한다. 주가 움직임 전체가 추세선 위에 있어야 한다. 반대로 정상적인 하락 추세라면 각 파동의 최고점과 최저점이 직전 파동보다 낮아야 한다.

② 지지선과 저항선: 일단 저항선을 돌파하면 주가가 계속 상승하는 것이 기본이다. 중간에 작은 조정 파동이 있겠지만 주가가 저항선 밑으로 떨어지지는 않는다. 여기에서 벗어난다면 정상적인 움직임이 아니다. 마찬가지로 일단 지지선을 돌파하면 주가는 계속 하락한다. 이 흐름에서 벗어난다면 정상적인 움직임이 아니다. 만약 주가가 반등해 지지선을 뛰어넘는다면 좋은 매수 지점이 될 것이다.

③ 이중천장형과 헤드앤숄더형: 역시 같은 맥락으로 이해하면 된다. 주가가 일단 돌파점을 통과하면 한동안 같은 추세가 이어진다. 금방 변화가 생긴다면 정상적인 움직임이 아니다.

④ 이동평균선: 200일 이동평균선의 경우 정상적인 상승 추세라면 주가가 반드시 그 위에서 움직여야 한다. 반대로 정상적인 하락 추세

라면 주가가 이동평균선 아래에서 움직여야 한다. 여기에서 벗어나면 정상적인 움직임이 아니다.

주가 움직임의 주기

월스트리트가 200년 역사를 이어오는 동안 주가 흐름과 패턴을 분석하는 수많은 이론이 등장했다. 다우 이론, 엘리어트 파동 이론이 대표적이다. 이들 이론에는 수많은 가설과 증명 과정이 등장하기 때문에 지루하고 분량이 많은 편이다. 그럼에도 불구하고 지금까지 명맥을 유지하는 것은 실제로 활용 가치가 있기 때문일 것이다. 하지만 내 경험상 이 이론들을 실전에 응용하기는 쉽지 않았다. 큰 자금을 운용하는 펀드매니저가 시장 전체 흐름을 파악하는 데는 확실히 도움이 되겠지만.

나는 주식시장에 대한 이해와 지식이 쌓이면서 이렇게 뭔가 대단해 보이는 이론들이 경제 주기의 기본 원리와 크게 다르지 않음을 알게 되었다. 경제학을 조금이라도 공부해본 사람이라면 경제 주기가 무엇인지 알 것이다. 먼저 경제 주기가 주가에 어떻게 영향을 끼치는지 간단히 알아보자. 이것은 주식시장을 이해하기 위한 기본이자 핵심적인 내용이다.

주가 움직임(주가 운동)은 다음과 같이 4단계로 구분할 수 있다.

축적기: 매수세와 매도세가 대체로 균형을 이룬 상태
상승기: 매수세가 매도세보다 강한 상태

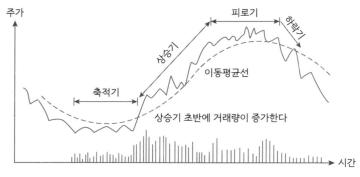

[그림 2-14. 주가 움직임의 4단계]

피로기: 매수세와 매도세가 다시 균형을 이룬 상태

하락기: 매도세가 매수세보다 강한 상태

주가의 움직임은 단계적 특징에 상관없이 기본적으로 파동 형태다. 수많은 작은 파동이 모여 하나의 큰 파동을 만든다. 작은 파동의 편차를 줄여 평균값으로 표시한 이동평균선은 큰 흐름을 파악하는 데 도움이 된다. 여기에서 확실히 짚고 넘어가야 할 내용이 있다. 주식시장 내의 특정 세력이 하루 혹은 단기간 파동을 조작할 수는 있겠지만 큰 흐름을 바꿀 수는 없다. 이 사실은 다우 이론을 통해 확실히 알 수 있다.

주가 움직임의 4단계는 경제 주기 법칙과 매우 유사하다. 하나의 경제 주기 사이클이 끝나는 무렵에는 보통 생산 과잉으로 상품 가격이 떨어지고 재고가 증가해 기업 이익이 감소하기 때문에 주가가 하락한다.

축적기는 일종의 회복기다. 기업은 잘 팔리지 않는 상품을 단종하고 재고를 줄이면서 경제 회복기에 대비한다. 경제 회복기는 주가 움직임 4단계 중 상승기에 해당한다. 기업 이익이 증가하는 것을 보고 투자자들이 주식을 매수하기 시작하면서 주가가 상승세를 이어간다.

경제 회복기가 이어지는 동안 경쟁이 심화되고 시장이 포화되면서 다시 생산 과잉 문제가 나타나는데 이때 주가 움직임의 피로기가 시작된다. 보통 피로기는 그리 길지 않고 곧 하락기가 이어진다. 하락기가 어느 정도 이어지다 마무리되면 다시 축적기가 시작된다.

경제사회학 관점에서 볼 때 자본주의 경제 주기는 사회에 일련의 부정적인 영향을 끼치지만 계획경제에도 근본적인 문제가 존재한다. 계획경제의 바탕에서 시장경제를 도입한 중국에서도 생산 과잉으로 인해 육류, 계란, 과일 가격이 떨어지는 상황이 발생한다. 이 현상이 바로 경제 주기 사이클의 한 부분이다.

축적기 후반에서 상승기 초반으로 넘어간 후 거래량이 폭발적으로 증가해 단번에 저항선을 돌파해야만 본격적인 상승기가 시작된다. 일단 상승기가 시작되면 주가의 움직임은 직전 파동의 최고점을 뛰어넘는 상승 추세를 이어간다. 간혹 예외가 있지만 이 시기 주가는 200일 이동평균선 위에서 움직여야 한다. 이때 투자자는 주가의 단기 변화에 동요하지 말고 침착하게 상황을 지켜보면서 위험 신호를 알리는 비정상적 움직임이 보이는지 확인해야 한다.

주가가 피로기를 지나 이동평균선과 지지선 아래로 떨어졌다면 매도 시기를 알리는 신호로 봐야 한다.

일부 작은 기업에서 생산하는 특화 상품은 전체 경제 주기의 영향이 거의 없지만 그 기업의 주가 움직임은 경제 주기의 영향권을 벗어나지 못한다. 한 기업의 상품이 시장에서 인정받으면 매출과 이익의 잠재력이 투자자의 결정에 반영된다. 기대 주가가 상승하면서 거래량도 증가한다. 하지만 이들 중 상당수가 중장기 투자 목적이기 때문에 이들의 매수가 끝나면 거래량이 크게 감소한다. 이런 상황에서는 평소보다 훨씬 적은 거래량으로 주가 변화에 영향을 줄 수 있다. 간혹 중소기업 주식이 단기간에 큰 폭으로 급등하는 이유가 여기에 있다.

하지만 시장경제는 언제나 자유 경쟁을 지향하기에 곧 유사 상품 혹은 대체 상품이 쏟아져 나온다. 그래서 오늘날 시장경제에는 블루오션 혹은 블루오션 상품이 존재하기 힘들다. 치열한 경쟁으로 기업 매출과 이익의 증가 속도가 떨어지고 호황과 불황을 끊임없이 반복한다. 작은 기업의 주식도 똑같이 주가 움직임의 4단계를 거친다. 다만 변화의 폭이 대기업 주가에 비해 훨씬 크고 불안정하다.

주식 분석에 대한
나의 생각

개인 투자자의 주요 관심사는 주가가 언제 오르고 언제 내려가는가다. 이미 알아보았듯이 이유는 아주 간단하고 명확하다. 주가가 오르는 것은 매수자가 매도자보다 많기 때문이고, 내려가는 것은 매도자가 매수자보다 많기 때문이다. 그렇다면 주식 분석으로 주가가 언제 오르고 내릴지 예측할 수 있을까? 당연히 불가능하다.

먼저 투자자의 매수 결정에 영향을 미치는 요인이 무엇인지 생각해보자. 정치, 경제, 심리, 환경 등 다양한 요소가 있겠지만 대부분 정량화해서 비교하기는 힘들다. 금융 분석가들이 주식 평가를 수치화하기 위해 PER과 같은 지표를 만들었지만 이 역시 주가가 언제 어떻게 움직일지는 예측할 수 없다.

그렇다면 분석 이론은 왜 존재할까? 주가 움직임은 정확한 예측이 불가능하지만 예측할 필요성은 여전히 있으니 예측 정확도를 최대한 높이기 위해 존재한다. 이것은 주식시장 참여자의 투자 성공률과도 관련이 깊다.

기본적 분석에 대한 생각

기본적 분석은 현대 금융학의 기초다. 대학에서 금융학을 공부할 때 전공 필수 과목이 대부분 기본적 분석과 관련된 것이었다. 기본적 분석은 수치화가 가능해 과학적으로 연구할 수 있기 때문이다.

기본적 분석이 주가 분석의 기준점이 된 것은 정량화가 가능하기 때문이다. 주식시장 참여자는 기본적 분석을 통한 수치로 주가가 합리적인지 판단한다. 일반적으로 주가가 기준점보다 많이 낮으면 매수해야 할 타이밍이고, 기준점보다 많이 높으면 매도를 고려해야 한다. 기본적 분석을 통해 나온 기준점이 광범위하게 인정받는다면 대다수 투자자가 이를 기준 삼아 저점에서 매수하고 고점에서 매도할 것이다. 주식시장 참여자는 이 기준점을 분석하고 이에 대한 대다수 투자자의 심리를 읽을 수 있어야 한다.

기술적 분석에 대한 생각

나는 주식투자를 업으로 삼고 있기 때문에 매매를 결정할 때 주로 기술적 분석 결과를 참고한다. 한마디로 차트 몇 가지로 먹고사는 셈이다. 하지만 경험이 부족한 개인 투자자는 차트 몇 가지만으로 해결하기는 힘들 것이다.

나는 대학 시절 책에서 읽은 어느 수학자의 말을 잊을 수가 없다. 독서는 얇은 것에서 두꺼운 것으로, 두꺼운 것에서 다시 얇은 것으로 가는 과정이다. 처음에는 아무것도 모르기 때문에 책이 얇게 느껴지지만 공부할수록 배워야 할 것이 많다는 생각에 책이 두껍게 느껴진다. 책 내용을 완전히 이해하고 나면 요점만 추려낼 수 있어 책이 다시 얇게 느껴진다는 뜻이다. 이 과정은 주식투자를 포함해 모든 새로운 분야를 공부할 때 똑같이 적용된다.

현재 인공지능AI 기술은 컴퓨터가 세계 체스 챔피언을 이길 정도로 발전했다. 체스는 게임의 변수가 제한적이기 때문에 모든 변수를 프로그램에 입력만 하면 된다. 컴퓨터의 계산 속도는 인간의 사고 속도와 비교할 수 없을 만큼 빠르기 때문에 컴퓨터가 이길 수밖에 없다. 1996년 미국 IBM에서 만든 슈퍼컴퓨터 '딥 블루'가 당시 체스 세계 챔피언인 러시아의 카스파로프Garry Kasparov를 이기면서 세계적으로 큰 화제를 불러일으켰다.

컴퓨터의 계산 능력을 고려할 때 주가 차트를 분석하는 일은 아무것도 아니지만 아직까지 컴퓨터는 주식투자의 보조 도구에 불과하다. 자료 분석과 달리 매매 결정은 그리 단순한 일이 아니기 때문이다.

〈월스트리트 저널〉에 다음과 같은 기사가 실린 적이 있다.

한 기자가 어떤 실험을 위해 동전 던지기 결과를 좌표에 그려 넣었다. 앞면이 나오면 한 칸 위에 점을 찍고 뒷면이 나오면 한 칸 아래 점을 찍는 방식이었다. 동전 던지기를 수십 번 반복해 나온 점을 연결하니 하나의 곡선이 그려졌다. 기자는 이 좌표 곡선을 기술적 분석 전문가에게 보여주고 어느 주식의 주가 차트라며 분석해달라고 부탁했다. 분석가는 한동안 유심히 살핀 후 상승 잠재력이 큰 주식이라며 어떤 주식인지 꼭 알려달라고 했다. 기자가 사실을 털어놓자 기술적 분석가는 버럭 화를 내고 가버렸다.

이 이야기를 읽고 어떤 생각이 들었는가? 이 기술적 분석가는 주가 차트를 분석하면서 아주 중요하고 기본적인 부분을 놓쳤다. 주가 등락 곡선만 봤을 뿐 거래량은 전혀 고려하지 않았고 왜 거래량이 없는지 묻지도 않았다.

이번 장에서 설명한 차트는 한눈에 봐도 아주 간단하다. 하지만 이 차트는 얇음에서 두꺼움, 두꺼움에서 다시 얇음으로 가는 전체 학습 과정 중 마지막 얇음에 해당한다. 중간의 두꺼움을 건너뛰고 첫 번째 얇음에서 마지막 얇음으로 바로 가고 싶겠지만 그럴 수는 없다. 훌륭한 실력을 갖춘 경험자가 마지막 얇음을 자세히 설명해준다면 중간의 두꺼움 단계를 지나는 시간을 줄일 수는 있다. 하지만 이 두꺼움 단계를 무시하고 건너뛸 수는 없다.

기술적 분석은 개별적으로 보면 별 효과가 없다. 전체 주식시장의 흐름, 기업 경영 상황 분석, 기업의 상품 분석까지 종합적으로 고려해야 한다. 특히 거래량 변화는 매우 중요한 요소다. 이 모든 정보를 종합해 나온 기술적 분석 결과라야 의미가 있다. 실전 투자에서는 손절매 지점 판단에 매우 유용하다.

차트 자체는 이미 지난 과거이기 때문에 실전 투자에 적용할 때 수많은 예외 상황이 등장한다. 차트를 분석하는 목적은 최상의 임계점을 찾는 것이며, 예외 상황에 효과적으로 대처하려면 꾸준히 공부하고 경험을 쌓아야 한다. 이와 관련한 구체적인 내용은 4장에서 자세히 알아보겠다.

주식시장의 흐름에 대한 생각

천재 트레이더 제시 리버모어는 전체 주식시장의 흐름을 파악하는 것이 중요하다고 강조했다.

"주식투자의 성공 비결 하나. 상승장에서 적극적으로 최선을 다하고, 상승장의 끝이 보이면 완전히 끝나기 전에 가지고 있는 주식을 모두 팔아버려야 한다."

주식시장은 양 떼, 개별 주식은 양 한 마리라고 가정해보자. 양 떼가 한 방향으로 움직이면 그 안에 속한 양들은 대부분 같은 방향으로 따라가게 된다. 주식시장의 움직임도 같은 맥락으로 이해할 수 있다. 상승장일 때에는 개별 주식도 대부분 오르고 하락장일 때에는 대부분 내려간다.

다른 분야에서 사업을 하더라도 성공하려면 추세에 따르는 것이 기본이다. 예를 들어 옷 장사를 한다면 유행하는 옷을 파는 것이 유리하다. 주식투자도 마찬가지다. 아무리 좋은 주식을 선택했어도 전체 시장이 하락장이라면 그 주식도 떨어질 가능성이 크다. 그렇다면 전체 주식시장의 흐름은 어떻게 판단해야 할지 알아보자.

전체 시장의 흐름을 판단하려면 기본적으로 매일 주가지수를 체크해야 한다. 미국의 다우존스지수, 일본의 닛케이지수, 홍콩의 항셍지수, 상하이와 선전 종합지수 등이 여기에 해당한다.

내 경험으로는 전체 시장의 흐름과 변화를 판단하는 데 가장 좋은 방법은 기술적 분석 방법을 이용하는 것이다. 종합주가지수를 하나의 주식이라고 가정하고 이 주식의 움직임이 지금 어떤 추세인지, 어떤 단계인지, 정상적인 흐름인지 살펴보는 것이다.

그리고 매일 거래량을 꼭 체크해야 한다. 거래량이 아주 많은데 지수가 오르지 않거나, 시가는 높은데 종가가 낮다면 이 상황은 전형적인 위험 신호에 해당한다. 이때는 반드시 외부 상황

주식투자의 지혜

을 체크해보라. 중앙은행에서 이자율을 올렸는지, 주변국에 정치·경제·사회적으로 큰 문제가 생기지 않았는지 등을 살펴봐야 한다.

전체 시장의 변화는 단계적으로 진행되기 때문에 개별 주식과 비교하면 확실히 속도가 느리다. 대략 며칠 혹은 몇 주 동안 서서히 흐름이 바뀌는데 시장의 변화에서 위기를 감지했을 때 바로 행동하는 것이 무엇보다 중요하다.

위험 신호를 파악해 위기를 잘 피했다면 이제 주가가 바닥을 쳤을 때 보내는 신호를 정확히 잡아야 한다. 주가가 큰 폭으로 하락해 대다수 투자자가 몸을 사릴 때 어느 날 갑자기 주가가 1~2%가량 큰 폭으로 올랐다. 이때 거래량도 같이 증가한다면 큰손이 나타났다는 뜻이므로 바닥 탈출 신호일 가능성이 크다. 하지만 아직 최적 매수 타이밍은 아니다. 고점에서 물렸던 투자자들이 반등하자마자 발을 빼려고 매도 물량을 쏟아낼 것이기 때문이다. 이 단계가 지난 후 새로운 파동의 최고점이 직전 파동의 최고점을 돌파했다면 하락장이 끝난 것으로 볼 수 있으니 매수해도 좋다. 이때부터 주가지수 차트에 상승 추세 특징이 나타날 것이다.

주식시장의 움직임은 끊임없는 반복이므로 과거 움직임의 패턴을 자세히 연구할 필요가 있다. 종합주가지수의 장기 흐름을 따라가며 과거에 어떤 일들이 있었는지 공부해보자. 이런 노력과 경험이 쌓이면 주식시장의 흐름을 읽을 수 있는 감이 생길 것이다.

전체 시장의 흐름을 파악하는 것은 매우 중요하다. 한때 나 역시 그랬지만 초보 투자자는 많은 시간과 노력을 들여 개별 주식의 기본적 분석과 기술적 분석에만 매달린다. 또한 전체 시장이 아무리 호황이라도 떨어지는 주식이 있고 전체 시장이 불황이라도 오르는 주식이 있다는 생각이 지배적이라 전체 시장의 흐름을 간과한다. 분명히 말해두지만 주식투자는 기본적으로 확률 게임이기 때문에 대세를 거스르는 행동은 성공 확률을 크게 떨어뜨릴 수밖에 없다.

주식투자로 성공하려면 반드시 전체 시장과 개별 주식을 종합적으로 판단하는 태도를 길러야 한다. 이런 태도를 완성하려면 어느 정도 시간이 걸릴 텐데, 그 전에는 이것 하나만 기억하라. 하락장에서는 절대, 어떤 주식도 매수하지 말 것!

보는 사람마다 주식으로 돈을 벌었다고 말한다면 전체 시장의 상승세가 이미 정점을 찍었을 가능성이 크다. 이미 많은 사람이 주식투자에 자금을 투입했으니 앞으로 주가가 추가 상승할 원동력이 고갈된 셈이다. 반대로 주가가 계속 하락하면서 공황에 빠진 투자자의 투매 행렬이 이어졌다면 주가가 거의 바닥을 쳤다고 볼 수 있다.

전체 주식시장의 흐름을 판단할 때 다음의 몇 가지를 꼭 확인하자.

① 거시적 정치 및 경제 상황에 큰 문제가 발생했는가? 오늘날 많은 기업이 글로벌 무대를 누비기 때문에 다른 나라의 정치·경제 위기가 우리나라 주식시장에 영향을 끼칠 수도 있다. 1990년대 후반 동남아 경제위기가 대표 사례다.

② 우리나라의 거시경제 상황과 통화 팽창 여부를 확인하라. 환율 변동폭과 중앙은행 이자율 조정 가능성도 살펴봐야 한다.

③ 소위 말하는 대장주의 움직임을 확인하라. 보통 전체 주식시장이 정점을 찍기 직전 단계부터 대장주 주가가 부진한 모습을 보인다.

④ 소형주의 주가 움직임은 어떠한가? 전체 주식시장이 정점을 찍기 직전 단계가 되면 종종 평소 들어본 적도 없는 소형주가 급등하곤 한다. 대장주 주가가 너무 많이 올랐기 때문에 주식시장에 떠도는 자금이 대장주를 대체할 '잡주'에 몰린 것이다.

⑤ 장 마감 후 그날의 상승 종목과 하락 종목 수를 확인하라. 종합주가지수는 소수의 대형주에 좌우될 수 있는데 종합주가지수에서 큰 부분을 차지하는 대형주들이 전체 시장 흐름과 반대로 움직일 수 있기 때문이다. 예를 들어 오늘 하루 전체 종목의 4분의 1이 하락하고 4분의 3이 상승했다. 만약 하락한 4분의 1 중에 한국의 삼성전자나 홍콩의 HSBC은행처럼 대형주가 포함되어 있다면 종합주가지수가 하락할 수도 있다. 이런 경우 종합주가지수가 전체 시장 흐름을 제대로 반영했다고 볼 수 없다.

⑥ 금융, IT, 건설 등 업종별 움직임을 살펴봐야 한다. 종합주가지수가 상승해도 일부 업종이 전체적으로 하락하는 경우가 있다. 전체 시장

흐름에서는 업종별 흐름도 매우 중요하다. 특히 전체 시장의 추세가 명확하지 않을 때 업종별로 편차가 심하게 나타난다. 따라서 특정 주식의 매매를 결정할 때에는 반드시 업종별 흐름을 확인해야 한다.

지금까지 주가 움직임을 예측하기 위한 도구를 소개했으니 앞으로 여러분 스스로 향후 주가 움직임을 예측해보길 바란다. 기본적 분석 방법으로 주가가 저평가되어 앞으로 오를 가능성이 있다고 분석했다면 매수하고, 기술적 분석 방법으로 하락세가 감지되어 주가가 곧 내려갈 것이라고 예상한다면 매도를 결정한다.

그러나 매매 결정은 실전 투자 과정 중 하나에 불과하다. 뜻밖의 상황이 발생했을 때 어떻게 대처할 것인가도 매우 중요하다. 주식시장의 원칙에서 '추세를 따르라'라고 하지, '예측한 대로 따르라'라고 하지 않는다. 추세를 따르는 것과 추세를 예측하는 것은 방법적으로, 본질적으로 크게 다르다. 여러분이 직접 분석해서 지금 매수해야 한다는 결과가 나왔다고 치자. 하지만 이것이 전부가 아니다. 얼마나 매수할지, 어떤 방식으로 분할해서 매수할지, 손절매 기준은 어떻게 정할지, 자신의 전체 자금을 어떻게 배분하고 어떻게 관리할지 등을 모두 고려해 최종 결정을 내려야 한다.

주식투자의 지혜

합리적인
가격대

특정 가격에 사려는 사람이 있고 팔려는 사람이 있어 거래가 성사되면 주가가 확정된다. 이 가격이 합리적이라고 생각하는 사람도 있고 터무니없다고 생각하는 사람도 있을 것이다. 그렇다면 그렇게 생각하는 이유가 무엇일까? 어떤 근거가 있는 것일까? 주식의 가격과 실제 가치는 어떻게 다를까? 이 질문의 답은 시간과 상황에 따라 바뀌기 때문에 한마디로 답하기는 어렵다.

먼저 현대 금융 이론에서 가장 주목받는 현재 가치present value 이론을 통해 합리적인 주가를 판단하는 방법을 알아보자.

현재 가치란 무엇일까? 예를 들어 인플레이션율이 매년 10%라고 가정하면 현재 1,000원이 계속 1,000원일 수 없다. 내년에는 1,000원으로 900원 상당의 물건만 살 수 있기 때문에 내년 1,000원의 현재 가치는 900원이다. 같은 원리로 계산하면 후년에는 1,000원으로 810원 상당의 물건만 살 수 있으니 현재 가치도 810원이다. 이렇게 10년이 지나면 현재 1,000원의 현재 가치는 약 387원이 된다. 10년 후에는 1,000원으로 현재 400원 정도인 물건밖에 살 수 없다. A 주식으로 매년 1,000원을 벌고 인플레이션율이 계속 10%를 유지한다고 가정할 때 이 주식으로 번 돈의 현금 가치는 다음과 같이 계산할 수 있다.

$$1,000 + 900 + 810 + 729 + \cdots = 10,000$$

여기에서 10,000원이 바로 이 주식의 현재 가치다.

현재 월스트리트에서는 주식의 현재 가치가 합리적인 주가라고 판단한다. 보통 투자 분석가들은 A 주식의 현재 가치가 10,000원일 때 주가가 그 이하이면 저평가, 그 이상이면 고평가되었다고 말한다.

위의 사례에서 보듯 주식의 현재 가치를 계산하려면 두 가지 가정이 필요하다. 인플레이션율과 미래의 수익이다. 혹시 증권가 애널리스트의 분석 리포트를 볼 기회가 있다면 이 두 가지를 찾아보길 바란다. 대부분 이 두 가지 가정에서 도출한 현재 가치를 기준으로 주가의 위치가 합리적인지 판단한다. 문제는 사람마다 다른 가정을 세울 수 있기 때문에 같은 주식, 같은 상황이라도 애널리스트에 따라 결과가 다를 수밖에 없다는 것이다. 같은 주식을 두고 누구는 저평가되었다고 말하고 누구는 고평가되었다고 말하는 이유가 여기에 있다.

그러므로 우리는 이 결과를 곧이곧대로 받아들이면 안 된다. 미래는 아무도 속단할 수 없으므로 현재 가치 결과는 단순 추측에 불과하다. 투자 분석가 입장에서는 '단순 추측'이라는 말이 거슬릴 수도 있으니 '합리적인 추측'이라고 하자. 어떻든 아무도 미래를 알 수 없다는 본질은 바뀌지 않는다. 그래서 애널리스트의 분석 평가는 부수적인 참고 자료일 뿐이다. 그 평가의 기본 가설을 옳다 그르다 판단할 수 없기 때문이다. 내년, 후년 인플레이션율을 누가 알겠는가.

1장에서 암퇘지가 봉황으로 변신했던 사례를 기억하는가? 어쩌면 이 이야기 때문에 주식의 가격과 가치가 전혀 상관없는 것처럼 느껴질 수도 있을 것이다. 암퇘지와 봉황 이야기는 이론적으로는 성립하지만 현실에는 수많은 변수가 존재하므로 실현 가능성이 거의 없다.

현실의 투자자들은 언제나 합리적으로 주가를 평가하고 합리적으로 행동하려 노력한다. 간혹 터무니없는 일이 발생하기도 하지만 이 상황은 절대 오래가지 않는다.

헝가리 출신의 유명 투자자 앙드레 코스톨라니André Kostolany는 아주 적절한 비유로 주식의 가격과 가치를 설명했다. 일단 강아지를 데리고 산책을 나갔다고 상상해보라. 강아지는 내 앞으로 뛰어가기도 하고 뒤에서 끌려오기도 한다. 강아지가 신나게 뛰어다니는 동안 목줄은 늘어나고 짧아지기를 쉬지 않고 반복한다. 하지만 강아지는 결국 내 옆으로 돌아온다.

여기에서 나는 '가치'이고 강아지는 '주가'다. 실제로 주식투자를 해본 사람이라면 이 이야기에서 여러 가지 깨달음을 얻었을 것이다. 특히 주가가 터무니없어도 결코 오래가지 않는다는 사실을 기억하길 바란다.

사려는 사람이 있고 팔려는 사람이 있으면 주가가 확정된다. 아주 쉽고 명확한 논리다. 그런데 가치가 무엇인지는 명확하지 않다. 주식의 가치는 무엇인가? 어떻게 정해지는가? 그 기준이 무엇일까?

예를 들어 돼지고기 600그램이 5,000원이고 집 한 채가 5억 원이라고 해보자. 돼지고기와 집은 실물의 사용가치가 존재하기 때문에 현금 가치를 쉽게 받아들일 수 있다. 그런데 주식은 보이지 않고 사용가치도 없다. 주식은 기업이 발행한 유가증권이고 그 가치는 시시각각으로 변한다. 기업의 가치가 변하기 때문이다.

예전에 고대 유럽인의 식문화에 관한 글을 읽은 적이 있다. 아시아에 대한 내용은 없어서 잘 모르겠지만 옛날에 유럽 사람들은 고기를 즐겨 먹었다고 한다. 고대인의 대변 성분을 분석한 결과 육류 비율이 70% 이상이었다. 시간이 흐르면서 곡물 섭취량이 늘어나자 육류 비율이 꾸준히 감소했다. 근대에는 곡물과 육류 섭취가 대략 비슷해졌다. 이 글에서 인류의 발전 단계를 '수렵사회–농경사회–산업사회–정보사회'로 분류했는데 여기에서 사회 발전 단계마다 가치에 대한 개념이 어떻게 바뀌어왔는지 이야기해보려 한다.

수렵사회의 토지는 전혀 가치가 없었다. 삶을 이어가기 위한 의, 식, 주 어디에도 도움이 되지 않기 때문이다. 당시 부의 상징은 강한 체력, 달리기 속도, 활쏘기 실력 등 사냥과 관련된 것이었다. 이 시대의 가치가 현대 사회에까지 끼친 영향이 하나 있다. 여자들 대부분이 키 크고 건장한 남자를 좋아하는 것이다.

농경사회가 시작되면서 사회적 가치와 부에 대한 기준이 크게 바뀌었다. 사냥 능력에 집중되었던 부의 개념이 토지로 옮겨 갔다. 토지의 규모와 농업 기술이 곧 부의 상징이었다. 얼마나 용감하고 얼마나 빨리 달릴 수 있는가는 더 이상 중요하지 않았다. 이제 모두의 관심은 토지가 얼마나 큰가, 그 토지에서 얼마나 많이 생산할 수 있는가에 집중되었다. 또 하나 중요한 사실은 토지 소유자가 직접 농사를 짓는 것이 아니라는 점이다. 토지에서 무엇을 생산하는가보다 토지를 소유했는가가 핵심이다.

수렵사회에서 농경사회로 넘어가면서 부에 대한 가치와 기준이 완전히 달라졌다. 간단히 말해 키 크고 힘센 남자가 환영받던 시대에서 토지를 소유한 남자가 환영받는 시대가 된 것이다.

이후 산업사회에 들어서자 사회적 가치는 또 한 번 큰 변화를 맞이했다. 토지 소유 중심에서 제조와 운송 능력으로. 특히

19세기에 내연기관과 전기모터가 발명되면서 기계에서 대량 생산품이 나오기 시작했다. 공장을 짓는 데 필요한 토지는 그리 넓지 않은데 생산량은 어마어마했다. 끝없이 쏟아져 나오는 상품을 증기선에 실어 날라 세계 각지에 팔자 어마어마한 부가 쌓이기 시작했다. 산업사회의 생산은 계절과 날씨의 영향을 받지 않고 일 년 내내 이어졌다. 기계화 대량 생산 이후 사회적 가치 판단이 매우 복잡해졌다. 아직 농경사회 사고방식에서 벗어나지 못한 사업가나 금융 분석가는 이렇게 말할 것이다.

"세상에, 저 회사 주가 오른 것 좀 봐. 완전히 미친 거 아니야? 작은 공장 하나 쉴 새 없이 돌리는 것뿐인데? 토지가 있긴 하지만 보리 한 알 안 나오잖아. 지금 저 회사 가치는 저 토지의 일 년 보리 생산량의 5배 정도야. 그런데 지금 주가는 거의 5,000배 수준이야. 다들 미쳤나 봐. 저런 회사 주식을 사는 사람이 있다니, 정말 말도 안 돼!"

200년이 지난 현대 사회에 살아가는 우리는 이 말을 들으면 그저 웃고 지나칠 것이다. 그렇다면 현재 우리 상황을 생각해보자. 특히 인터넷 기업의 경우 그 가치가 합리적으로 평가되었는지 어떻게 알 수 있을까? 인터넷 기업의 가치 평가 기준이 도대체 무엇일까? 현재 주가가 합리적인지는 어떻게 판단할 수 있을까? 인터넷 기업은 대부분 토지도, 공장도 없고 피곤에 찌든 젊은이들이 사무실에 모여 앉아 컴퓨터 자판을 두드릴 뿐이다. 절대다수는 현재 수익이 거의 없고 미래의 수익도 그리 희망적이지 않다.

지금 우리는 산업사회에서 첨단 정보사회로 넘어가는 길목에 서 있다. 인터넷 기업은 정보사회 산업에 속한다. PER, 현재가치, 고정자산가치 등 현재 금융 및 주식시장에서 광범위하게 사용하는 기업 평가 기준은 모두 산업사회 기업 평가에 사용하던 것들이다. 이것은 농경사회의 토지 중심 가치 기준을 대체하는 훌륭한 방법이었지만 정보사회 기업의 가치를 평가하는 데는 확실히 무리가 있다. 근래 IT 관련 기술주 등이 폭등과 폭락을 반복하는 것은 금융시장이 새로운 형태의 기업 가치를 제대로 평가하지 못하기 때문일 것이다.

현재로서는 정보사회의 기업 가치를 합리적으로 평가할 새로운 이론과 기준이 시급한 상황이다. 어쩌면 이 책을 읽고 있는 여러분 중 누군가가 그 이론의 창시자가 될 수도 있다. 하지만 새로운 기준이 등장하고 주식시장 전체에서 받아들이기까지 많은 시간이 걸릴 것이고 그동안 IT 관련주는 계속 폭등과 폭락을 반복할 가능성이 높다. 그래도 이렇게 새로운 문제가 등장한 것에 감사할 줄 알아야 한다. 새로운 문제는 인류 문명이 발전하고 있다는 증거이기 때문이다.

3장
성공의 요인

직접 분석하고 공부하면서 꾸준히 실전 경험을 쌓으면 개인 투자자도 투자 성공률을 50%에서 60%로, 다시 70%까지 올릴 수 있다. 한 번에 너무 크게 투자하지 않고 장기적인 계획하에 조금씩 분할 매수한다면 반드시 성공할 것이다.

주식투자의 기본을 아는 사람이라면 실전 투자에 필요한 지식이 그다지 많지 않음을 알 것이다. 주가 등락에 영향을 끼치는 요인이 셀 수 없이 많지만 꼭 알아야 할 영향력이 큰 핵심 요인은 손가락에 꼽을 정도다. 어려운 내용도 아니라 누구나 이해하고 활용할 수 있다.

여러분은 주식투자의 가장 큰 매력이 무엇이라고 생각하는가? 투자 성공으로 풍요와 자유를 누릴 수 있다는 것 아닐까? 하지만 주식투자 성공률은 다이어트 성공률보다 낮다. 왜 그럴까? 주식시장 참여자 대부분이 알고 있는 것을 실천하지 못하기 때문이다.

구체적인 매매 기법을 살펴보기 전에, 주식투자에 성공하기 위해 여러분이 꼭 기억해야 할 원칙 혹은 투자철학을 짚어보려 한다. 주식투자의 목적은 주식시장에서 돈을 버는 것이다. 하지만 의욕만으로 이상을 실현할 수는 없다. 정확한 타이밍에 정확한 액션을 취해야 명확한 보상을 얻을 수 있다.

가장 중요한 원칙은 원금 보전을 최우선으로 생각해야 한다는 것이다. 언제나 원금 보전이 먼저이고 수익 창출은 그다음이어야 한다. 하지만 주식시장에 발을 들인 이상 원금 보전은 말처럼 쉽지 않을 것이다. 주식을 매수하는 것 자체가 손실 가능성을 전제로 하기 때문이다. 그래서 주가 움직임이 정상적인지 판단하는 능력이 중요하다. 다시 한번 강조하건대, 정상 주가 움직임에 대한 개념이 전혀 없는 상태에서 수익을 냈다면 그저 소 뒷걸음치다 쥐 잡은 격이다.

주식투자를 배우는 길은 멀고도 험하다. 주식투자 학교를 졸업하려면 반드시 일련의 기본 자질을 갖춰야 한다. 기본 자질이 부족하면 어둡고 힘든 시기를 견딜 수 없다. 이 시간을 이겨내야 이상을 실현할 수 있다. 스스로 생각하기에 성공한 투자자의 기본 자질과 소양이 부족하다면 지금 당장 시작하라. 여기에 필요한 것은 오직 인내와 의지뿐이다.

성공 투자의
기본 원칙

원금 보전

주식투자는 돈으로 돈을 버는 직업이므로 원금이 사라지는 순간 실업자가 된다. 내일 어마어마한 기회가 온대도 당장 가진 돈이 없으면 애타게 발을 동동거려도 아무 소용 없다. 그래서 많은 투자 대가가 가장 강조하는 주식투자 원칙이 바로 원금 보전이다. 원금을 지키기 위한 구체적인 실천 사항을 꼭 기억하자. 첫째는 신속한 손절매, 둘째는 분할 매수다.

주식투자를 해본 사람이라면 다들 이런 경험이 있을 것이다. 손실이 크지 않으면 손절매가 크게 어렵지 않지만 손실이 크면

주식투자의 지혜

손절매를 결정하기가 정말 힘들다. 이것은 지극히 자연스러운 인간의 본성이다. 투자에서 큰 손실을 입으면 대부분 자신감이 크게 떨어지기 때문이다.

어느 정도 경험이 쌓인 투자자라면 돈을 벌기도 하고 잃기도 했을 것이다. 그렇다면 돈을 벌었을 때 어떤 기분, 어떤 생각이 들었는가? 그때 왜 그 주식을 더 많이 사지 않았을까 후회하면서 다음에 매수 기회가 오면 반드시 더 많이 사야겠다고 다짐했을지도 모른다. 하지만 이것은 매우 위험한 생각이다.

주식투자 중에 100% 확실한 일은 아무것도 없다. 한 번에 너무 많은 주식을 매수했다가 주가가 하락하기 시작하면 하루하루가 악몽일 것이다. 하락 추세가 이어지는 동안 오늘이 제발 마지막이길 매일매일 기도했을지도 모른다. 아주 조금만 반등해도 상승 추세가 시작되는 것이 아닐까 기대해보지만 다시 꺾인 주가는 더 바닥으로 추락하고 기대는 처참하게 무너진다. 이 상황이 되면 대부분 이성과 판단력을 상실한다. 나 역시 인간이기에 이 모든 것을 똑같이 경험했고 그것이 얼마나 고통스러운지 잘 안다.

그래서 분할 매수가 중요하다. 어떤 주식을 1,000주 매수할 계획이라면 한꺼번에 다 매수하지 말고 일단 200주만 매수한 후 주가 움직임이 예상대로 흘러가는지 지켜보고 나머지 매수 여부를 결정하자. 주가 흐름이 예상과 다르거나 비정상적이라면 서둘러 손절매해야 한다. 다행히 주가 움직임이 정상적이라면 추가로 400주 매수하고, 조금 더 지켜본 후 나머지 400주를 매수한다.

주가 움직임은 예측 불가능하므로 주식을 매수하는 동시에 손실 가능성이 생기지만 매수하지 않으면 아예 돈을 벌 수 없다. 그래서 어느 정도까지 리스크를 감당할 것인가는 모든 투자자의 영원한 숙제다. 조지 소로스George Soros와 같은 유명 투자자도 예외가 아니었다. 이 문제에는 특별한 해법이 존재하지 않는다. 실전 경험을 통해 스스로 자신의 리스크 감당 능력을 파악한 후 자신만의 한계 기준을 정해놓고 반드시 지켜야 한다.

그런데 자신의 리스크 감당 능력은 어떻게 파악할 수 있을까? 가장 간단하고 효과적인 방법은 편안하게 잠들 수 있는지 확인해보는 것이다. 주식 걱정에 잠을 이루지 못한다면 이미 감당하기 힘든 리스크를 짊어지고 있다는 뜻이다. 이런 경우 제대로 잠을 잘 수 있는 수준까지 주식 보유 수량을 줄여야 한다.

원금 보전의 의미를 마음 깊이 새기고 원칙을 지키면 투자하면서 실수하더라도 조금씩 발전할 수 있다. 그런 경험이 쌓이고 쌓여 자연스럽게 투자의 감이 생길 것이다.

지속적인 수익

어쩌면 이 제목을 보고 비웃는 사람이 있을지도 모르겠다. 밥 먹고 할 일이 없어 주식투자를 하는 사람은 없다. 주식투자의 목적은 당연히 수익이다. 하지만 수익 앞에 붙은 '지속적인'에 주목해야 한다. 주식시장에서 한두 번 수익을 내기는 어렵지 않다. 어쩌다 한 번 운이 좋을 때도 있으니까. 하지만 운은 절대 지속적일 수 없다.

"난 그래도 올해 선방했어. 종합지수가 20%나 빠졌는데 난 손실이 10%밖에 안 되거든. 내가 주식시장을 이겼다고."

과연 그럴까? 투자를 주업으로 삼고 싶다면 평가 기준은 '내가 얼마를 벌었는가'여야 한다.

옷 가게 주인이 손해를 봤는데 옆 가게보다 덜 손해 봤다고 좋아하는 경우가 있을까? 그런데 주식시장에는 돈을 날렸으면서 남들보다 덜 날렸다고 자랑스럽게 생각하는 사람이 이상하리만큼 많다. 어쩌면 이는 주식투자로 성공하기가 그만큼 어렵다는 방증이기도 할 것이다. 주식은 보이지 않고 만질 수도 없어서 그런지 다른 분야에 비해 판단력이 흐려지기 쉽다.

주식시장에서 지속적인 수익을 올리려면 지식과 경험은 필수이고, 더불어 때를 기다릴 줄 아는 인내심이 꼭 필요하다. 개인 투자자에게 총 투자 규모가 얼마인지, 매수한 주식이 어느 정도인지, 현금 보유액이 얼마인지 물어보고 놀랄 때가 한두 번이 아니다. 개인 투자자들은 대부분 자금을 몽땅 쏟아부어 주식을 매수했다. 상승장이든 하락장이든 마찬가지였다.

이제 막 투자를 시작한 개인 투자자의 머릿속에는 오로지 돈을 벌겠다는 생각밖에 없기 때문이다. 이들의 심리 상태는 카지노 도박꾼과 매우 비슷하다. 한 번이라도 더 베팅하려고 카지노 테이블을 떠나지 않는 도박꾼들의 머릿속에도 한 가지 생각뿐이다. 다음 판은 꼭 이기리라. 그렇게 계속 베팅을 이어가다가 결국 빈손이 된 후에야 테이블을 떠난다.

주식시장에는 특별한 규칙이 없기 때문에 향후 주가 흐름을 예측하기가 매우 힘들다. 여자 친구가 토라졌을 때 도대체 왜 토라졌는지, 어떻게 해야 기분이 풀릴지 도무지 알 수 없는 남자들 마음처럼 답답하다. 이런 상황에서 가장 좋은 방법은 최대한 여자 친구를 건드리지 않는 것이다. 가만있으면 중간이라도 간다지 않는가. 주식시장도 비슷하다. 전혀 예측할 수 없다면, 정말 모르겠다면 일단 손대지 않는 것이 최선이다.

초보자 눈에는 보이지 않지만 주식시장의 움직임은 매우 이성적이고 합리적인 기준에 따라 흘러간다. 물론 주식마다 개별 상황이 다르겠지만 큰 흐름은 대부분 비슷하다. 꾸준히 관찰하고 분석하며 하나하나 경험을 쌓다 보면 자연스럽게 주식시장의 흐름을 쫓아가게 될 것이다. 관찰하고 분석하며 때를 기다리다가 주가 움직임이 나의 기준과 맞아떨어졌을 때 매수한다면 투자 성공률 50%는 확실히 보장할 수 있다. 이런 기본자세를 갖추어야 지속적인 수익이 가능하다.

다시 강조하건대 이 모든 것의 대전제가 원금 보전임을 절대 잊지 말자. 가능성이 높다고 판단했을 때 매수해야 성공률을 높이고 지속적인 수익을 올릴 수 있다. 주변의 다른 개인 투자자의 상황은 어떠한가? 대부분 돈을 조금 벌기도 하고 조금 잃기도 하는데 종합적으로 보면 자금이 점점 줄고 있을 것이다. 당연히 지속적인 수익과는 거리가 멀다. 주식투자로 성공하려면 반드시 이 단계를 뛰어넘어야 한다. 간혹 손실이 생길 수 있지만 대부분 작은 손실이고 수익을 낼 확률이 50%를 넘기 때문에 종합적으로 보면 자금이 증가한다.

큰 수익

먼저 문제를 하나 내보겠다.

두 명의 투자자가 있다. 두 사람 모두 지난 한 해 동안 100% 수익을 기록했다. 한 사람은 투자 성공률이 100%였다. 즉 매수한 주식이 모두 수익을 냈다. 하나씩 보면 적은 액수지만 매매 횟수가 워낙 많았기 때문에 투자금이 두 배가 되었다.

다른 한 사람은 얼핏 보면 운이 없었던 것 같다. 매수한 주식 중 수익이 난 것은 몇 개 없고 손실 난 것이 더 많았다. 하지만 손실 금액이 적고 수익 금액이 컸다. 그중 하나는 무려 300% 수익을 올렸다. 덕분에 1년 거래를 종합하니 100% 수익이 난 것이다. 여러분은 이 두 투자자에게 어떤 평가를 내리겠는가?

두 사람 중 한쪽은 운이 아주 좋은 초보이고 다른 한쪽은 노련한 고수다. 자, 어느 쪽이 초보이고 어느 쪽이 고수인지 눈치 챘는가? 두 사람의 매매 방법에서 우리는 어떤 교훈을 얻을 수 있을까?

실제로 전문가의 투자 방식은 두 번째 투자자와 유사하다. 전문가는 자신의 매매 결정이 100% 정확할 수 없다는 사실을 누구보다 잘 안다. 하지만 결정이 잘못되었을 때 절대 큰 대가를 치르지 않는다. 반대로 예측이 맞아떨어졌을 때는 최적 시기까지 기다릴 줄 알기에 최대 수익을 낼 수 있다.

초보 투자자 중에 위 예시에서 언급한 것처럼 운이 좋은 사람은 거의 없다. 어쩌다 수익이 나는 주식이 있더라도 너무 빨리 매도해서 수익이 아주 적다. 결국 초보의 손에 남는 건 반토막 난 주식뿐이다.

여러분이 지금 1,000만 원을 가지고 있다고 가정해보자. 리스크 분산을 위해 100만 원씩 10종목을 매수했다. 일 년 후 5종목은 수익이 나고 5종목은 손실이 났다. 손실 종목은 모두 주가가 10% 떨어졌고 수익 종목 중 4종목은 10% 오르고 나머지 하나가 200% 올랐다. 이 경우 1년 수익을 종합하면 1,190만 원이 된다. 원금 1,000만 원으로 19% 수익을 기록했다. 200% 급등한 종목 하나가 19% 수익률에 결정적인 역할을 한 것이다.

이 책의 독자라면 주식투자 경험이 있을 텐데, 혹시 5,000원에 산 주식이 15,000원 이상으로 오른 적이 있는가? 그런 기회가 몇 번이나 있었는가? 끝까지 기다렸다가 그 기회를 확실히 내 것으로 만들었는가? 혹시 매번 너무 일찍 매도해버리고 후회하지 않았는가?

개인 투자자가 너무 일찍 매도하는 이유는 두 가지다. 첫째는 작은 이익에 연연하는 인간의 본성 때문이고, 둘째는 주가 움직임이 정상적인지 판단할 수 있는 경험과 지식 부족 때문이다. 아쉽긴 하지만 어쨌든 수익이 났으니 기분이 좋다. 이렇게 수익을 내고 주식을 매도하면 투자에 성공한 것 같아 스스로 투자의 귀재라고 생각하며 만족해한다. 여기에 만족하는 사람들은 계속 이 작은 기쁨을 반복한다. 그래서 초보는 투자에 성공해도 적은 수익에 그친다.

5,000원이었던 주가가 15,000원까지 오를 줄 알았다면 절대 미리 팔아버리지 않았을 것이다. 문제는 확신을 가지고 주가를 예측할 수 있는가다. 이 문제는 주가 움직임이 정상적인지 판단할 수 있는가로 연결된다. 주가 움직임이 정상이라면 절대 성급하게 움직이지 말아야 한다. 제시 리버모어는 매수 결정을 내리는 과정보다 매수 후 상승 추세일 때 흔들리지 않고 보유하는 것이 훨씬 어렵고 중요하다고 강조했다. 눈앞에 보이는 이익을 당장 손에 쥐고 싶은 충동을 이겨내기는 정말 힘들다.

마지막으로 하나 더 강조한다. 여러분이 매수한 주식의 주가가 정상적으로 움직이고 수익 가능성이 높다고 판단된다면 즉시 추가 매수해야 한다. 60% 승산이 있다면 10% 추가 매수해도 좋다. 경험이 많고 승산이 80% 이상이라고 판단한다면 30%

혹은 50%까지 추가 매수 규모를 늘릴 수도 있다. 추가 매수 규모를 결정하는 것은 오로지 자신의 감에 따라야 한다. 구체적인 방법은 이어서 알아보자.

자금 관리

'패배해도 쓰러지지 않는다'는 사업의 가장 기본적인 원칙이다. 아끼고 아껴 모은 피 같은 돈으로 특정 기업의 주식을 매수해 주주가 되었다면 이제 여러분도 투자 사업을 하는 셈이다.

주식에 투자하는 것과 옆집 가게에 투자하는 것은 본질적으로는 같다. 다른 점이라면 주식은 주식시장에 기업을 공개한 상장기업에 투자한 것이고 옆집 가게는 공개되지 않았을 뿐이다. 만약 옆집 가게 주인이 투자 요청을 해온다면 여러분은 어떻게 하겠는가? 우선 투자 여부를 고민할 것이고, 투자하기로 했다면 얼마를 투자할 것인지 다시 고민해야 한다.

리스크 감당 능력

어떤 분야에 투자하든 결정에 앞서 가장 먼저 고려해야 할 문제가 있다.

나는 과연 리스크를 감당할 수 있을까?

지금까지 해고당할까 봐 불안해하지 않고 꼬박꼬박 월급과 보너스를 받으며 좋은 회사에서 좋은 대우를 받아왔다면 정말 축하해야 할 만큼 큰 복을 얻은 셈이다. 그래서 여윳돈으로 재미 삼아 주식을 매수한 사람이라면 오르면 당연히 좋고 내려가도 별로 걱정하지 않을 것이다. 이런 사람에게 '패배해도 쓰러지지 않는다' 따위는 전혀 의미가 없다.

하지만 여러분과 나처럼 열심히 일해야 먹고살 수 있는 사람들은 당장 이번 달에 돈을 벌지 못하면 다음 달에 굶어야 한다. 투자에 실패하면 가족의 생계가 위협받는다. 그러므로 '나는 과연 리스크를 감당할 수 있을까?'라는 질문이 굉장히 무겁게 느껴진다.

예전에 뉴욕에서 대만의 1세대 미국 유학생 출신 사장 밑에서 부동산 중개사로 일한 적이 있었다. 그 사장은 1970년대 말에 부동산업계에 뛰어들어 수년 만에 크게 성공해 〈뉴욕타임스〉에 그의 성공 신화가 소개되기도 했다. 1980년대 말 미국 부동산업계가 불황에 빠지자 그 사장도 사업이 힘들어졌다. 중간에 조금 손해를 보고 사업을 정리할 기회가 몇 번 있었다. 하지만 어느 정도 인정받는 위치에 올라간 사람이 실패를 인정하기란 쉽지 않은 법이다. 결국 파산한 사장은 집과 자동차까지 모두 날리고 알거지가 되었다. 사장과 부인 모두 교양 있는 엘리트이며 세 자녀도 모두 똑똑하고 예의 바른 학생이었다. 사장 부부는 인품이 훌륭했지만 아쉽게도 사업가의 원칙인 손절 타이밍과 '패배해도 쓰러지지 않는다'를 지키지 못했다.

사업을 하다 보면 스스로 감당하기 힘든 리스크가 발생할 수도 있다. 운이 좋으면 결국 리스크를 이겨내고 주목받는 스타가 되겠지만 운이 나쁘면 별똥별처럼 순식간에 사라질 것이다.

나는 그 부동산 회사의 파산을 계기로 MBA 학위에 도전하기 위해 경영대학원에 입학했다. 지금도 가끔 그 사장 부부를 떠올리며 편히 살고 있기를 기도한다.

승률 높이기

주식투자는 돈을 잃기는 쉽고 벌기는 어려운 투자 분야다.

1,000만 원을 투자한 주식이 50% 하락해 원금이 500만 원으로 줄었다고 예를 들어보자. 이때 원금을 회복하려면 100% 수익을 올려야 한다. 500만 원이 두 배가 되어야 1,000만 원이 되니까. 50%와 100%. 숫자 개념이 아무리 없는 사람이라도 100%를 회복하는 것이 훨씬 더 힘들다는 것을 알 것이다.

주식투자는 베팅 기회가 많은 것이 특징이다. 하지만 카지노의 도박 베팅과는 확실히 다르다. 어떻게 베팅하는가에 따라 충분히 성공률을 올릴 수 있다. 주식투자의 베팅법은 절대적인 옳고 그름의 기준이 존재하지 않으며 상황에 따라 매번 달라지기 때문에 예술 영역에 가깝다. 여기에 확률이라는 과학적 방법이 더해져 베팅의 예술성을 더욱 빛나게 한다. 이쯤에서 추상적인 이야기는 접어두고 구체적인 사례를 들어 설명해보겠다.

동전 던지기에서 앞면이 나올 확률과 뒷면이 나올 확률은 각각 50%다. 친구와 동전 던지기 게임으로 돈 내기를 하기로 했다. 두 사람이 각각 1,000원을 내놓고 앞면이 나오면 내가 1원을 따고, 뒷면이 나오면 친구가 1원을 따기로 했다. 이 도박의 결과는 충분히 예상할 수 있다. 게임이 길어질수록 승자와 패자의 구별이 모호해진다. 완벽하게 공평한 조건이기 때문이다.

그런데 친구가 앞면이 나오면 내가 0.95원을 따고 뒷면이 나오면 친구가 1원을 따는 것으로 룰을 바꾸자고 한다면 어떻게 할까? 당연히 게임을 하지 않을 것이다. 불공평한 조건이어서 게임이 길어질수록 내 손해가 커진다. 그럼 반대로 앞면이 나오면 내가 1원을, 뒷면이 나오면 친구가 0.95원을 따는 것으로 바꾼다면? 당연히 쌍수 들고 환영이다. 내게 유리한 조건이므로 게임이 길어질수록 내 이익이 커진다.

이번에는 친구가 베팅 금액을 왕창 올리자고 제안했다. 앞면이 나오면 내가 500원을 따고 뒷면이 나오면 친구가 475원을 가져가겠다는 것이다. 표면적인 액수는 큰 차이가 있지만 확률은 똑같이 1 대 0.95다. 하지만 베팅 금액이 무려 500배 차이이고 이것은 원금의 절반에 해당한다. 여러분이 이 상황이라면 어떻게 하겠는가? 분명히 나에게 유리한 상황이지만 이길 것이라는 확신이 크게 줄어든다. 내가 가진 원금으로 베팅할 기회는 두 번뿐이다. 확신이 사라지고 불안해진다. 게다가 이 1,000원이 다음 달 우리 가족의 생활비라면 과연 게임을 계속할 수 있을까?

성공 확률은 변하지 않았지만 베팅 금액이 커짐에 따라 게임의 성격 자체가 크게 달라졌고, 성공에 대한 확신이 실패할지도 모른다는 불안감으로 바뀌었다.

여러분이 몇 년 동안 꾸준히 주식투자를 해서 상당한 경험을 쌓았다고 하자. 그렇다면 이 경험은 어디에서 어떤 작용을 할까? 원칙을 지키며 쌓은 경험이라면 바로 게임의 승률을 높여줄 것이다.

미국의 카지노 게임을 분석한 자료에서 모든 게임(슬롯머신 제외)의 카지노 업주 마진이 1~2%라는 내용을 본 적이 있다. 다시 말해 100달러를 베팅하면 확률적으로 98~99달러를 회수할 수 있다는 뜻이다. 이는 주식 거래 수수료와 비슷한 개념이다. 확률적으로 한 판에 잃는 금액은 아주 적지만 게임을 반복할수록 손실이 점점 늘어난다. 그래서 카지노 업주는 고객이 돈을 따는 것을 걱정하지 않는다. 그저 고객이 계속 와주기를 바랄 뿐이다.

주변에서 카지노에 다니는 사람들을 관찰해보면 보통 2,000달러를 가지고 가서 대부분 30분 정도 지나면 빈손이 된다. 그때는 막연히 카지노가 사기 집단이라고 생각했는데 알고 보니 고객이 어리석었다. 그들은 너무 생각 없이, 대책 없이 베팅했다. 최소 베팅 금액 5달러로 게임을 했다면 2,000달러로 충분히 하루를 넘겼을 것이다. 요즘에는 숙식을 제공하는 카지노도 많으니 하루 이틀 휴가를 즐기는 마음으로 즐거운 시간을 보낼 수 있었을 것이다. 하지만 도박꾼들은 대부분 대박을 터트리려는 욕심과 조급함으로 한 번에 큰 액수를 베팅하기 때문에 금방 빈털터리가 된다.

이제 주식시장에서 지속적인 수익을 올리는 방법을 알았을 것이다. 직접 분석하고 공부하면서 꾸준히 실전 경험을 쌓으면 개인 투자자도 투자 성공률을 50%에서 60%로, 다시 70%까지 올릴 수 있다. 원금을 지키면서 한 번에 너무 많이 투자하지 말고 장기적인 계획하에 조금씩 분할 매수한다면 반드시 성공할 수 있다.

수학 원리는 아주 명확해서 늘 똑같이 적용된다. 하지만 주식투자에서 한 번에 얼마나 매수할 것인가는 각자의 경험과 리스크 감당 능력에 따라 달라진다. 여기에 정해진 비율 같은 건 없다.

돈은 쫓아가는 것이 아니라는 말이 있다. 초보 투자자라면 1회 매수 규모를 총자금의 6분의 1 혹은 8분의 1 정도로 시작하고 경험을 쌓으면서 조금씩 늘려가길 권한다. 성공률을 60%로 예상할 때와 80%로 예상할 때의 투자금은 당연히 60% 쪽이 더 적어야 한다. 성공률을 판단하는 기준은 온전히 자신만의 기준과 경험이어야 한다. 투자 액수는 투자 타이밍과 밀접한 관계가 있는데 이 부분은 4장에서 따로 다루겠다.

정상적인 주가 움직임 구별하기

정상적인 주가 움직임이란?

어떤 사람의 성격을 완벽하게 묘사하기는 거의 불가능하다. 정상적인 주가 움직임이라는 것도 그렇다. 그래서 이 부분은 과학보다 예술에 가깝다.

사람은 언제 화를 내고 언제 기뻐할까? 당연히 사람마다 다르겠지만 경향은 대체로 비슷하다. 칭찬을 받으면 기뻐하고 비난을 받으면 화를 낸다. 주가도 같은 맥락에서 이해할 수 있다. 사람들에게 주목받으면 오르고 관심에서 멀어지면 떨어진다. 간혹 큰 세력이 개입해 단기적으로 등락에 영향을 주기는 하지만 큰 흐름은 바뀌지 않는다. 이는 다우 이론에서 강조하는 내용이기도 하다.

주가 움직임은 한순간도 멈추지 않는다. 때로는 역동적으로 움직이고 때로는 조용히 숨죽이기도 하지만 늘 상하 운동을 이어간다. 일정 구간 안에서 등락을 반복하다가 어느 방향으로든 일단 새로운 추세가 시작되면 비교적 일정한 흐름을 이어간다. 월스트리트에서는 이 흐름선을 최소 저항선line of least resistance이라고 부른다. 주가가 이 선을 따라 움직일 때 저항이 가장 적다는 뜻이다.

주가가 2,000원에서 상승 추세를 시작해 5,000원까지 올라간다고 가정해보자. 아마도 추세가 시작되기 며칠 전부터 거래량이 갑자기 증가하면서 주가가 들썩였을 것이다. 그리고 며칠 후 상승 추세가 잠시 멈추고 소폭 하락한다. 이것은 지극히 정상적인 차익 실현 매도세로, 상승 추세일 때에 비해 거래량이 확실히 감소한다. 이 일시적인 하락은 지극히 정상적인 움직임에 속하므로 절대 성급하게 매도하면 안 된다.

이 주식에 확실한 상승 잠재력이 있다면 며칠 내로 주가가 다시 반등하고 거래량이 증가할 것이다. 다시 상승 추세가 시작되면 며칠 전 일시적인 매도세로 놓친 원래 자리를 빠르게 회복하며 신고가를 경신할 것이다. 상승 추세가 지속되는 동안에는 거의 매일 시가보다 종가가 높다. 물론 그렇지 않은 날도 있지만 대부분 시가와 종가의 차이가 크지 않다. 거래량은 큰 변화가 없거나 소폭 감소한다.

그리고 조만간 주가가 다시 하락하는데 차익 실현 매도세가 또 한 번 나타난 것이다. 이때 주가 움직임과 거래량 변화는 첫 번째 차익 실현 매도세 상황과 거의 유사하다.

[그림 3-1]은 위에서 설명한 주가의 정상적 움직임의 특징을 나타낸 것이다.

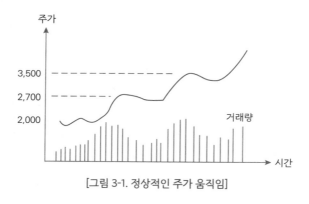

[그림 3-1. 정상적인 주가 움직임]

앞의 설명이 추상적이라 이해하기 힘들 수도 있으니 구체적인 사례와 숫자로 다시 설명해보겠다. 정상적인 주가 움직임을 파악하는 것은 주식투자에서 매우 중요한 부분이니 꼭 이해하고 넘어가야 한다.

주가가 2,000원 선을 유지하다가 어느 순간 거래량이 2배 가까이 늘어났다. 이와 함께 주가가 2,100원, 2,200원을 넘어 2,700원까지 올랐다. 2,700원까지 오르는 시기의 가장 큰 특징은 거래량 급증이다. 이후 2,700원에서 상승 추세가 잠시 멈추고 2,600원에서 2,400원까지 소폭 하락한다. 이 기간의 거래량은 2,000원에서 2,700원까지 오르던 기간과 비교하면 거의 절반 수준이다. 주가가 2,700원까지 오를 때는 매수세가 매도세를 크게 앞지르지만 2,700원에서 2,400원으로 떨어질 때는 매도세가 매수세를 앞지른다. 하지만 정상적인 상승 추세일 경우 2,000원에서 2,700원까지 오르고 다시 2,400원으로 떨어지는 기간 전체로 보면 확실히 매수세가 우세하다. 이후 주가는 2,400원 선에서 며칠 주춤하다가 다시 상승 추세를 타고 거래량이 증가한다. 순식간에 2,700원을 회복하고 3,500원까지 계속 올라간다. 3,500원 선에서 상승세가 멈추고 다시 조정 단계를 반복한다. 이 조정 단계에서도 거래량이 감소하는 것이 특징이다.

정상적인 상승 추세라면 소폭 조정 후 직전 상승세보다 더 큰 상승세가 나타난다. 위의 예시 상황에서 계속 이어가자면 두 번째 조정 단계를 거쳐 3,500원을 회복한 후 4,500원을 지나 5,000원까지 상승한다. 이 기간에는 상승세가 워낙 강해 웬만한 저항 요인은 영향을 끼치지 못한다. 상승 추세에서 나타나는 조정 단계는 지극히 정상적인 현상이다. 정상적인 조정 단계에서 지레 겁을 먹고 서둘러 매도하는 것이 초보자가 전문가와 가장 다른 부분이다. 모처럼 매수 선택을 잘해서 수익이 났는데 조정 단계를 거치는 동안 수익이 자꾸 줄어들면 당연히 당장 매도해서 차익 실현을 하고 싶을 것이다. 이것이 초보 투자자의 가장 큰 특징이며 초보 투자자가 큰 수익을 얻지 못하는 이유다.

지금까지 설명한 상승 추세의 특징을 반드시 직접 경험하고 이해하길 바란다. 다른 기술적 분석 관련서의 상승 추세 설명도 대부분 이와 비슷하다. 이 움직임이 인간의 본성과 가장 잘 부합하기 때문이다. 최근 AI 자동 매매 프로그램을 통한 거래량이 크게 증가하면서 거래량 분석의 의미가 다소 퇴색했지만 상승 추세의 기본 움직임은 여전히 유효하다.

정상적인 주가 움직임을 판단할 수 있어야 추세에 따라 올바른 선택을 할 수 있다. 추세에 따른 판단은 월스트리트의 원칙이자 대다수 전문가의 원칙이기도 하다. 이 내용은 뒤에서 다시 소개하겠지만 일단 '추세'의 개념을 정확히 이해하는 것이 중요하다. 추세를 어떻게 해석하고 판단하는지는 사람마다 다를 수밖에 없다. 정상적인 주가 움직임을 판단할 수 있으면 전체 추세가 변하지 않는 한 언제나 침착함을 유지할 수 있다. 자신만의 기준과 판단에 따라 침착하게 기다릴 수 있어야 주식시장에서 제대로 돈을 벌 수 있다.

정상적인 주가 움직임 판단 능력은 하락 추세일 때, 추세가 갑자기 바뀔 때 어떻게 해야 하는지 등 구체적인 행동과 연결된다. 이 내용은 2장에서 소개한 '기술적 분석을 위한 기본 지식'을 참고하길 바란다.

지금부터는 비정상적인 주가 움직임을 설명하겠다. 이 내용은 위에서 배운 정상적인 주가 움직임을 판단하는 것 못지않게 중요하다.

위의 사례를 계속 이어가 보자. 주가가 대폭 상승과 소폭 조정을 반복하는 과정이 한동안 이어지는데 간혹 예상보다 더 길어질 때도 있다. 이때 집중력이 흐트러지지 않도록 주의해야 한다. 바로 이 순간에 주가 움직임의 추세가 바뀔 수 있기 때문이다.

주가가 일정 주기를 반복하며 완만하게 상승하다가 어느 날 갑자기 급등할 수 있다. 5,000원 선을 유지하다가 갑자기 5,500원으로 오르고 다음 날 또 6,200원까지 오른다. 이렇게 주가가 급등하는 동안 거래량도 급증한다. 하지만 두 번째 날 장 마감 30분 전부터 주가가 내려가 5,800원으로 마감했다. 셋째 날 장이 시작하자마자 다시 급등해 6,400원으로 올랐다가 넷째 날 다시 6,100원으로 떨어졌다. [그림 3-2]는 이 상황을 그래프로 나타낸 것이다.

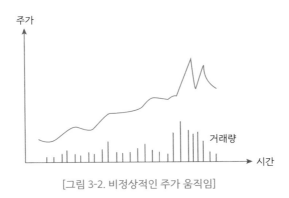

[그림 3-2. 비정상적인 주가 움직임]

위험 신호 감지

앞의 사례에서 넷째 날 주가가 다시 6,100원으로 떨어진 것은 명확한 위험 신호다. 아주 위험한 상황이다.

주가 상승 추세에서 등락을 반복하는 것은 자연스러운 일이지만 매일 연속으로 급등과 급락을 반복하는 것은 정상적인 움직임이 아니다. 일단 비정상적인 움직임이 포착되었다면 계속 예의주시하며 매도를 준비해야 한다.

이런 비정상적인 움직임은 대략 이렇게 이해할 수 있다. 주가 움직임의 배후에는 흐름을 주도하는 큰손이 있기 마련이고 이 큰손의 정체는 대부분 거대 자본을 앞세운 펀드 혹은 보험회사다. 거대 금융 자본 회사에 소속된 펀드매니저가 특정 주식에 투자하기로 결정해서 매수를 시작하면 거래량이 급증해 주가가 상승한다. 보통 펀드매니저들은 눈에 띄지 않기 위해 천천히 주식 보유량을 늘려가기 때문에 언론에 노출되는 경우는 거의 없다.

큰손들의 주식 매수가 끝나면 그 주식에 대한 호재가 들리고 증권사 추천 종목에 소개되면서 공개적으로 주목받기 시작한다. 큰손들은 개인 투자자보다 정보력이 뛰어나기 때문에 신제품 개발 성공, 영업이익 증가 등 기업 관련 소식을 발 빠르게 입수한다. 곧바로 주식을 매수한 큰손들은 이 호재가 주가에 충분히 반영되었다고 판단하면 손을 뗄 준비를 시작한다.

주식투자의 지혜

이때 큰손이 보유한 주식 물량이 대단히 많기 때문에 한꺼번에 매도할 경우 시장 기능만으로는 감당하지 못한다. 수요·공급 논리에 의해 당연히 가격이 폭락할 수밖에 없다. 그래서 큰손들은 역할이 끝난 주식을 대량 매도할 때 '바보'들을 끌어들여 높은 가격으로 주식을 처분한다. 주가 폭등은 바보들을 끌어들이는 가장 좋은 방법이다. 동시에 대표이사 취임, 증권사 추천 종목 소식 등 바보들이 솔깃해할 만한 소문을 퍼뜨린다. 특히 신문과 뉴스를 통해 관련 소식이 전해지면 개인 투자자들이 벌 떼처럼 몰려들어 주식을 매수한다.

그런데 개인 투자자들이 수익에 눈이 멀어 폭등하는 주식을 사려고 앞다투어 달려들 때 누군가는 그 주식을 팔아치우고 있다는 사실을 알아야 한다. 그 누군가가 누구인지 생각해봐야 한다. 바보들이 충분히 모이면 큰손들은 완전히 발을 뺀다. 강력한 매수세가 사라지면서 주가 상승 요인도 사라진 것이다.

이제 비정상적인 주가 움직임과 위험 신호에 숨은 의미와 이유를 이해했는가? 다시 말하지만 주식투자는 과학이 아니라 예술이다. 그렇다면 비정상적인 주가 움직임이 주가 하락의 신호탄이라는 뜻일까? 반드시 그런 것은 아니다. 내일의 주가를 100% 정확하게 예측할 방법은 없다. 오늘 주가가 폭등한 것이 정말 엄청난 신약을 개발했기 때문일 수도 있다. 그래서 주가 움직임과 기업 상황을 종합적으로 보고 판단해야 한다.

이쯤에서 주식투자의 기본 원칙을 다시 정리해보자. 모든 이유를 제쳐두고 현재 보유한 주식은 상승 잠재력이 하락 가능성보다 훨씬 커야 한다. 그렇지 않다면 보유할 이유가 없다. 위험신호가 감지되었다면 투자 성공률이 50% 이하로 떨어졌다는 뜻이다.

신중한 투자자는 늘 위험 신호를 예의주시하지만 정작 반드시 매도해야 하는 순간이 오면 알 수 없는 이유로 용기를 내지못하고 망설이다가 결국 타이밍을 놓치고 만다. 이 알 수 없는이유가 바로 인간의 본성일 것이다. 요행을 바라는 마음 말이다. 그렇게 머뭇거리는 동안 주가가 계속 추락하고 사람들은 결국 머리를 쥐어뜯으며 후회하고 자책한다. 그리고 '이렇게까지떨어졌으니 조금은 회복하겠지?'라고 생각하며 주가가 조금만반등하면 바로 매도하겠다고 다짐한다. 하지만 막상 주가가 반등하면 이 다짐을 새카맣게 잊어버린다. 이들 눈에는 상승 추세로 돌아선 주가 움직임이 지극히 '정상적으로' 보이기 때문이다. 하지만 이런 반등은 하락 추세에서 흔히 나타나는 숨 돌리기 현상에 불과하므로 주가는 다시 원래의 하락 흐름을 이어간다.

인간의 본성에는 수많은 약점이 존재한다. 그래서 주가 움직임을 분석할 때 자신이 원하는 방향으로 움직이고 있다고 해석하는 경향이 있다. 나중에 주가 움직임이 예상을 빗나가면 자신이 잘못 판단했다고 생각하지 않고 주식시장이 이상하다고 말한다. 여기에서 분명히 짚고 넘어가자.

주식시장은 틀린 적이 없다. 시장은 늘 가야 할 길을 가고 있으며, 틀린 쪽은 언제나 사람이다.

우리는 주식시장의 흐름을 쫓아갈 뿐, 흐름을 이끌 수는 없다. 위험 신호가 감지되면 절대 망설이지 말라. 혹시나 하는 기대와 환상에 빠지지 말고 즉시 발을 빼야 한다. 어느 정도 시간이 지나 정상적인 움직임을 회복한 후에 다시 시작하면 된다. 이것이 가능하다면 여러분이 견뎌야 할 고통과 주식시장에 지불해야 할 대가가 크게 줄어들 것이다.

월스트리트에 이런 이야기가 있다. 철로 위를 걷다가 저 앞에서 기차가 달려오는 것을 발견했다면 어떻게 하겠는가? 당연히 옆으로 피했다가 기차가 지나간 후에 다시 철로 위를 걸으면 된다. 잠시라도 망설이면 목숨을 잃을 수 있기에 재빨리 행동할 것이다. 이 상황은 주식투자에 그대로 적용된다.

앞에서 우리는 정상적인 주가 움직임의 특징을 알아보았다. 이런 주가 움직임의 주기는 꽤 긴 편이다. 짧게는 몇 달, 길게는 몇 년이 될 수도 있다. 개인 투자자의 경우 전체 흐름 중 60~70%만 제대로 판단해도 꽤 훌륭한 결과를 만들 수 있다. 개인 투자자도 이 정도는 판단할 수 있어야 한다. 이 내용은 이미 설명한 기술적 분석을 위한 기본 지식과 일맥상통하니 다시 한 번 숙지하길 바란다.

정상적인 주가 움직임을 정확히 판단하려면 꽤 많은 실전 경험을 쌓아야 한다. 이는 주식투자 성공률에 결정적인 영향을 끼치는 요인이기도 하다. 경험이 쌓일수록 이해도가 깊어져 주식 움직임에 대한 판단이 정확해질 것이다. 매수한 종목의 투자 성공률이 50%를 넘어 60~70%까지 올라가면 거의 전문가라고 할 수 있다. 나의 경험에 비추어 볼 때 이 정도 반열에 오르려면 최소한 3년의 치열한 노력과 경험이 필요하다. 이 정도 각오와 준비가 되어 있길 바란다.

성공한 투자자의
공통점

투자 전문가를 향한 열망

어떤 분야에서도 명확한 목표 의식과 강한 열망이 없다면 성공할 수 없다. 특히 열망이 부족하면 작은 어려움도 이겨내지 못한다. 초보 투자자는 흔히 "주식시장에서 꼭 성공하고 싶어요"라며 강한 열망을 드러낸다. 하지만 정말 그럴까?

미국 주식시장에 발을 들여놓은 투자자는 1억 명이 넘는다. 월스트리트의 한 조사 기관에서 개인 투자자를 대상으로 설문한 결과, 놀랍게도 주식투자의 목적이 돈을 버는 것이 아니라는 대답이 80%에 달했다. 그들은 대부분 주식투자를 '엘리트들이 즐기는 머니게임'이라고 생각했다. 주위의 돈 많은 이들이 대부분 주식투자를 한다니까 그 대열에 합류해 자신도 성공한 사람이라는 기분을 느껴보고 싶었던 것이다.

사람은 누구나 요행수를 바라는 마음이 있다. 개인 투자자 중에는 주식시장을 통해 그런 욕구를 '수준 높은' 방식으로 드러내면서 소소한 도박의 재미를 즐기려는 이들도 있을 것이다. 혹시 독자 여러분도 이런 이유로 주식투자를 시작한 건 아닌가?

조금 더 쉽게 접근해보자. 100만 원짜리 텔레비전을 살 때 여러분은 여러 쇼핑몰을 돌아보며 기능과 가격 등을 따져본다. 인터넷 후기를 샅샅이 살피는가 하면 지인들에게 관련 정보를 얻기도 할 것이다. 이번에는 1,000만 원어치 주식을 살 때다. 여러분은 주식을 매수하기 전에 관련 자료를 얼마나 찾아보는가? 그 자료를 얼마나 자세히 분석해보았는가? 주식을 매수하기 전에 들이는 시간과 노력이 텔레비전을 구입할 때의 몇 퍼센트인가?

주식투자로 성공하고 싶다면 꼭 기억하자. 노력이 뒷받침되지 않는 욕망은 백일몽에 불과하다. 백일몽은 그저 꿈일 뿐, 현실이 될 수 없다.

끝까지 포기하지 않는 불굴의 정신

불굴의 정신을 실천하기는 말처럼 쉽지 않다. 미국의 30대 대통령 캘빈 쿨리지Calvin Coolidge는 이런 명언을 남겼다.

"이 세상에는 똑똑하지만 뜻을 이루지 못한 사람, 많이 배웠지만 기회가 오지 않는다고 불평하는 사람이 아주 많다. 그들은 모두 끝까지 포기하지 않는 불굴의 정신이 부족하다."

끝까지 포기하지 않는 불굴의 정신을 어떻게 이해해야 할까? 너무 힘들어 포기하고 싶은 순간에 인내력을 발휘해 다시 견뎌보는 것이 아닐까?

주식시장에 발을 들이자마자 성공할 수 있다고 생각한다면 그것 역시 백일몽이다. 어쩌면 운이 좋아서 시작하자마자 돈을 벌 수도 있다. 하지만 이렇게 쉽게 번 돈은 오래 머물지 않는다. 이후에도 계속 운에 기댄다면 처음 벌었던 돈은 한순간에 사라질 것이다. 주식시장에서 계속해서 수익을 얻고 싶다면 반드시 지식과 경험을 쌓아 전문가가 되어야 한다.

나는 수십 년 동안 주식투자를 해오면서 수많은 밤을 뜬눈으로 지새웠다. 나의 하루 최고 손실 기록은 5만 달러다. 부자들에게는 별것 아니겠지만 당시 나에게는 전 재산의 절반이었다. 평범한 사람들에게는 2년 치 월급에 맞먹는 큰돈이다. 그때 나는 2주 가까이 제대로 먹지도 못했는데 당시 느꼈던 고통과 좌절감은 아직까지 잊을 수 없다. 특히 손실 액수나 돈을 잃었다는 사실보다 다시 주식투자를 해서 돈을 벌 수 있을지 자신을 믿지 못하는 점이 가장 고통스러웠다.

그래서 나는 수없이 자문해보았다. 이 직업이 내 적성에 맞는가? 대학은 4년 동안 게으름 피우지 않고 공부하면 무난하게 졸업할 수 있고, 기술 분야 견습공은 일정 기간이 지나면 자연스럽게 기술을 마스터한다. 그런데 주식 대학은 도대체 언제 졸업할 수 있을까? 하루에 10시간씩 주식투자에 매달렸는데 결국 돈 한 푼 벌지 못했다. 앞으로 얼마나 더 이런 시간을 견뎌야 할까? 이 노력에 대한 보상이 있기는 할까? 나는 가난한 집에서 자랐고 지금까지 넉넉하게 살아본 적이 없다. 늘 아끼며 저축했던 돈도 점점 줄어드는 상황이라 언제까지 버틸 수 있을지 눈앞이 깜깜했다. 레스토랑 웨이터로 일해도 먹고살 수는 있다고 생각하며 하루에도 몇 번씩 포기하고 싶었다. 그만큼 절망스러운 순간이었다. 그때 포기했더라면 지금 여러분을 만나지 못했을 것이다.

수십 년이 지난 후 그때를 돌이켜 보니 내가 생각해도 정말 대단한 인내력이었다. 나폴레온 힐Napoleon Hill의 《생각하라 그리고 부자가 되어라(Think and Grow Rich)》에 나오는 한 구절을 소개한다.

부는 느닷없이 정신없이 빠르게 몰려온다. 내가 힘들어하던 그때는 대체 어디에 숨어 있었을까?

나 역시 이 말을 온몸으로 체험했다. 표현은 조금 다르지만 맹자孟子의 격언 역시 같은 맥락이다.

하늘이 한 사람에게 큰일을 맡기려 할 때는 먼저 그 마음을 괴롭게 하며 그 몸을 수고롭게 하고 그 자신을 궁핍하게 한다.

쉽게 이룬 성공은 절대 오래가지 않는다. 쉽게 성공한 사람은 그것이 복인 줄 모르고 감사할 줄 모르고 거만해지기 때문이다. 이 세상에는 열정적으로 달리는 사람을 쓰러뜨리는 함정이 너무나 많고 우리는 그 함정이 언제 어디에서 나타날지 전혀 알수 없다. 태양이 뜨기 직전이 가장 어둡고 추운 법이다. 이 순간을 이겨내야 찬란한 태양을 맞이할 수 있다.

너무 힘들어 포기하고 싶은 순간에 인내력을 발휘해 조금 더 버티는 것이 성공의 비결이다.

시장과의 대결을 즐겨라

성공한 투자자는 대부분 주식시장의 메커니즘에 큰 흥미를 느끼고 시장과 대결해보려는 강렬한 도전의식이 있다.

이들을 대결 무대에 세운 힘은 돈도 명예도 아니다. 더 빨리 더 많이 벌고 싶어서가 아니다. 돈은 이 대결에서 승리했을 때 자연스럽게 따라오는 부수적인 결과물일 뿐이다. 대다수 개인 투자자는 돈을 벌려고 주식투자를 하는데, 이런 기대감이 오히려 성공률을 떨어뜨린다. 기대와 희망이 클수록 냉정한 분석과 판단이 힘들고, 예상한 결과가 나올 때까지 차분하게 기다릴 수도 없다. 제시 리버모어는 성공한 투자자를 성공한 장사꾼에 비유했다. 미래의 수요를 정확히 예측해 미리 매수해두고 이익이 날 때까지 인내하며 기다려야 한다고.

고독한 소수가 되라

성공한 투자자는 대부분 외로운 싸움을 이겨낸 사람들이다. 그들은 늘 다수와 다르게 선택하고 행동하기 때문에 고독할 수밖에 없다.

저점에서 매수해 고점에서 매도하고, 고점에서 매수해 더 고점에서 매도한 선택은 모두 자신만의 기준과 철학으로 내린 결정이었다. 그렇다고 무조건 다수와 반대로 행동하지는 않는다. 다수의 생각이 틀렸다는 확실한 이유를 찾았고 반대로 움직일 때 성공률이 높다고 판단했기 때문에 반대로 움직이는 것에 두려움이 없었던 것이다.

우리는 어려서부터 다수의 의견을 존중하고 따라야 한다고 배웠다. 엉뚱하고 이상한 생각을 말하면 친구들이 비웃고 따돌리는 경우가 많았다. 이렇게 오랜 시간이 지나 우리는 '집단사고'에 익숙해졌다.

하지만 주식시장에서는 다른 사고방식이 필요하다. 많은 투자자가 특정 주식에 주목해 이미 너도나도 매수했다면 앞으로 주가를 올려줄 매수세가 계속 이어질까? 반대로 많은 투자자가 어떤 주식의 가능성을 낮게 보고 너도나도 팔아버린 상태라면 앞으로 추가 하락 폭은 크지 않을 것이다. 맹목적으로 남들을 따라가다 보면 결과적으로 고점에서 매수해 저점에서 매도하게 된다. 실패로 가는 지름길인 것이다.

초보 투자자는 대다수 투자자가 시장 흐름을 어떻게 보고 있는지 판단하기 힘들 것이다. 이 내용은 주가 움직임과 추세를 분석하는 부분에서 자세히 다루겠다. 여기에서 중요한 것은 독립적인 사고방식을 기르는 것이다. 주식투자에 성공하려면 먼저 어려서부터 배워온 '튀지 않는 보통 사람이 되기 위한 사고방식'에서 벗어나야 한다.

강한 인내와 의지

강한 인내와 의지. 말은 쉽고 간단하지만 행동으로 옮기기는 정말 쉽지 않다. 그리고 주식투자는 무미건조하고 지루한 일이다. 누군가는 '나도 해봤는데 굉장히 재미있고 짜릿하던데?'라며 비웃을지도 모르겠다. 단순 취미라면 그럴 수 있겠지만 직업이 되면 완전히 다르다. 나는 취미로 바둑을 즐기는데, 내게 바둑은 재미있는 일이다. 하지만 바둑이 직업인 사람에게 물어보면 어떨까? 매일 온종일 바둑만 두는 사람이라면 당연히 무미건조하고 지루할 것이다. 마찬가지로 매일 온종일 자료를 수집하고 차트를 분석하고 시장 흐름을 살피는 일이 크게 재미있을리 없다. 간혹 새로운 투자 계획을 세우면서 큰 기대에 부풀어재미를 느끼기도 하지만 오랜 시간 같은 일을 반복하다 보면 그냥 중노동처럼 느껴진다. 이 중노동을 습관으로 받아들이지 못하면 주식시장에서 성공하기 힘들다.

주식투자가 이렇게 무미건조하고 지루하다 보니 초보 투자자는 흥분과 자극을 느끼기 위해 뭔가 자꾸 새로운 것을 찾게 된다. 그래서 단기 매매를 많이 하는데 나중에 계산해보면 흥분과자극의 대가가 생각보다 크다는 사실을 알게 될 것이다. 그래서강한 인내와 의지가 필요한 것이다.

혹시 사자가 사냥하는 것을 본 적이 있는가? 사자는 아주 오랫동안 숨어서 사냥감을 지켜보며 기다리다가 확실한 기회가왔을 때 뛰쳐나간다. 성공한 투자자는 바로 이렇게 행동한다.투자를 위한 투자가 아니라 확고한 목적의식을 바탕으로 확실한 기회가 왔을 때 행동에 나선다.

화초나 식물을 기를 때도 시기가 매우 중요하다. 모두가 알다시피 씨앗은 반드시 봄에 뿌려야 한다. 꽃이 아무리 좋아도 겨울에 뿌린 씨앗은 좋은 결실을 맺지 못한다. 너무 일러도, 너무늦어도 안 된다. 어떤 일이든 정확한 시기, 최적의 환경, 올바른 방법, 이 3박자가 맞아야 원하는 결과를 얻을 수 있다. 대다수 초보 투자자는 위험한 줄 모르는 것이 아니라 인내심이 부족하다. 씨앗을 뿌리기 가장 좋은 시기가 봄이라는 사실은 알지만 지식과 경험이 부족해 언제가 봄인지 알지 못한다.

여기에 필요한 지식과 경험을 쌓기 위해서는 멀고 험한 길을 가야 한다. 그저 인내하며 묵묵히 걸어가는 수밖에 없다. 주가가 끊임없이 등락을 반복하는 동안 여러분의 계좌 잔액도 쉴 새 없이 오르내린다. 불안, 희망 등 다양한 감정을 경험하며 수없이 천당과 지옥을 오가는 동안 서서히 시장에 대한 감이 생길 것이다.

자신만의 투자 방법을 찾아라

주식투자 고수들은 기본적 분석, 기술적 분석, 시장 흐름 등을 종합적으로 고려해 자신의 기준과 부합할 때만 매매 결정을 내린다. '모든 길은 로마로 통한다'라는 말을 들어봤을 것이다. 여기에서 '로마'를 부를 쌓는 것, 즉 주식투자의 승리자로 본다면 '길'은 투자 방법이라고 할 수 있겠다.

주식투자에서는 어떤 길을 선택하는지보다 그 길이 자신의 성향과 잘 맞는지가 더 중요하다. 자신에게 맞는 길이라야 마음 편히 즐겁고 자신 있게 목적지에 도달할 수 있다. 기본적으로 내 성향에 맞아야 익숙해지고 자신감이 생기는 법이다. 자신감을 가지고 부족한 부분을 채워나가면 최고의 효율을 올릴 자신만의 투자 방법을 완성할 수 있다.

앞서가는 상상력으로 미래를 예측하라

성공한 투자자들이 보통 사람에게 없는 특별한 육감을 가지고 있다는 뜻이 아니라 수많은 정보 중에서 중요한 단서를 찾아내는 능력이 뛰어나다는 뜻이다. 대다수 개인 투자자는 오늘 발생한 일을 관심 있게 지켜보면서 막연히 '이 추세가 당분간 이어지겠구나' 생각한다. 그러나 성공한 투자자의 생각은 조금 더 구체적이다. 예를 들어 오늘의 추세를 멈추게 하거나 반전시키는 상황이 무엇일지 생각해본다. 성공한 투자자가 보통 사람보다 특별히 똑똑한 것은 아니다. 다만 이들은 편견에 얽매이지 않는 독립적인 사고가 가능하다. 어떤 변화의 조짐을 감지하면 주저하지 않고 행동에 옮긴다.

성공한 투자자는 환상을 품지 않는다

여러분이 주식을 매수했는데 예상과 달리 주가가 비정상적으로 움직인다면 어떻게 하겠는가? 보통 사람은 이런저런 이유를 갖다 붙이며 비정상적인 움직임을 합리화한다. 손절매의 아픔을 회피하기 위한 자기 합리화는 대단히 치명적인 결과를 낳을 수 있다. 실제로 어느 정도 경험이 있는 투자자가 이 때문에 큰 좌절을 맛보고 주식시장을 떠나기도 한다.

성공한 투자자는 감정에 좌우되지 않는 법이다. 물론 감정의 영향이 전혀 없다고는 할 수 없겠지만 아주 적은 편이다. 그들 역시 손절매는 고통스러운 일이지만 과감하게 결정을 내린다. 주저할수록 손실과 고통이 커진다는 사실을 잘 알기 때문이다.

투자 경험이 많지 않은 사람들이 손절매를 고민할 때 미처 생각하지 못하는 부분이 있다. 여유 자금이 충분하다면 현재 보유한 주식을 추가 매수하겠는가? 아니라고 답한다면 지금 보유한 주식도 당연히 매도해야 한다. 하지만 이런저런 변명만 늘어놓으며 어떻게든 손절매를 피하려 한다.

"옆집 사는 김 씨가 일시적인 하락이니 곧 반등할 거랬어."

"지금 매도하면 괜히 수수료만 나가잖아."

아는 대로 행동하라

최고의 다이어트 비법은 무엇일까? 적게 먹고 많이 움직이는 것이다. 다이어트 비법은 이렇게나 간단하다. 하지만 다이어트는 말처럼 간단하고 쉽지 않다. 미국에서 어느 다이어트 캠프

참가자를 조사한 결과, 체중이 감소한 사람은 100명 중 12명이고 감소한 체중을 1년 이상 유지한 사람은 단 두 명뿐이었다. 최종 다이어트 성공률은 2%인 것이다.

대부분이 다이어트에 실패하는 것은 방법을 몰라서가 아니라 실천할 의지가 부족하기 때문이다. 다이어트 시작했는데 케이크가 너무 먹고 싶을 때가 있다. 케이크를 먹으면 오늘 하루 운동 효과가 물거품이 된다. 먹을 것인가, 말 것인가? 다이어트를 시작할 때 보통 무엇을 먹을지, 무슨 운동을 얼마나 할지 계획을 세운다. 하지만 그 계획을 며칠이나 실천했는가?

주식투자도 비슷하다. 주식투자 경험이 어느 정도 있는 사람이라면 실전 투자에 필요한 지식이 그리 많지 않다는 것을 안다. 주가 움직임은 상승과 하락 두 가지뿐이고, 주가 움직임에 영향을 끼치는 요인이 다양하긴 하지만 꼭 알아야 할 중요한 요인은 손에 꼽을 정도다. 솔직히 말하면 문맹이어도 주식투자에 성공할 수 있다.

주식투자의 매력은 이미 다들 잘 알고 있을 것이다. 적은 돈으로 큰돈을 벌 기회가 생기고 성공했을 때 풍요로움과 자유를 얻을 수 있다. 하지만 주식투자 성공률은 다이어트 성공률보다도 낮다. 왜 그럴까? 어떻게 해야 할지 몰라서가 아니라 아는 것을 행동에 옮기지 않기 때문이다.

우리는 알면서 행동하지 않는 것이 너무나 많다. 성실하면 모두에게 인정받을 수 있다는 것을 알지만 제대로 실천하는 사람은 많지 않다. 사기를 당하는 것이 '탐욕' 때문임을 알지만 항상 '탐하지 않는 마음'을 유지할 수 있는 사람은 많지 않다. 노력이 성공의 지름길임을 알지만 제대로 최선을 다해 노력하는 사람도 많지 않다. 하루에 8시간 일하는 것만으로 노력하고 있다고 생각한다면 큰 오산이다. 오늘 해야 할 일을 내일로 미루면 안 된다는 것을 알지만 실천하는 사람은 많지 않다. 이 외에도 비슷한 사례가 너무 많아 일일이 다 언급할 수 없을 정도다. 앞에 언급한 일들이 정말 어렵고 힘든 일은 아니다. 단지 행동하지 않을 뿐이다.

성공한 투자자는 이미 알고 있는 지식을 실전 투자에 제대로 적용하려 노력한다. 뻔하고 단순한 것이라고 해서 대충 넘기지 않는다. 다른 분야에서도 기본 지식을 얻기는 그리 어렵지 않다. 문제는 그 지식을 실천할 의지가 있는가다. 실천 의지는 주식시장에서도 매우 중요한 덕목이다.

4장
언제 사고 언제 팔까?

임계점 찾기는 주식투자 학습에서 가장 중요한 부분이며 여기에도 당연히 올바른 심리 상태가 전제되어야 한다. 임계점을 찾는 노하우를 배우는 것보다 올바른 심리 상태를 유지하는 것이 훨씬 힘들다.

손실은 짧게, 이익은 길게!(Cut loss short, let profit run!)

월스트리트의 주식투자 비결을 단 두 구절로 정리한 말이다. 위험 신호를 감지했을 때 재빨리 손절매해서 손실을 최소화하고, 수익이 났을 때는 수익이 극대화될 때까지 기다려야 한다는 뜻이다.

우리는 앞에서 주식의 특징과 인간의 본성, 주식투자의 기본 지식과 성공의 기본 요소를 알아보았다. 4장에서는 실전 투자에 필요한 보다 전문적인 노하우, 즉 언제 사고 언제 팔아야 하는지 알아보겠다.

언제 살까?

기본 원칙

주식 매수 타이밍을 설명하기 전에 꼭 짚어봐야 할 것이 있다. 내가 그동안 경험한 바로는 매수 지점 결정에 가장 중요한 부분은 '손절매 지점 설정'이다. 주가 움직임이 내 예상과 다를 때 어느 지점에서 손절매할 것인지, 매수하기 전에 미리 정해놓아야 한다. 투자할 때는 얼마를 벌 것인가 생각하기 전에 자신이 얼마까지 손해를 감수할 수 있는지 명확한 기준을 세워야 한다.

예를 들어 10% 하락 지점에서 손절매하기로 했다면 10,000원에 매수한 주식은 9,000원으로 떨어졌을 때 매도해야 한다. 혹은 지지선 바로 아래를 손절매 지점으로 설정하기도 한다. 이 외에도 여러 가지 방법이 있다. 방법은 크게 중요하지 않지만 손절매 지점은 반드시 필요하며 일반적으로 매수가의 20%를 넘지 않아야 한다. 이 원칙을 지키지 못하면 이 책의 모든 내용이 무용지물이 될 수도 있다.

투자자의 매수 결정 요인은 크게 3가지다. 기본적 분석, 기술적 분석, 그리고 전체 시장의 흐름이다. 어떤 투자자는 기업 가치에 집중하는 기본적 분석만 참고하고 다른 것은 전혀 고려하지 않는다. 워런 버핏이 대표적이다. 또 어떤 투자자는 해당 주식에 대한 시장의 모든 평가가 주가와 거래량에 반영되었다고 생각해 기술적 분석에만 치중한다. 주식시장 참여자의 절대다수가 여기에 속한다.

어떤 방법이든 제대로 분석하고 행동한다면 좋은 결과를 얻을 수 있다. 다만 개인 투자자는 기업 가치를 판단할 구체적이고 정확한 자료를 구할 방법이 없기에 현실적으로 기본적 분석에만 집중할 수가 없다. 투자회사의 펀드매니저와 큰손 투자자라면 기업에 방문해 기업의 상세 정보를 직접 들을 수 있겠지만 개인 투자자에게는 그저 꿈같은 이야기다. 기업의 재무제표는 외부에 공개해 누구나 볼 수 있지만 과거의 경영 실적일 뿐, 미래 발전 가능성과는 전혀 관계가 없다. 그에 비해 주가는 기업의 반년 후 혹은 더 먼 미래의 발전 가능성을 반영한 결과라는 것이 월스트리트의 보편적인 견해다.

나는 일단 기본적 분석을 통해 투자할 종목을 찾아낸다. 종목을 선택한 후 매매를 결정할 때는 기술적 분석 방법을 이용한다. 나는 언제나 승률이 가장 높은 지점에서 매수한다. 리스크 분산 원칙에 따라 1회 매수 규모를 철저히 제한한다. 손실을 볼 때는 손실 금액을 최소화하고, 수익이 났을 때는 수익 금액을 최대화하고, 손절매 원칙을 확실히 지켰다. 어떻게 보면 나의 투자 방식은 카지노 게임 방식과 비슷하다. 승산이 50% 이상일 때만 최소 금액으로 베팅하는 방식을 철저히 고수했다. 이 방식을 유지하면 원금은 시간이 지날수록 반드시 늘어난다.

'기술적 분석을 위한 기본 지식' 편에서 소개했던 차트에 포함된 돌파점은 모두 임계점에 해당한다. 나는 항상 임계점 부근에서만 매매 결정을 내렸다.

여러분은 임계점의 의미를 명확히 아는가? 임계점 하면 액체 상태의 물이 섭씨 100도에서 끓어 기체로 바뀌는 과학 상식이 가장 먼저 떠오른다. 여기에서 100도를 물의 임계점이라고 한다. 일상에 적용해보자. 기성복의 생산원가는 우리가 옷을 구매하는 임계점이라고 할 수 있다. 이 지점에서 구매하면 바가지 쓸 확률이 최소화된다.

주식 거래에서 임계점은 해당 주식에 대한 시장 참여자의 새로운 평가가 반영된 것이다. 따라서 이 지점에서 매수할 때 투자 성공률이 가장 높다. 사실상 임계점을 찾는 것이 매수 기술의 전부라고 할 수 있다.

매매 테크닉

상승 추세에서 매매 타이밍

이제부터 구체적인 매매 과정과 기술을 알아보자. 정상적인 상승 추세라는 가정하에 [그림 4-1]의 A는 직전 파동의 최고점, B는 파동의 최저점이다. 일단 주가가 A를 돌파하면 적절한 매수 타이밍이다. A 지점이 15,000원이고 B 지점이 13,000원이라면 가장 합리적인 매수가는 15,100원에서 15,500원 사이다. 15,000원을 돌파한 후 다시 새로운 파동이 시작될 것으로 예상되기 때문이다. 주가가 16,500원까지 상승했을 때 원금 보전이 중요한 사람이라면 15,500원을 매도 지점으로 정하면 된다.

이후 주가가 계속 상승한다면 매수가는 잊고 주가 움직임이 정상적인지에 집중해야 한다. 그리고 손절매 지점을 확실히 정해둬야 한다. 대략 두 가지를 제안한다.

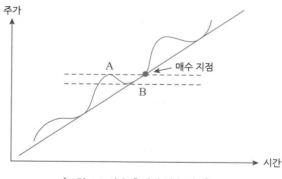

[그림 4-1. 상승 추세의 매수 지점]

주식투자의 지혜

첫째, 최고점 15,000원을 기준으로 손절매 지점은 14,000원.

둘째, 최저점 13,000원을 기준으로 손절매 지점은 13,000원.

물론 손절매 지점은 개인의 리스크 감당 능력에 따라 달라지겠지만 주가가 최저점 밑으로 떨어졌다면 반드시 손절매해야 한다. 상승 추세의 정의를 잊지 말라. 정상적인 상승 추세라면 새로운 파동이 직전 파동보다 높아져야 한다. 주가가 A까지 올라갔다가 B 아래로 떨어졌다면 이때부터는 상승 추세라고 볼 수 없다. 반드시 발을 빼고 관망하면서 새로운 기회를 기다려야 한다.

저항선과 지지선에 따른 매매 타이밍

[그림 4-2]를 보면 저항선 부근에 매수 지점과 손절매 지점이 표시되어 있다. 저항선 높이를 15,000원으로 가정하면 주가가 15,000원을 돌파했을 때 매수를 고려해도 좋다. 손절매 지점은 14,000원에서 14,500원 사이로 정한다. '손실은 짧게' 원칙을 항상 기억하라. 주가가 저항선을 돌파한 후 정상적인 움직임이라면 계속 상승하겠지만 다시 떨어질 수도 있다. 이미 저항선을 돌파했는데 다시 떨어진다면 비정상적인 움직임이다. 애초에 저항선을 돌파한 것 자체가 큰손이 개입한 거짓 신호였을 가능성이 크다.

간혹 주가가 손절매 지점까지 하락해서 바로 발을 뺐는데 금방 반등하는 경우도 있다. 하지만 크게 당황할 필요는 없다. 어

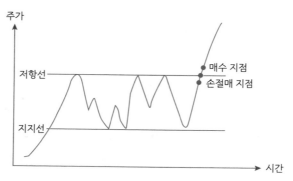

[그림 4-2. 저항선 부근의 매수 지점과 손절매 지점]

쨌든 기회는 그대로 남아 있는 셈이니까. 실제로 이런 경험이 꽤 많지만 그래도 손절매 원칙은 철저히 지켜야 한다. 조금 손해 보긴 했지만 더 큰 손해를 막기 위한 보험료라고 생각하자.

[그림 4-3]은 지지선 부근에 매수 지점과 손절매 지점이 표시되어 있다. 주가가 지지선을 찍고 반등을 시작했다면 주가가 바

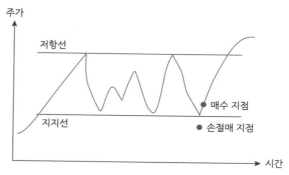

[그림 4-3. 지지선 부근의 매수 지점과 손절매 지점]

주식투자의 지혜

닥을 쳤다고 볼 수 있다. 만약 지지선 부근에서 매수했다면 손절매 지점은 지지선 바로 밑에 설정해야 한다. 주가가 지지선을 뚫고 내려간다면 계속 하락할 확률이 매우 높기 때문이다.

이중천장형과 역헤드앤숄더형 차트에서 매매 타이밍

마지막으로 이중천장형과 역헤드앤숄더형 패턴에서의 매매 타이밍을 보자. 이중천장형은 매도 지점에 대한 신호만 주기 때문에 매수 지점 정보는 없다. 역헤드앤숄더형은 저항선 부근의 매매 타이밍과 매우 유사하기 때문에 자세한 설명은 생략한다.

지금까지 기본적인 주식 차트에서 매매 지점을 찾는 방법을 알아보았다. 알고 보면 원리는 아주 간단하다. 2장 '종합적인 차트 분석'을 다시 본다면 처음보다 훨씬 이해하기 쉬울 것이다.

주가 차트 대부분은 앞에 나온 몇 가지에서 변형된 것들이다.

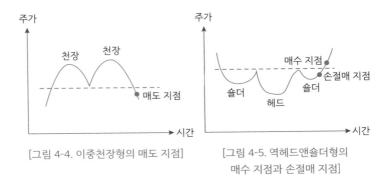

[그림 4-4. 이중천장형의 매도 지점]

[그림 4-5. 역헤드앤숄더형의 매수 지점과 손절매 지점]

헤드앤숄더형 패턴에서 헤드와 숄더의 높이가 같아지면 삼중천 장형이 되고, 상승 추세에서 각 파동의 최고점을 연결하고 최저점을 연결하면 터널형 패턴이 된다. 내 경험상 이 중에서 가장 유용한 것은 저항선과 지지선을 이용하는 방법이다. 이것은 인간의 심리 상태가 반영된 것이기 때문에 실전에 매우 유용하다.

여기에서 매수 결정의 핵심 포인트를 정리해보자.

① 매수하기 전에 반드시 주가 차트를 확인하라. 주가 차트는 해당 주식에 대한 시장의 평가가 반영된 것이다.

② 매수하기 전에 손절매 지점을 설정하라. 자신이 감당할 수 있는 손실 규모를 확실히 정해두어야 한다. 손절매 원칙에서 가장 중요한 것은 실천이다.

③ 임계점 부근에서 매수 지점을 찾아라. 현실적으로 매번 옳은 판단을 내릴 수는 없다. 그렇지만 반드시 성공 확률이 50% 이상이어야 한다.

④ 상승 추세나 저항선을 돌파했을 때, 다시 말해 상승 추세가 시작되는 지점이 가장 좋은 매수 지점이다.

⑤ 하락 추세일 때는 절대 매수하지 말라.

⑥ 주가가 바닥까지 떨어졌다는 이유로 매수하지 말라. 주가의 바닥은 아무도 모른다.

⑦ 호재와 투자 분석가 추천만 보고 매수하지 말라. 특히 호재가 발표되기 직전에 주가가 이미 많이 오른 상태라면 매우 위험하다.

⑧ 이상의 원칙을 절대 잊지 말고, 반드시 실천하라.

위에서 살펴본 임계점과 관련해 2장 '주식 분석에 필요한 기본 지식'을 다시 참고해 이들 임계점이 어떤 심리 상태를 통해 만들어졌는지 확인해보길 바란다. 이 책에서 소개하지 못한 임계점도 있지만 이 정도만 알아둬도 큰 도움이 될 것이다.

임계점을 찾는 방법이 주식투자 공부의 전부라고 할 수 있다. 물론 성공한 투자자가 되기 위한 올바른 마음가짐도 길러야겠지만, 난이도로 따지자면 임계점을 찾는 기술보다 마음가짐을 기르는 쪽이 훨씬 어렵다.

키포인트 – 임계점을 찾아라

여기에서는 임계점을 확실히 이해할 수 있도록 심화학습을 해보자.

주식시장은 큰돈이 모이는 곳인 만큼 시장 흐름을 좌지우지하려는 큰손의 개입이 없을 수 없다. 우리나라뿐 아니라 전 세계 주식시장이 모두 그렇다. 주가가 저항선을 돌파할 때가 가장 좋은 매수 타이밍이라는 사실은 누구나 안다. 큰손도 모를 리 없다. 그렇다면 당신이 큰손이라면 어떻게 하겠는가? 주가가 저점일 때 싼값에 물량을 끌어모아 인위적으로 좋은 매수 타이밍을 만들어 개인 투자자를 끌어들일 것이다. 그리고 바로 발을 빼면 큰 수익을 올릴 수 있다. 주가가 저항선을 돌파한 후 금방 하락한다면 대부분 이런 이유일 것이다.

하지만 이렇게 단기 매매에 투입되는 자금은 대부분 핫머니이기 때문에 이 주식에 오래 머무르지 않는다. 그러나 큰손들이 이 주식의 잠재력을 대단히 높게 평가했다면 오래 머무를 수도 있다.

[그림 4-6]의 A와 B를 보자. 주가가 저항선을 돌파한 직후인 A는 적절한 매수 지점이다. 그러나 소폭 조정을 거친 후 주가가 직전 파동의 최고점을 돌파한 직후가 최적의 매수 지점이다. B 지점은 핫머니가 빠져나간 것을 확인할 수 있고, 핫머니가 빠져나간 후에도 주가가 계속 오른다는 것은 시장이 이 주식의 상승 잠재력을 인정하고 있다는 의미이기 때문이다. 실전 투자에서는 두 단계로 나눠 매수하는 방법을 추천한다. 총 1,000주를 매수할 계획이라면 A 지점에서 200~300주를 매수하고 B 지점에

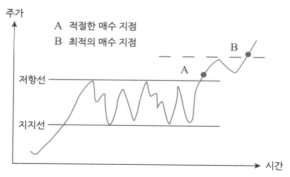

[그림 4-6. 저항선 돌파 후 적절한 매수 지점과 최적의 매수 지점]

주식투자의 지혜

서 나머지를 매수하는 방법이다.

B 지점이 최적인데 왜 B 지점에서 한꺼번에 매수하지 않는지 궁금한 독자도 있을 것이다. 간혹 상승세가 강하면 저항선을 돌파한 후 조정 단계를 거치지 않고 계속 상승하는 경우가 있어서 잘못하면 매수 타이밍을 놓칠 수도 있기 때문이다. 열심히 분석해서 선택한 종목인데 이렇게 매수 타이밍을 놓쳐버리면 나중에 하늘 높은 줄 모르고 치솟는 주가를 보면서 얼마나 씁쓸하겠는가. 또한 이 방법은 분할 매수 원칙에도 부합한다. 분할 매수하되 성공 확률이 높은 쪽에 자금 비중을 조금 더 늘린다.

마지막으로 거래량 체크의 중요성을 다시 한번 강조한다. 거래량이 증가하지 않은 상태의 저항선 돌파는 큰 의미가 없으니 다시 신중하게 생각해보길 바란다. 거래량이 증가하면서 저항선을 돌파해야 주가 움직임이 새로운 단계에 진입했다고 볼 수 있다.

[그림 4-7]에서 주가가 지지선을 뚫고 내려간 후 바로 반등했다면 A를 최적의 매수 지점으로 볼 수 있다. 여러분이 큰손이고 이 주식을 꽤 많이 보유하고 있는데 이 기업이 곧 호재를 발표할 것이라는 내부 정보를 입수했다면 어떻게 행동할까?

일단 보유하고 있는 주식을 최대한 매도해 주가를 지지선 밑으로 떨어뜨린다. 주가가 일단 지지선을 뚫고 내려가면 공황성 투매 현상이 나타날 가능성이 높다. 이때 싼값에 다시 매수를 시작한다. 내 경험상 주가가 지지선 밑으로 떨어졌다가 바로 거

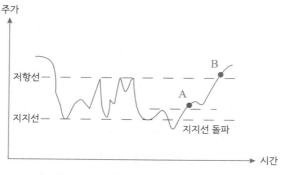

[그림 4-7. 지지선 돌파 후 매수 지점 비교]

래량이 급증하면서 단기간에 지지선 위로 반등한다면 절호의
매수 기회로 봐도 좋다. 실제로 이런 사례를 많이 경험했는데
십중팔구 성공했다.

　큰손들이 주가를 움직이는 방법은 그리 많지 않다. 주가 움직
임과 거래량 변화를 집중해서 관찰하면서 내가 큰손이라면 대
중의 심리를 어떻게 이용할까 생각해보라. 그들의 방법은 아주
간단하다. 큰손들의 매수 형태는 크게 두 가지다. 조용히 은밀
하게 매집하거나, 티 나게 움직여 개인 투자자들의 공황성 투
매를 유도하거나. 전자의 경우 거래량이 증가하지만 눈에 띌 정
도가 아니기 때문에 주가가 서서히 상승하고, 후자의 경우 개인
투자자 대다수가 최적의 매도 지점이라고 생각하게 된다.

　그렇다면 큰손들의 매도 방식은 어떨까? 주식을 더 매수해 주
가를 상승시키면 상승 추세라고 판단한 개인 투자자들이 몰려

주식투자의 지혜

올 것이다. 혹은 다른 방법으로 차트상에 최적의 매수 지점이 나타나도록 만든다. 큰손의 자금 규모는 여러분이 상상하는 것 이상이기 때문에 개별 주식의 흐름을 바꾸는 일은 전혀 어렵지 않다. 하지만 이런 비정상적인 위험 신호는 주가 움직임과 거래량 변화에 나타나기 마련이다. 따라서 경험 많은 노련한 투자자는 이 상황을 역이용하기도 한다.

여기에서 꼭 생각해봐야 할 문제가 있다. 여러분이 매수한 주식을 누군가는 매도했고, 여러분이 매도한 주식을 누군가는 매수했다. 그 누군가가 누굴까? 상대가 큰손이라면 여러분은 돈을 잃을 것이고, 상대가 개인 투자자라면 투자 성공률을 높일 것이다. 이 문제는 아주 잘 생각해봐야 한다. 이 말의 맥락을 이해한다면 아주 중요한 노하우를 획득한 것이다.

이 내용을 바탕으로 임계점 부근의 매수 지점과 손절매 지점을 이야기한 부분을 다시 살펴보길 바란다. 장기 투자를 선호한다면 큰손의 개입에 크게 신경 쓰지 않아도 된다. 큰손이 주가에 끼치는 영향은 대부분 단기적이기 때문이다. 하지만 시작이 반이라는 말이 있다. 매수 지점 선택이 최종 투자 성공률에 끼치는 영향이 매우 크기 때문에 시작을 잘해야 한다.

이제 다음 부분에서는 어떤 주식을 매수할 것인지 이야기해보자. 어떤 주식을 선택하는가는 매수 지점 선택만큼 중요하다.

종목 선택 과정

주식 종목을 결정하기 전에 업종부터 선택해야 한다. 건설주, 금융주, IT주 등 유난히 많은 사람 입에 오르내리는 업종이 있다. 업종 선택 단계를 간단히 정리해보았다.

1단계

먼저 시장의 전체 흐름을 봐야 한다. 장세가 좋지 않다면 아무것도 매수하지 말고 때를 기다려야 한다. 초보 투자자는 원금을 현금 상태로 두는 것을 참지 못할 때가 많은데, 이 순간이 바로 인내를 발휘해야 할 때다. 간혹 매력적인 매수 지점을 발견했더라도 절대 경거망동하지 말라. 전체 시장 흐름이 좋지 않다면 성공 확률이 크게 떨어진다.

2단계

주도 업종이 무엇인지 파악해야 한다. 두 가지 주식이 기술적 분석 흐름상 비슷한 패턴이고 정상적인 거래량 수준에서 상승 추세를 시작했다면 반드시 주도 업종에 속하는 것을 선택해야 한다. 주도 업종은 한번 상승 추세에 접어들면 주가가 100% 이상 오르기도 하지만 주도 업종이 아닌 경우 상승 원동력이 약해 대개 20% 수준에서 멈춘다.

3단계

주식시장 전체 흐름이 상승장이고 주도 업종을 파악했다면 마지막으로 주도 업종 안에서 주도주를 찾아야 한다. 주도주는 해당 업종의 대표 기업이거나, 규모는 크지 않지만 히트 상품이나 특허권을 보유한 기업이다.

위의 세 단계를 신중하게 거치면 투자 성공률이 가장 높은 순간에 상승 잠재력이 가장 높은 주식을 매수할 수 있다. 하지만 여기에 쉽지 않은 문제가 포함되어 있다. 1단계와 2단계는 초보 투자자에게도 크게 어려운 일이 아니지만 3단계는 쉽지 않을 것이다. 주도 업종에서 상승 잠재력이 가장 큰 주도주, 어떻게 찾아야 할까?

[그림 4-8]과 [그림 4-9]는 각기 다른 주식 차트다. 두 주식 모두 주도 업종에 속한다면 어느 쪽을 매수하겠는가? 단, 저항선 위치는 20,000원으로 같다.

이 문제에서 많은 사람이 직관적으로 [그림 4-9]를 선택했다. 주가가 많이 하락했기 때문에 상대적으로 싸게 느껴지기 때문이다. 하지만 틀렸다. 올바른 선택은 [그림 4-8]이다. 왜일까? 먼저 [그림 4-9]를 보자. 20,000원 저항선이 길게 이어지고 있기 때문에 저항선 앞쪽에서 매수한 투자자들은 이미 오랫동안 '물려 있는' 상황이다. 이때 주가가 저항선을 돌파하면 드디어 손해를 보지 않고, 혹은 약간의 수익을 남기고 물린 주식을 처분할

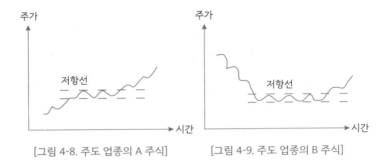

[그림 4-8. 주도 업종의 A 주식]　　　[그림 4-9. 주도 업종의 B 주식]

수 있다. 과연 이 사람들은 어떻게 행동할까? 여러분의 예상이 맞을 것이다. 하루라도 빨리 악몽에서 벗어나고자 얼른 주식을 매도하고 발을 뺄 것이다. 개미 투자자들은 대부분 이렇게 생각하고 이렇게 행동한다.

이번에는 [그림 4-8]을 보자. 앞서 저항선 밑에서 매수한 투자자는 아주 조금이지만 수익이 난 상태이므로 '물려 있는' 사람은 거의 없다고 볼 수 있다. 따라서 똑같이 상승 추세를 시작했을 때 [그림 4-8] 쪽이 저항이 훨씬 약하므로 더 강하게 상승할 것이다.

다른 사례도 살펴보자.

[그림 4-10]은 저항선을 돌파하기 전까지 축적기가 3개월이고 [그림 4-11]은 6개월이다. 그렇다면 둘 중 어느 쪽을 매수해야 좋을까? 결론부터 말하면 답은 [그림 4-11]이다. 고점에서 물린 경험이 있다면 밤새도록 잠 한숨 이루지 못하는 괴로움을 잘

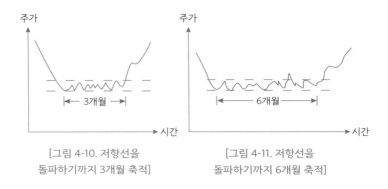

[그림 4-10. 저항선을
돌파하기까지 3개월 축적]

[그림 4-11. 저항선을
돌파하기까지 6개월 축적]

알 것이다. 많은 사람이 견디다 못해 손절매하고 떠난다. 축적기가 길수록 고점에서 물린 사람이 적다고 볼 수 있으므로 상승추세가 시작되었을 때 저항이 작아진다.

자기만의 방법을 찾아라

주식투자는 과학이 아니라 예술이기에 정해진 규칙이 없다. 지금쯤이면 여러분도 주가 흐름에 따라 시장 참여자의 심리가 어떻게 변해가는지 이해했으리라 생각한다. 사람들이 왜 매수하고 왜 매도하는지, 그 심리는 무엇인지, 그 안에서 어떻게 수익을 만들어낼 것인지 어느 정도 감을 잡았을 것이다. 주가의 단기 움직임은 대부분 큰손이 개입해 영향을 끼친 것인데, 의도적으로 주가를 올리려면 어쨌든 주식을 대량 매수해야 하므로 꼬리가 드러날 수밖에 없다.

임계점이 어떻게 만들어지는지 차분하게 심사숙고해보라. 그것이 어떤 심리 상태에서 비롯되었는지 파악하지 못한다면 임계점의 신뢰도가 크게 떨어진다. 시중에 '주식 불패', '주식투자의 비결'과 같은 책이 많은데 그 안에 소위 대단한 비법이 많이 등장한다. 혹시 그 비법대로 투자해본 적이 있는가? 있다면 결과는 어땠는가? 예를 들어 '20일 이동평균선이 50일 이동평균선을 돌파할 때가 가장 좋은 매수 타이밍'이라는 비법대로 투자해서 100% 성공할 수 있다면 누가 매일 새벽같이 일어나 힘든 출근길에 나서겠는가.

임계점을 찾는 과정은 주식투자 공부의 가장 핵심이다. 진지하게 최선을 다해 실전 경험을 쌓는다면 자신의 성격과 리스크 감당 능력에 부합하는 최상의 임계점을 찾을 수 있을 것이다.

자신만의 임계점을 찾고 스스로 세운 기준과 원칙에 따라 매매를 결정해야 한다. 그리고 때를 기다릴 줄 아는 인내심과 시장의 위험 신호를 포착하는 집중력을 길러야 주식투자를 제대로 배울 수 있다. 이렇게 자신만의 방법을 완성해가는 동안 자신감이 커지고 저절로 수익이 따라올 것이다. 자기 스스로 만들어낸 수익은 우연히 얻은 수익보다 훨씬 더 큰 기쁨을 준다. 어떻게 돈을 벌었는지 잘 알기에 다음에 또 돈을 벌 자신이 생길 것이다.

마지막으로 나의 경험을 하나 더 소개하겠다. 주식은 사람과 같은 특징이 있다. 보수적이거나, 느리거나, 급하거나, 불안하거나, 주가 움직임의 특징은 사람의 성격과 많이 닮았다. 경험상 특징이 잘 파악되는 주식은 나의 예측이 거의 맞았다. 하지만 나와 인연이 없는 주식은 좀처럼 예측하기가 쉽지 않았다. 예측이 제대로 되지 않으니 당연히 씁쓸한 결과만 남기고 끝났다.

친구를 사귀는 과정도 비슷한 것 같다. 처음 만나자마자 마음이 잘 맞고 긴말이 필요 없는 사람이 있는가 하면, 당최 한 마디도 안 통하는 사람이 있다. 그래서 나는 세 번 이상 실패한 주식은 더는 손대지 않는다. 나와 인연이 있는 주식에 집중해야 투자 성공률을 높일 수 있다.

언제 팔까?

매도 타이밍을 결정할 때 가장 중요한 두 가지는 다음과 같다.

첫째, 주식을 매수할 때 손절매 지점을 어떻게 정할 것인가?

둘째, 수익 발생 후 이익을 최대화할 매도 지점을 어떻게 정할 것인가?

이 중 첫째 부분은 '언제 살까?' 편에서 이미 설명했으니 여기에서는 둘째 항목을 설명하겠다.

매도 지점 선택

다시 말하지만 주식투자는 일종의 사업이다. 여러분이 옷 가게 사장이라면 기대했던 수익이 생길 때 옷을 팔 것이다. 어떤 투자 전문가는 매수한 주식을 영구적으로 보유한다고 하는데 잘못된 생각이라고 할 수는 없다. 운이 좋으면 간혹 30년 후 주가가 20배 이상 오르기도 하니까. 하지만 그 30년 동안 주가는 쉴 새 없이 천장과 바닥을 오르내리고 소위 반토막이 날 수도 있다. 이는 전업 투자자에게는 견딜 수 없는 고통이다. 무엇보다 장기 보유할 주식을 고를 만한 안목과 정보를 가진 사람이 극히 드물뿐더러 꿈도 못 꿀 일이다. 여러분이 전업 투자자인데 5년 동안 주식이 전혀 오르지 않는다면 어떻게 하겠는가? 아니, 어떻게 먹고살 것인가?

위에서 말한 주식을 영구 보유하는 전문가는 대부분 회사에 소속되어 월급을 받는 사람들이다. 하지만 전업 투자자의 주식 보유 기간은 보통 짧으면 몇 주, 길어야 몇 달 정도다. 보유 기간에 대한 특별한 원칙은 없지만 주가 움직임이 정상적인 동안에는 매도하지 말아야 한다. 어느 정도 투자 경험이 쌓이면 주가가 1년 이상 '최소 저항선' 위에서 움직이는 경우가 거의 없다는 사실을 알 수 있다.

큰 추세의 시작과 끝을 정확히 맞혀 매매하는 일은 현실적으로 불가능하므로 그 안에서 적당히 안전한 지점을 찾아야 한다.

전체 상승 추세의 70%에 해당하는 수익만 올려도 매우 훌륭한 결과다. 상승 추세가 끝나고 조정을 거치면서 주가가 20~40% 떨어지기도 하기 때문에 이 단계를 피하는 것이 좋다.

이 점을 꼭 명심하길 바란다. 제발 주가의 최고점에 연연하지 말라. 주가가 어디까지 올라갈지는 아무도 모른다. 아마도 많은 사람이 공감할 텐데, 주식은 매수 결정을 내리기보다 매도 결정을 내리는 것이 훨씬 힘들다. 손실이 났을 때는 원금을 회복하고 싶고, 수익이 났을 때는 더 많이 벌고 싶은 욕심이 생기기 때문이다. 특히 초보자 중에는 수익이 나지 않으면 팔지 않겠다고 생각하는 경우가 많은데 이는 매우 위험하고 큰 화를 자초하는 생각이다. '언제 살까?'(173쪽) 편에서 주식을 매수하기 전에 손절매 지점 설정이 매우 중요하다고 강조했던 것이 바로 이런 위험한 생각을 막기 위해서다.

매도 지점 결정에서 가장 중요한 것은 자신의 판단이다. 내가 이 주식을 가지고 있지 않았다면 과연 지금 매수할까? 이 질문에 '아니요'라고 대답한다면 그 주식은 바로 매도해야 한다.

물론 실전 매매에서는 조금 더 문제가 복잡해진다. 실제로 매매할 때는 항상 수수료를 지불해야 하기 때문이다. 수수료는 절대 무시할 존재가 아니다. 너무 잦은 매매는 결국 증권사만 배부르게 한다는 사실을 잊지 말자.

매도 지점 선택은 기본적으로 매수할 때와 비슷하다. 일단 임계점을 찾아야 한다. 매수 전에 손절매 지점을 설정하고 임계점 부근에서 매수한 후 다시 임계점 부근에서 매도하면서 동시에 리스크 분산 원칙까지 지켜준다면 여러분의 투자 성공률은 크게 올라간다. 머지않아 전문가 수준에 이를 것이다.

기술적 핵심

먼저 기술적 분석의 기본 지식에서 배웠던 매도 임계점을 복습해보자. 세 차트에 표시된 매도 지점은 시장 참여자가 각 주식을 재평가한 위치다. [그림 4-12], [그림 4-13]은 '기술적 분석을 위한 기본 지식' 편에서 자세히 설명했으니 다시 참고하길 바란다. [그림 4-14]는 주가가 이동평균선을 돌파한 점이 가장 눈에 띈다. 이동평균선은 주가 추세의 지표이므로 일단 주가가 이동평균선을 돌파했다면 향후 추세를 다시 판단해봐야 한다.

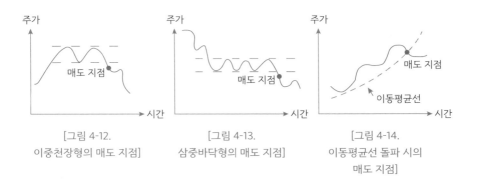

[그림 4-12.
이중천장형의 매도 지점]

[그림 4-13.
삼중바닥형의 매도 지점]

[그림 4-14.
이동평균선 돌파 시의
매도 지점]

그림에 표시된 매도 지점은 고정불변이 아니라 경험과 지식이 쌓이면서 바뀔 수도 있다. 예를 들어 [그림 4-12]의 매도 지점을 [그림 4-15]와 같이 선택할 수도 있다. [그림 4-15]의 매도 지점을 선택했다면 두 번째 파동 최고점이 꺾인 직후 매도하고, 나중에 주가가 저항선을 돌파했을 때 재매수하면 된다. [그림 4-12]와 [그림 4-15]를 비교하면 매도 지점에 따라 손실 혹은 이익의 금액 차이가 확실히 느껴진다. 수익을 극대화할 수 있는 구간에만 주식을 보유하는 것이 가장 이상적이다.

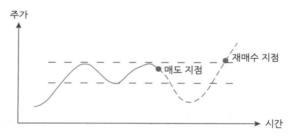

[그림 4-15. 이중천장형의 또 다른 매도 지점과 재매수 지점]

여기에서 강조하고자 하는 것은 '사고방식'의 차이다. 매도 지점을 결정할 임계점은 위에서 설명한 것 외에도 많다. 자신의 기준에 따라 자신에게 맞는 임계점을 찾아야 한다. '언제 살까?'(173쪽) 편에서 말했듯 임계점 찾기가 곧 주식투자의 모든 것이다.

앞에서 설명한 임계점은 대표적인 사례일 뿐이다. 실전 매매

주식투자의 지혜

에서는 자신의 원칙과 기준, 경험을 토대로 자신에게 맞는 임계점을 찾길 바란다. 마지막으로 절대 잊지 말아야 할 원칙, 수익 확률이 손실 확률보다 크다고 판단될 때만 자금을 투입해야 한다.

매도 지점 선택을 위한 원칙을 정리했다.

① 위험 신호를 놓치지 말라

경험이 쌓일수록 자연스럽게 '지금'이 팔아야 할 때라는 직감이 생기기 마련이다. 이것은 단순한 직감이 아니라 경험의 산물이다. 이런 '경험적 직감'은 보통 많은 수업료를 지불한 후에야 생기는 법이다. 이제 자신을, 직감을 믿어라.

② 원금 보전이 제일이다

주가가 일단 매수가를 넘어섰다면 손절매 지점을 매수가보다 높은 가격대로 옮겨라. 돈을 벌기 위한 첫 번째 원칙은 돈을 잃지 않는 것이다. 10,000원에 매수한 주식이 12,000원까지 올랐다면 10,000~12,000원 사이에 매도 지점을 선택한다.

③ 손실을 최소화하라

손절매 지점은 보통 10% 손실 이내로 설정하고 최대 20%가 넘지 않도록 해야 한다. 상황에 따라 손실 비율이 달라질 수 있는데 그 폭은 적을수록 좋다. 예를 들어 손절매 비율을 10%라고 할 때 5,000원에 매수한 주식의 손절매 폭은 500원이고 50,000원에 매수한 주식은 5,000원이다. 하지만 이 비율은 고정적인 것이 아니다. 5,000원짜리 주식은 손실 폭을 750원까지 늘릴 수 있고 50,000원짜리 주식은 3,000원으로 줄일 수 있다.

나는 주식을 매수한 당일의 최저가를 손절매 지점으로 설정하는 방법을 선호한다. 예를 들어 오늘 10,750원에 매수한 주식이 있다고 해보자. 오늘 최고가가 11,000원이고 오늘 최저가가 10,000원이었다면 나의 손절매 지점은 10,000원이 된다. 매수 지점 선택이 정확했다면 주가가 상승 추세를 시작했다는 뜻이므로 매수 당일 최저가 아래로 떨어지는 경우는 거의 없었다.

④ 주가가 예상보다 많이 올랐다면 일단 매도하라

주식투자를 하다 보면 [그림 4-16]처럼 20,000원이던 주가가 불과 2주 만에 40,000원까지 급등할 때가 있다. 이런 경우에는

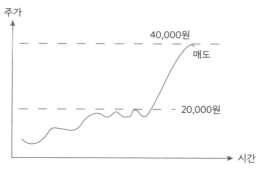

[그림 4-16. 주가 단기 급등 시의 매도 지점]

첫 번째 전환점, 즉 당일 종가가 시가보다 낮았다면 바로 매도하는 것이 좋다. 이 행운이 언제까지 계속될 수는 없는 법이다.

이렇게 주가가 급등하는 것은 단기 최고점에 가까워졌다는 신호다. 특히 마지막 이틀 거래량이 급증했는데 그 기업과 관련된 호재가 들리지 않는다면 위험 신호로 인식해야 한다. 다시 말해 초반 매수 세력이 마지막 매수 세력을 끌어들였다는 뜻이다. 결국 바보들이 미끼를 물었으니 주가는 바로 하락할 것이다. 이렇게 특별한 호재 없이 단기 급등하는 주가는 하락 속도도 매우 빠르다. 이것은 큰손이 바보들을 유인하는 전형적인 방법이다.

⑤ 거래량이 급증하는데 주가가 오르지 않는 주식은 위험하다

[그림 4-17]을 보면 주가가 꽤 상승한 상태에서 갑자기 거래량이 급증했는데 주가는 계속 제자리걸음이다. 이것은 누군가

[그림 4-17. 거래량이 늘었지만 주가는 제자리일 때]

가 매도량을 늘렸다는 뜻이므로 일종의 위험 신호에 해당한다. 이런 현상은 보통 주가가 천장에 도달했을 때 나타나며 대체로 단기 변화에 속한다.

⑥ 손절매 지점을 적절히 이동하라

[그림 4-18]은 매수 이후 각 파동이 직전 파동보다 높아지는 전형적인 상승 추세를 나타내고 있다. 정상적인 상승 추세라면 각 파동의 저점이 손절매 지점이다. 아래 그림에서 파동이 점점 상승함에 따라 손절매 지점이 A→B→C→D→E 순서로 이동했다. 이렇게 하면 상승 추세가 계속 이어지는 상황에서 성급하게 매도하지 않을 수 있고 무엇보다 손절매 지점을 설정하기가 아주 간단해서 심리적으로도 부담스럽지 않아 좋다. 상승 추세의 시작과 끝을 정확히 맞힐 수는 없지만 그 사이에서 충분한 수익을 올릴 수 있다.

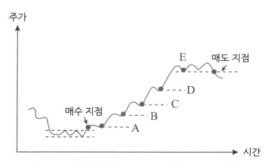

[그림 4-18. 정상적인 상승 추세의 손절매 지점 이동]

주식투자의 지혜

손절매 지점을 이동하는 방법은 간단하고 효율적이기 때문에 특히 전업이 아닌 투자자에게 유용하다. 물론 실제 주가는 위의 그림처럼 규칙적으로 움직이지 않겠지만 기본 원리는 같다. 손절매 지점 원칙만 확실히 지켜준다면 성급하게 매도해서 후회하는 일을 크게 줄일 수 있다. 1,000만 원을 벌 기회를 200만 원으로 끝내지 않길 바란다.

손실은 짧게, 이익은 길게

월스트리트 주식투자 비결을 요약한 이 문장을 꼭 기억하자. 주가 흐름에 위험 신호가 나타나면 바로 손절매하라. 손실은 가능한 한 최소화해야 한다. 반대로 수익이 났을 때는 가능한 한 길게 보유해서 수익을 극대화해야 한다. 수익 극대화를 위해서는 일단 정확한 매수 지점을 선택해 수익이 발생하게 해야 한다.

4장의 '언제 살까?'와 '언제 팔까?' 편은 주식투자의 핵심이므로 '손실은 짧게, 이익은 길게'라는 교훈을 마음에 새기고 다시 한번 정독하길 바란다.

마지막으로 덧붙이고 싶은 말이 있다. 주식 매매는 반드시 유연한 사고로 결정해야 한다. 주식시장은 일종의 심리 게임이 벌어지는 곳이다. 앞에서 언급한 기준과 원칙은 어디까지나 참고 사항일 뿐이다. 무술을 배울 때 먼저 기본 초식(招式, 무술의 일정한 동작)을 익히는 것과 같은 이치다. 기본 초식을 익힌 후에는 '고수'를 목표로 끊임없이 연습해야 한다.

주식시장의 게임에서 승리하려면 먼저 시장 참여자의 심리를 온전히 이해하고 실전 투자를 통해 자신의 방법을 계속 보완해나가야 한다. 실전을 통해 오류를 확인했다면 즉시 잘못을 인정하고 수정해야 한다. 자신의 예측이 맞았다면 베팅 금액을 올려도 좋다. 이렇게 방법을 조금씩 조정하다 보면 결국 자신에게 가장 잘 맞는 방법이 완성될 것이다. 앞에서 제시한 기준들은 초보 투자자를 위한 입문용에 해당한다.

게임에는 절대적인 옳고 그름이 존재하지 않는다. 끊임없이 반복 경험을 통해 성공률을 높여야 최후의 승리자가 될 수 있다.

좋은 방법을 정한 후
끈기 있게 지속하라

앞에서 주식을 매매하는 기술과 사고방식을 소개했다. 정리하자면 추세 매매를 할 수도 있고, 조정 후 반등을 노릴 수도 있고, 상승 추세에서 단기 조정 혹은 하락 추세에서 저가 매수를 노릴 수도 있다. 맞고 틀린 방법이 따로 있는 게 아니고 돈을 벌어주는 방법은 모두 좋은 방법이다. 그러나 실제 투자에서 모든 방법을 동시에 사용할 수 없고 자신에게 적합한 하나 혹은 두 개의 방법만 선택할 수 있다. 모든 방법은 특정 시장에서만 사용할 수 있기 때문이다. 예컨대 상승장에서는 추세 추종 방법으로 매매해야지, 저가 매수를 노려서는 돈을 벌 수 없다. 그러나 다음 장세는 어떤 유형의 시장에 속할지 알 수 없다. 따라서 주식시장에는 모든 경우에 통용되는 투자 방법은 없다.

주식시장에는 일찍이 이런 속담이 유행했다.

추세 매매를 하는 사람은 조정장에서 사라지고

조정 매매를 하는 사람은 추세장에서 사라지고

단기 투자를 하는 사람은 급등 속에서 사라지고

투자 방법이 있는 사람은 실행 속에서 사라지고

주관적 의견에 의지하는 사람은 직감 속에서 사라지고

투자 방법이 없는 사람은 아무렇게나 거래하다가 사라진다.

위의 표현이 아주 엄밀하지는 않지만 초보 투자자가 주식을 배우는 과정에서 부딪히는 문제를 사실적으로 묘사했다. 주식시장 추세는 크게 상승장과 하락장, 조정장으로 구분하지만 겹쳐서 진행되는 경우가 많다. 초보 투자자가 시장이 상승할 때 배운 투자 방법을 쓰다가는 곧 손실을 보기 일쑤다. 시장이 하락세로 바뀌었기 때문이다. 투자 방법을 바꿔서 다시 투자했는데 또 까먹었다. 이때 시장은 이미 조정장에 진입했기 때문이다. 다시 조정장에 맞는 투자 방법으로 바꿨는데, 그래도 돈을 벌지 못했다. 시장이 또다시 상승 추세에 진입했기 때문이다. 이렇게 시장이 몇 번 순환하는 과정에서 초보 투자자는 도태되고 만다.

주가는 비록 상승 아니면 하락이라는 두 갈래 길만 있지만 크고 작은 물결이 지나가고 장기간 횡보하면서 움직이지 않을 수도 있다. 따라서 투자자에게는 한 가지 중요한 질문이 남는다. 나는 언제, 어떤 방법으로 투자해야 하는가?

'언제'가 변수로 가득 차 있기 때문에 '어떤 방법'도 이론적으로 변수로 가득 차게 된다. 이게 바로 주식투자로 돈 벌기가 어려운 원인이다. 많은 초보 투자자가 주식을 시작하면서 돈을 벌기도 하는데, 이는 상승장을 만났기 때문이다. 하지만 시장이 하락 추세로 바뀌면 전에 번 돈을 시장에 돌려주게 된다. 충분한 지식과 경험으로 무장하고 어떻게 대응해야 할지 아는 투자자만 번 돈을 지킬 수 있다.

그렇다면 대응 방법은 무엇인가? 대답은 바로 이 절의 제목이다.

"좋은 방법을 정한 후 끈기 있게 지속하라."

사람 성격은 천차만별이다. 안달복달하는 사람이 있고 유유자적한 사람도 있다. 좋고 나쁜 게 아니라 성격 자체가 다른 것이다. 안달복달하는 성격인 사람이 장기 투자를 하기는 어렵다. 도대체 기다릴 수가 없기 때문이다. 유유자적한 성격인 사람은 단기 투자를 하기가 힘들다. 너무 긴장되기 때문이다.

자신이 어느 유형에 속하는지는 스스로가 가장 잘 안다. 그렇다면 방법을 선택할 때 참고할 게 있는 셈이다. 성격이 급하면 장기 투자 대신 단기 투자를 하면 된다. 성격이 느릿느릿하다면 단기 투자에 집중하지 말고 어떻게 장기 투자를 할지 생각해보

라. 앞에서 설명한 주식 매매 차트에는 시간을 표시하지 않았지만 분봉을 사용하면 단타가 되고 60분봉을 이용하면 중단타가 된다. 일봉을 쓰면 중장기 투자, 주봉을 활용하면 장기 투자가 된다. 하나의 차트에 다른 시간 단위를 사용해서 다양한 투자 스타일에 응용할 수 있다.

장기 투자가 자신에게 맞는다고 생각한다면 끈기 있게 지속해야 한다. 그러나 이 방법으로는 하락장과 조정장에서 돈을 벌지 못한다. 따라서 하락장과 조정장에서는 주식 비중을 낮추든지 시장에서 잠시 거리를 두면 된다. 다음 장세를 예측하려고 해서는 안 된다. 주식시장은 항상 순환하기 때문에 장기 상승 추세가 다시 나타났을 때 전력을 다해 투자하면 된다. 많은 사람이 다음 추세를 예측하려고 시도하지만 대부분 헛수고에 그친다. 다음 추세를 알 수 있는 사람은 아무도 없다. 경험이 많다면 예측의 정확성이 높아질 수는 있지만 장기적으로 100% 맞히는 건 불가능하다. 추세는 대개 끝나고 나서야 비로소 어떤 추세였는지 알 수 있다. 추세를 예측할 수 있다고 떠드는 사람이 있다면 의심부터 하는 게 우선이다.

여러분이 시세 변동을 이용한 단기 투자에 재주가 있다면 어느 정도 상승한 후 이익을 실현하는 걸 잊지 말라. 이익이 난 후에 '이익은 최대한 길게'라는 말에 영향받지 말라. 팔아야 할 때는 망설이지 말아야 하는 법이다.

초보 투자자가 부딪히는 어려운 문제 중 하나는 어떤 방법이 자신에게 적합한지 찾는 일이다. 여러 방법 간의 경계도 꽤 모호하다. 예술은 원래 언어로 명확하게 정의하기 어려운데, 주식투자가 바로 예술이다. '1만 시간의 법칙'이라는 말이 있다. 어떤 분야에서 전문가가 되려면 1만 시간 정도의 훈련이 필요하다는 말이다. 주식시장에서 1만 시간 이상을 노력한다면 어떤 방법이 적합한지는 문제 되지 않을 것이다. 그 경지에 이르기까지는 버틸 수밖에 없다.

여기서 짚어봐야 할 중요한 사고방식이 있다. 앞에서 끊임없이 '추세를 따르라'고 했지, '추세를 예측해서 투자하라'고 하지 않았다. 여러분은 분석 후 주가가 오를 것 같으면 주식을 사고 내릴 것 같으면 판다. 이것이 바로 '추세를 예측한 투자'가 아닌가? 도대체 무엇이 옳은가? 실제 투자 과정에서 여러분은 당연히 예측하고 나서 주식을 살 것이다. 주가가 오를 것 같지 않은데 주식을 사는 건 바보짓이다. 그렇다면 왜 손절매를 하는가? 실제 주가 움직임이 예측과 다르기 때문이다. 따라서 실제 투자에서의 사고방식은 추세 예측 후 시장에 진입하는 것이며 예측자체가 이미 추세 추종이다. 그렇지 않다면 시장 진입 신호를 보지 못한 것이기 때문이다.

이 두 가지 방법은 실질적인 차이가 없다. 주식을 보유하고 있다면 여러분의 예측은 대응 방법까지 고려해야 한다. 예측이 맞는다면 어떻게 수량을 늘릴 것인가? 얼마나 늘릴 것인가? 예측이 틀리다면 수량을 얼마나 줄일 것인가? 투자를 배우고 익히는 과정은 경기 사이클 하나를 타는 것으로는 부족하다. 두 번은 겪어봐야 왜 그렇게 해야 하는지 이해할 수 있을 정도로 긴 시간이 필요하다.

앞에서 다룬 '언제 주식을 사고팔 것인가'는 중요한 문제지만 주식투자의 일부분에 불과하다. 어느 정도의 리스크를 감당하고 어떻게 자산을 배분할 것인지 등 고려할 문제가 무척 많다. 그래서 주식투자는 시스템 공학과 같다.

일반적인 건설 공정을 예로 들어보자. 철도 건설은 단지 침목 위에 철로를 부설하는 방법을 안다고 해서 할 수 있는 일이 아니다. 하천을 지날 교량을 건설하거나 산을 통과할 터널을 뚫어야 할 수도 있다. 교량 건설이나 터널 공사 외에도 수많은 문제가 존재하며 이는 모두 철도를 건설하는 시스템 공학의 일부다.

주식투자의 시스템 공학도 마찬가지다. 주가가 급락하면 어떻게 할 것인가? 장기간 소폭 등락을 거듭할 때는 어떻게 대응해야 하나? 주가지수가 장기간 부진하다면? 자산 배분과 리스크 분산 문제는 어떻게 할 것인가? 이 모든 것에 대한 지식과 경험이 충분해야 순조롭게 대처할 수 있다.

주식시장에서 지속적으로 수익을 올리고 그 수익을 지키고자 한다면 다른 여러 분야의 식견도 전문가 수준으로 갖춰야 한다. 이 시스템 공학은 투자자 스스로를 끊임없이 업그레이드하는 일도 요구한다. 초기에는 배워서 돈을 굴릴 수 있어도 투자 규모가 커져서 직접 관리할 수 있는 단계를 넘어서면 전문 기관에 맡기는 방안도 고려해야 한다. 직접 돈을 관리할 때는 실패하더라도 다시 시작하면 되기 때문에 큰 리스크를 감수할 수 있다. 그러나 전문 기관을 통한 관리는 리스크를 최소화해야 하므로 투자 방법과 목표 수익률 측면에서도 이에 걸맞은 조정이 필요하다.

앞에서 '실패해도 망하지 않는 투자'를 강조했다. 이는 사업이나 주식투자를 하는 데 가장 중요한 원칙이다. 주식투자라는 시스템 공학도 투자자 자신에게 최소한의 보장을 해줄 수 있어야 한다. 어이없이 가산을 탕진하고 머리를 빡빡 깎는 일은 절대 없어야 한다는 얘기다. 빈털터리가 된다면 게임은 끝이다.

상대방의 심리를 꿰뚫어야 한다

주식시장은 일종의 게임이다. 모든 참여자가 전심전력을 다해 게임의 승자가 되기를 갈망한다. 승자가 있다면 패자도 있을 수밖에 없다. 주식시장을 조종할 능력이 있는 참여자의 생각을 읽을 수 있다면 승자가 되는 데 큰 도움이 될 것이다.

시세 조종은 아주 복잡한 문제다. 자금이 아주 많은 큰손의 매매는 자연히 주가에 영향을 미치게 된다. 주가를 조종할 생각이 전혀 없고 단지 주식을 사거나 팔 생각밖에 없어도 결과적으로 주가는 큰손의 매매에 따라 움직인다. 기관투자가의 거래가 주식 거래의 대부분을 차지하기 때문에 여러분의 상대는 기관투자가일 경우가 많고 큰손인 이들의 심리를 이해할 필요가 있다.

여러분이 막대한 자금을 가진 펀드매니저라고 생각해보라. 주식을 사거나 팔고 싶을 때 당연히 매수 가격은 낮을수록 좋고 매도 가격은 높을수록 좋다. 이미 여러분은 투자자들이 주식을 매수하는 가장 큰 이유는 주가가 오르는 것이고, 주식을 매도하는 이유는 주가가 내려가는 것임을 알고 있다. 그렇다면 어떻게 하겠는가? 아래와 같은 생각은 사람의 본성이다.

① 큰손이 주식을 사고 싶으면 주가를 떨어뜨려서 차트를 하락 추세처럼 만들 것이다.

이건 명확한 사실이다. 여러분이 주식을 사고 싶다면 어떻게 해야 사람들이 주식을 싸게 팔게 만들 수 있을까? 이 책을 여기까지 읽었다면 식은 죽 먹기다. 당연히 언론의 부정적인 뉴스도 같이 나와야 할 것이다. 재미있는 사실은 이런 간단한 방법이 줄곧 효과적이었다는 것이다.

② 고점에서 많은 거래량을 동반하면서 계속 상승하고 있다면 팔고 싶은 사람이 있다는 뜻이다.

조심하라. 주식을 팔려고 하는 세력이 있을 가능성이 크다. 아마 신문과 인터넷에서 기업과 관련된 호재들이 연이어 나올 것이다. 호재도 있고 추세도 좋다. 한쪽에서는 주식 평론가들이 매수를 적극 추천할 것이다. 모든 정보가 여러분에게 돈 벌 기회를 놓치지 말라며 주식을 사라고 부추긴다. 워런 버핏의 제자가 '좋은 기업의 주식은 사고 나서 팔지 않는 게 돈 버는 최상의 방법'이라며 매수를 권해도 일단 의심해보라.

③ 주가가 너무 떨어져서 손절하지 않으면 잠이 안 올 정도가 되었을 때와, 주가가 너무 올라서 몇 주라도 사지 않으면 가만있을 수 없을 때가 대개 주가의 최저점이거나 최고점이다.

큰손을 얕보지 말라. 큰손은 돈만 있는 게 아니라 사람도 있다. 큰손은 심리학 박사와 컴퓨터 박사도 여러 명 확보하고 있다. 이런 인력을 유지하는 데는 상당한 비용이 드는데, 이들의 능력을 과소평가하지 말라. 그들은 주가가 오르고 내릴 때 여러분의 심리가 어떻게 변화하는지 아주 잘 안다. 여러분은 오를 때 탐욕스럽게 되고 내려갈 때 두려워하게 된다. 그들은 여러분이 손절매하지 않으면 잠을 이룰 수 없고 사지 않으면 안절부절못하게 만들 것이다.

④ 호재가 사실이라면 여러분은 대개 가장 늦게 안 사람이다.

현실을 직시하자. 정말로 다른 사람이 온갖 방법을 동원해서 돈을 여러분 주머니에 넣어주려 한다고 생각하는가? 그렇다면 굳이 이 책을 읽을 필요가 없을 것이다. 어떤 정보라도 의심하는 마음으로 봐야 한다.

⑤ 주식시장의 바보들은 끊임없이 생겨난다!

여러분 모두 '폰지 사기(신규 투자자의 돈으로 기존 투자자에게 이자나 배당금을 지급하는 방식의 다단계 금융 사기)'에 대해 알 것이다. 100년 넘게 똑같은 방법으로 얼마나 많은 바보를 속였는지 아는가? 지금 중국에서는 'P2P 금융'으로 이름을 바꿨다. 나중에도 다시 이름을 바꿀 것이다. 똑같은 방법을 이름만 바꿔서 사용해도 효과가 있다. 주식시장의 시세 조종 세력이 특별한 수단이 있다고 생각하지 말라. 그럴 필요가 없다! 주식시장에서는 이런 몇 가지 수단으로 충분하다. 끊임없이 새로운 투자자들이 유입될 것이기 때문이다. 이 점을 이해한다면 스스로에게 자신감을 가져도 된다. 반복되는 일은 배울 수 있기 때문이다.

그렇다면 주가가 급락하거나 급등할 때마다 시세 조종인지 의문을 가지는 사람이 있을 것이다. 당연히 아니다. 주가 급락은 정말로 최고경영자 건강이 안 좋아서일 수도 있다. 자신만의 독립적인 판단 능력을 키워야 한다.

지금까지 시세 조종을 이야기했다. 이제 여러분은 주식투자를 하면서 다른 시각으로 생각할 수 있을 것이다. 이런 사고방식은 여러분을 과학적인 사고방식에서 끌어내 주식시장을 이해하는 더 높은 경지로 올려줄 것이다. 주식투자 같은 게임에서는 지피지기가 없다면 열세에 처하게 된다.

이 대목에서 다시 강조할 것은 주가를 움직이는 가장 큰 원동력은 기업의 펀더멘털이라는 사실이다. 주식시장의 시세 조종은 단기적이며 제한적인 범위에서 이루어진다. 시세 조종은 주가의 장기 추세에는 영향을 미칠 수 없다. 하지만 주식을 매수할 때 같은 주식을 주당 1,000원에 사는 것과 2,000원에 사는 것은 큰 차이가 있다. 주식시장의 시세 조종 방식을 이해한다면 승산이 더 커질 것이다.

간혹 '좋은 주식'이 있으면 소개해달라는 투자자가 있다. 우리는 이제 이 표현이 틀렸다는 걸 안다. 세상에 '좋은 기업'은 존재하지만 '좋은 주식'의 의미는 달리 생각해야 한다. 투자자에게는 가격이 오르는 주식이 바로 좋은 주식이고, 가격이 내려가는 주식은 나쁜 주식이다.

이상의 심리학적인 사실을 바탕으로 주식을 사고팔 때 좀 더 정확하게 사고할 수 있다.

① 주식을 매수할 때는 추세에 따라 사고할 수 있다.

인터넷이나 태양광 같은 대형 추세를 생각할 때는 당연히 차트를 보지 않는다. 또한 작은 추세를 보고 대응을 고민할 때는 일봉이나 이동평균선을 보면서 올라갈지 추측해볼 수 있다. 더는 주가의 작은 변동에 신경 쓰지 말고 오히려 이것을 어떻게 이용할 수 있을지 생각하자.

② 살 만한 가치가 있는 기업이어야 한다.

주가가 올라가야 할 근거를 확인하라. 암 치료제를 개발했는가? 주가가 오르려면 사는 사람이 있어야 하는데 여러분도 매수할 이유를 찾지 못했다면 어떻게 다른 사람이 사기를 바라겠는가. 차트는 이따금 다른 투자자에 의해서 만들어질 수 있기 때문에 차트만 맹신하는 것은 위험하다.

③ 다른 사람을 바보로 여기지 말라.

워런 버핏은 "주식을 10년 동안 보유할 게 아니라면 10분도 보유하지 말라"라는 명언을 남겼다. 주식을 10분 동안 보유할 생각이었다면 10분 안에 다른 바보가 더 높은 가격에 매수할 거라고 여겼기 때문일 것이다. 이런 방법은 통할 때도 있지만 지속할 수 없는 사고방식이다. 거래는 항상 거래 상대방을 존경해야 한다.

우리는 이제 새로운 눈으로 주식을 볼 수 있게 되었다. 주가가 하락할 때 더는 부정적으로만 보지 않고 누가 주식을 사려고 하는지, 혹시 매수 기회가 아닌지 관찰할 것이다. 주가가 오를 때는 흥분되지만 동시에 혹시 함정이 우리가 뛰어들기를 기다리는 건 아닌지 의심하기 시작할 것이다. 이런 사고방식과 책의 다른 투자 지혜를 종합한다면 주식시장의 이해도는 한층 더 높아질 것이다.

5장
월스트리트의 교훈

지난 수백 년 동안 주식시장을 거쳐 간 수많은 선배 투자자는 경험을 통해 얻은 소중한 교훈을 남겼다. 주식시장에서 살아남기 위해, 최후의 성공을 위해 반드시 지켜야 할 원칙들이다. 이 교훈과 원칙은 100년 전에도, 오늘날에도 유효하고 인간의 본성이 변하지 않는 한 100년 후에도 그대로 적용될 것이다. 시장은 절대 틀리지 않지만 우리의 생각은 언제라도 틀릴 수 있다는 사실을 잊지 말아야 한다. 다음은 제시 리버모어가 남긴 교훈이다.

"월스트리트는 새로운 무언가의 등장이 멈춘 지 이미 오래이며 앞으로도 그러리란 걸 오래전에 깨달았다. 현재 주식시장에서 벌어지는 일들은 이미 과거에 있었던 일이고 앞으로도 끊임없이 반복될 일이다. 내 판단에 확신을 가지고 매수했을 때는 늘 돈을 벌었다. 간혹 돈을 잃은 것은 계획을 지킬 의지가 부족했기 때문이었다. 반드시 주식을 매수하기 위한 조건이 충족될 때만 시장에 진입해야 한다."

주식투자는 역사가 제법 긴 업종이다. 월스트리트의 역사를 보면 100년 전에는 철도주와 철강주가 유행했고, 그 뒤를 이어 라디오와 TV 방송 기기 관련 주식이 인기였고, 최근에는 인터넷과 네트워크 등 IT 기술주가 강세다. 새로운 주식의 유행은 새로운 산업의 태동과 인류 문명의 발전을 그대로 반영했다. 주식시장은 수백 년 동안 늘 변화무쌍했지만 변하지 않는 유일한 것이 있으니 바로 주가 운동의 법칙이다.

수백 년 동안 수많은 투자자가 월스트리트를 거쳐 갔다. 이들은 대부분

주식투자의 지혜

역사의 한 페이지를 장식할 위대한 성공을 꿈꿨고 바닷가 모래알만큼 많은 충고와 교훈을 남겼다. 재미있는 사실은 이런 충고와 교훈이 대부분 50년 이전에 나왔다는 점이다. 최근 50년 동안은 새로운 교훈이 등장하지 않았다는 뜻이다. 간혹 새로운 법칙이 제시되지만 자세히 들여다보면 기존 방식을 다른 표현으로 설명했을 뿐이다.

월스트리트의
교훈

월스트리트의 교훈을 모두 적으려면 수백 페이지도 부족할 만큼 많지만 그중에는 억지로 끼워 맞춘 말장난 같은 것들도 꽤 있다. 여기에서는 실전 투자에 유용한 것들만 정리해보았다. 다음에 소개할 교훈은 내가 실전 투자를 통해 직접 효과를 확인한 것이니 꼭 유념하길 바란다.

손절매! 손절매! 손절매!

이 세 글자는 수십 번을 설명하고 수백 번을 강조해도 여전히 부족한 느낌이다. 그만큼 중요하고 또 중요한 원칙이다. '매수가보다 낮은 가격으로는 도저히 매도하지 못하겠다'고 생각한다면 지금 당장 주식투자에서 손을 떼는 게 낫다. 이런 생각으로는 주식시장에서 절대 살아남을 수 없기 때문이다. 괴롭겠지만 빨리 손실을 끊어내야 남은 자금으로 다시 도전할 기회가 생긴다.

리스크 분산

주식투자는 기본적으로 도박성이 있지만 도박꾼 마인드는 매우 위험하다. 도박처럼 짜릿한 재미를 원하거나 일확천금을 꿈꾸며 큰돈을 베팅한다면 조만간 처참한 실패를 맛보게 될 것이다. 그 순간은 생각보다 훨씬 빨리 찾아온다.

열 번 운이 좋았어도 열한 번째에도 운이 좋으란 법은 없다. 스스로 감당할 수 있는 리스크가 어느 정도인지 명확히 인지하고, 절대 계란을 한 바구니에 담지 말아야 한다. 전체 자금을 5~10등분하고 리스크 대 리턴 비율이 1 대 3 이상 차이가 날 때만 일부 자금을 투입해야 한다. 이후 손절매 원칙을 철저히 지키면서 꾸준히 경험을 쌓는다면 돈을 벌지 않을 수 없을 것이다.

초보 투자자의 가장 큰 문제점 중 하나가 조급함이다. 큰돈을 베팅해 단번에 백만장자가 되고 싶어 한다. 하지만 돈은 좇을수록 멀어지는 법이다. 주식시장에서는 특히 그렇다.

한꺼번에 너무 많은 종목을 보유하지 말라

요즘 사람들이 외우고 있는 전화번호는 몇 개나 될까? 대부분 10개라고 하는데, 여러분은 어떤가? 동시에 너무 많은 주식을 보유하면 집중력이 분산되어 개별 종목에 대한 감을 잃기 쉽다. 이미 여러 번 강조했듯 정확한 매매 지점을 선택하려면 주가 움직임이 정상적인지 수시로 확인해야 한다.

주식시장에 상장된 주식을 전부 사기라도 할 것처럼 이것저것 여러 종목을 사들이는 사람이 있다. 주로 초보 투자자에게 많이 나타나는 문제점으로, 집중력이 분산되기 때문에 투자 성공률이 크게 떨어진다. 초보자는 분석 결과 성공률이 가장 높은 순으로 3~5개 종목에 집중하는 것이 좋다. 경험을 쌓으며 조금씩 종목을 늘리면 10~15개 정도도 괜찮다. 여러분은 동시에 집중할 수 있는 종목이 몇 개라고 생각하는가? 사람마다 조금씩 다르겠지만 자신의 한계를 정확히 인지하고 그 범위를 넘지 않아야 한다.

감이 좋지 않으면 발을 빼라

굉장히 쉬운 말 같지만 실행하기는 어려운 원칙이다. 초보 투자자는 주가 추세를 판단하는 일도 쉽지 않다. 차트를 아무리 봐도 상승 추세인지 하락 추세인지 헷갈릴 때가 있다. 이럴 때는 일단 발을 빼는 것이 좋다. 주식시장에서 완전히 떠나라는 것이 아니라 일단 매수를 미루라는 뜻이다. 헷갈리는 주식을 보유하고 있다면 빨리 매도하는 것이 낫다.

앞에서 승산이 50% 이상일 때만 베팅하면 게임을 반복할수록 이길 확률이 올라간다고 했다. 만약 주가 움직임에 대한 감이 없는 주식을 보유하고 있다면 도박 테이블에 건 판돈을 아직 회수하지 않은 것이나 다름없다. 주가 움직임을 판단할 수 없으면 승산이 50% 이하라는 뜻이므로 당장 멈춰야 한다. 노련한 전문 도박꾼은 승산이 50% 이하일 때는 절대 베팅하지 않는다.

도박꾼이라는 어감이 좋지 않지만 모든 사업이 일종의 도박이다. 전문가가 되려면 실력뿐 아니라 보통 사람과 다른 집중력과 감각 같은 것도 필요하다. 간혹 어떤 주식을 보유하면 그 주식에 대해 너무 예민해지고 불안해져서 투자에 걸림돌이 될 때가 있다. 그런데 이 주식을 매도하고 나면 신기하게도 걱정과 불안이 사라진다. 어느 정도 주식투자를 해본 사람이라면 비슷한 경험이 있을 것이다. 나는 이 문제를 이렇게 해결했다. 나를 예민하게 만드는 그 주식을 아주 조금 장기 보유하는 것이다. 손실이 나더라도 집중력과 감을 키우는 수업료를 냈다고 생각하면 그만이다.

매수가는 잊어라

솔직히 이 말은 최소 3년 이상 실전 경험을 쌓으며 여러 번 수업료를 내보지 않으면 실천하기 어려운 일이다. 왜 그래야 하는지 확실하게 이해하고 넘어가자.

지금 여러분이 보유한 주식은 그간의 경험과 분석을 토대로 해서 앞으로 주가가 오를 거라고 판단한 것이어야 한다. 주가 움직임에서 위기 신호가 감지되어 곧 하락할 것으로 예상된다면 주식을 보유할 이유가 없다. 이때 그 주식을 얼마에 매수했는지는 전혀 상관이 없다. 사람들이 매수가를 잊지 못하는 것은 작은 이익에 연연하고 작은 손해를 견디지 못하는 인간의 본성 때문이다.

현재 주가가 매수가보다 오른 상태라면 쉽게 매도할 수 있을 것이다. 문제는 현재 주가가 매수가보다 낮을 때다. 매도하는 순간 손실이 현실화되기 때문에 어떻게든 이를 회피하고 싶은 것이다. 하지만 미룰수록 더 큰 대가를 치러야 한다. 타고난 본성을 고치기는 어렵겠지만 그래도 계속 노력해야 한다. 매수가를 잊어라! 그래야 정확한 순간에 올바른 판단을 내릴 수 있다.

잦은 매매를 피하라

　주식투자를 본업으로 시작한 지 얼마 안 되었을 때, 매매를 하지 않은 날은 아무것도 안 하고 빈둥거린 기분이었다. 투자가 직업인데 주식 매매를 안 하면 대체 뭘 한단 말인가? 하지만 이런 생각이 머릿속에 자리 잡자마자 막대한 수업료를 지불하기 시작했다.

　어느 정도 시간이 지나고 경험이 쌓이자 돈을 벌 기회가 매일 오는 것이 아님을 깨달았다. 놀고만 있을 수 없어서 혹은 너무 무료해서 매매 버튼을 눌렀다가는 수수료만 낭비하게 된다. 또한 매매를 선택할 때 크고 작은 심리 부담으로 감정이 낭비되기 때문에 집중력이 분산되어 정말 중요한 기회를 발견하지 못할 수도 있다.

　유심히 주가 움직임을 관찰하다 보면 승산이 70%쯤 되는 기회가 거의 매일 보인다. 하지만 대부분 눈속임이다. 무료함을 이기지 못해 기회가 보일 때마다 매매 버튼을 누르면 수수료만 손해 보는 게 아니라 투자 성공률도 크게 떨어질 수밖에 없다.

물타기를 하지 말라

　많은 투자자가 잘못된 결정을 내렸을 때 잘못을 인정하고 바로잡는 것이 아니라 요행을 바라며 물타기를 시도한다. 처음 매수가보다 주가가 하락한 상태에서 추가 매수하면 평균 매수 단가가 낮아져 손해를 덜 본 것처럼 느껴지고, 주가가 조금만 반등하면 금방 손실을 회복할 수 있다고 생각한다. 심지어 수익을 낼 수 있다는 환상을 품기도 한다. 하지만 물타기는 파산으로 가는 지름길임을 잊지 말라. 영국 베어링스 은행Barings Bank 파산은 이 교훈의 중요성을 현실로 증명한 사건이다.

이런 예는 많다. 중국 상하이석유화학은 미국 증시에 상장한 후 1997년에 최고가 45달러를 기록했다. 그 후 35달러까지 떨어졌을 때 처음보다 주식이 싸졌다고 생각해 추가 매수한 사람이 분명히 있었을 것이다. 하지만 하락세는 멈추지 않고 25달러까지 떨어졌다. 여러분이라면 어떻게 하겠는가? 또 물타기를 할까? 결국 상하이석유화학 주식은 10달러까지 떨어졌다. 누군가는 이 악몽과 함께 자금 전체가 이 주식에 물려버렸을지도 모른다. 그 누군가가 당신이라면 다시 45달러로 오를 때까지 기다리겠는가? 물론 가능성이 없지는 않지만 2년이 걸릴지, 20년이 걸릴지 아무도 모른다. 어쩌면 20년이 지나도 오르지 않을 수 있다.

이렇게 크게 한번 당하고 나면 자신감을 잃어 주식투자를 포기하는 경우가 대부분이다. 운 좋게 주가가 회복되면 바로 매도하고, 그 후에는 여간해서는 매수 결정을 내리지 못하게 된다. 이렇게 상당한 수업료만 내고 주식학교를 졸업하지 못하는 포기자가 또 한 명 늘어난다.

물타기는 절대 하지 말라. 주식을 매수한 후 수익이 발생하지 않았다면 추가 매수를 하지 말아야 한다. 수익이 발생했다면 애초의 매수 선택이 옳았다는 뜻이므로 수익을 최대화하기 위해 적당히 추가 매수를 해도 좋다. 혹은 수익 실현 후 다른 기회를 모색할 수 있다. 물타기를 하지 말아야 하는 이유, 조금만 생각해보면 이해할 수 있을 것이다.

어쩌면 이 의견에 수긍하지 못하는 사람도 있을지 모르겠다. 물타기를 10번 해서 모두 성공한 사람이 있다면 정말 부러운 사람이다. 이렇게 운이 좋은 사람은 흔치 않다. 하지만 11번째, 15번째 결과는 아무도 모른다. 그 사람이 앞으로 계속 성공한다는 보장은 어디에도 없다.

노련한 전문가라면 예외가 있을 수도 있다. 주가가 상승 추세일 때는 언제 매수해도 수익이 나기 때문에 특별한 매수 지점이 없다. 매수하자마자 소폭 조정이 있을 수 있지만 정상적인 움직임에 해당한다. 조정이 끝나고 다시 흐름이 바뀌었다면 추가 매수를 고려할 수 있다. 이때 주가는 첫 매수가보다 낮을 수 있는데 이것은 흔히 말하는 물타기와는 다르다. 고점에서 물린 탓에 평균 매수 단가를 낮추려는 것이 아니라 주가 움직임이 상승 추세로 판단되었기 때문이다. 이는 수많은 경험과 노력으로 투자 내공이 절정에 이른 고수에게만 해당하는 예외 상황이다. 초보 단계에서는 절대 물타기를 하지 말라.

수익이 손실로 변하게 하지 말라

10,000원짜리 주식 1,000주를 매수했는데 12,000원까지 올랐다면 현재 200만 원 수익이 생긴 것이다. 이때 가장 중요한 것은 손절매 지점 설정이다. 이 경우 이미 수익이 생겼으므로 손절매 지점은 매수가 10,000원보다 높아야 한다. 10,500원이나 11,000원 정도가 적당하다. 원칙을 지키지 않아 매수가 이하로 떨어진 후에 손절매하는 일이 없도록 주의해야 한다.

10,000원에 매수한 주식이 12,000원까지 올랐다가 다시 9,000원으로 떨어진 후에 손절매하는 것이 얼마나 힘들고 후회스러운 일인지 독자 여러분도 잘 알고 있을 것이다. 손절매 지점을 11,000원으로 설정하고 실천했다면 수익이 생겼을 텐데 9,000원으로 떨어진 후에 손해를 보고 매도하려니 죽을 맛일 수밖에. 이는 주식투자의 첫 번째 원칙인 원금 보전에도 어긋난다. 언제나 원금 보전이 최우선임을 잊지 말자.

여기에서 이런 의문이 들 수도 있다. 12,000원까지 올랐을 때 손절매 지점을 11,900원으로 설정하면 더 많은 수익을 확보할 수 있지 않을까? 물론 틀린 말은 아니지만 현실적으로는 의미가 없다. 실제 주가 흐름에서 100원 정도는 1분에도 수십 번씩 엎치락뒤치락하기 때문이다. 11,900원이 되자마자 매도했는데 나중에 15,000원까지 올라가면 이 또한 죽을 맛이다. 손절매 지점을 10,500~11,000원으로 정하는 것은 주가 변동 폭을 10% 정도로 여유 있게 잡아야 상승 추세가 계속될지 판단할 수 있기 때문이다. 조정 폭이 10% 이상이라면 정상적인 상승 추세라고 볼 수 없다.

친구 말고 시장을 따라가라

나는 증권사 객장에서 이런 말을 자주 들었다.

"너 오늘 어떤 주식 샀어? 나도 좀 따라 사자."

이런 말을 들을 때마다 세 장님 이야기가 생각난다. 장님 셋이 길을 걸을 때는 한 명이 앞장서고 그 뒤로 나머지 두 명이 줄지어 간다. 첫 번째 장님이 안 좋은 길로 가도 상관하지 않고 따라간다. 어차피 셋 다 안 보이니까. 반면 보통 사람 셋이 길을 걸을 때는 대개 옆으로 나란히 걷는다. 누가 이끄는 것이 아니라 각자 제 갈 길을 간다. 대화를 나누지만 돌부리나 웅덩이가 나오면 각자 알아서 피한다. 물론 특별한 상황이나 이유가 있으면 일렬로 걷기도 한다.

주식투자를 제대로 할 줄 아는 사람은 친구가 자신을 따라 매수하는 것을 반기지 않는다. 매수하는 것까지는 좋은데 문제는 매도할 때다. 나는 적당한 지점에서 매도하지만 친구는 어떻게 될지 모른다. 어쩌면 매도 지점을 놓쳐 큰 손해를 볼 수도 있다. 나를 따라 매수한 사람에게 일일이 매도 지점까지 알려줘야 한다면 너무 부담스럽지 않겠는가. 손실이라도 나면 더 골치 아플 것이다.

조금만 시간과 노력을 들이면 주가 움직임을 파악하고 매수와 매도 지점을 정하는 방법을 알 수 있다. 다른 사람을 따라 매매하는 것이 무조건 나쁘다고 할 수는 없지만 그 전에 반드시 그 사람의 성향을 확인하길 바란다. 어떤 사람이 자기를 따라 하는 것을 좋아한다면 그 사람은 길 안내를 좋아하는 '장님'일 확률이 높다.

매도 지점에서는 주저하지 말라

1994년 11월 2일 나의 일기에 이렇게 적혀 있다.

xirc 2,000주, 매수가 17.25달러, 23.5달러까지 상승, 21.5달러에서 매도하지 않았음, 오늘 16.25달러까지 떨어지고 나서야 매도. 난 정말 바보다! 미치겠다!

벌써 20여 년 전 일이다. 당시의 구체적인 상황은 기억나지 않지만 일기 내용을 보니 내가 매도 가격을 21.5달러로 정했던 모양이다. 그런데 23.5달러까지 올라갔던 주가가 21.5달러로 떨어졌을 때 왜 그랬는지 모르겠지만 주저하다가 결국 행동으로

주식투자의 지혜

옮기지 못했다. 주가가 16.25달러까지 떨어진 11월 2일에, 원래 계획한 대로 매도했더라면 손에 쥐었을 수익 8,500달러가 손실 2,000달러로 변해버렸다.

주가 움직임에는 아주 다양한 속임수가 숨어 있다. 예를 들어 주가가 하락할 때 종종 작은 반등이 나타나 투자자에게 하락 추세가 곧 끝날 것이라는 희망을 준다. 하지만 이것은 희망 고문일 뿐 주가는 다시 추락한다. 이제는 정말 손절매해야겠다고 마음먹는 순간 또 작은 반등이 나타나 투자자의 마음을 붙잡는다. 이런 과정을 몇 번 반복하는 동안 손실 규모가 눈덩이처럼 불어난다. 많은 투자자가 손절매 원칙을 알면서도 큰 손실을 보는 이유가 여기에 있다.

손절매 개념은 원금뿐 아니라 수익에도 적용된다는 것을 기억하라. 10,000원에 1,000주를 매수했을 때 원금은 1,000만 원이지만 이후 주가가 15,000원으로 올랐다면 이제 나의 본전은 1,500만 원이다. 500만 원을 단순히 계좌상의 이익으로만 생각하지 말라. 이 지점에서 주식을 매도하면 500만 원은 바로 내 손 안의 현금이 된다.

주가가 미리 설정한 손절매 지점까지 떨어졌다면 헛된 기대에 빠지지 말고 어떤 이유도 대지 말고 당장 매도해야 한다.

너무 싸다는 이유로 매수하고
너무 비싸다는 이유로 매도하지 말라

내가 보유한 주식 중에 ihni라는 종목이 있다. 실버 사업을 하는 기업이다. 5년 전에 15달러였던 이 주식이 5달러로 떨어지자 너무 싸다는 생각에 1,000주를 매수했다. 2018년 현재 주가는 0.25달러이고 내가 투자한 5,000달러는 250달러로 20분의 1 토막이 되었다. 내가 이 주식을 계속 가지고 있는 것은 손절매를 피한 대가가 얼마나 무서운지, 늘 나 자신을 돌아보기 위해서다. 하락 추세인 주가의 바닥이 어디인지는 아무도 알 수 없다는 사실을 절대 잊지 않기 위해서다. 인간은 망각의 동물이니까.

초보 투자자는 저가주를 좋아하는 경향이 강하다. 실제로 나에게 자문을 구하는 지인들이 선택한 주식은 거의 저가주였다. 그리고 대부분 원래 높은 가격이었다가 하락한 것들이었다. 40달러였던 주식이 20달러가 되었다고 과연 좋은 일일까? 이런 심리는 주식시장이 아닌 일상에서 형성된 것이다. 예를 들어 40달러짜리 옷이 20달러로 떨어졌다면 확실히 헐값이다. 그래서 주식시장에서도 싼 주식을 찾는 사람들이 있다. 쇼핑하는 심리로 주식을 산다면 이 역시 실패의 지름길이다.

주가가 40달러에서 20달러로 떨어졌다면 분명히 이유가 있다. 명확한 이유를 찾지 못했다면 주가가 더 내려가지 않는다고 확신할 수 없다. '떨어지는 칼날을 잡지 말라'라는 유명한 격언도 있다.

흐름을 따르는 것은 주식투자에서 매우 중요한 원칙이다. 주가가 40달러에서 20달러까지 떨어졌다면 명확한 하락 추세다. 개인 투자자는 이 흐름을 거스를 수 없다. 하지만 주가가 10달러까지 더 떨어졌다가 다시 20달러로 상승한 상황이라면 이야기가 전혀 달라질 것이다.

초보자들은 매수한 주식이 오를 때 뛸 듯이 기쁘면서도 어렵게 찾아온 수익 기회가 사라지지 않을까 불안해지기 시작한다. 주가가 이미 천장을 친 것이면 어떻게 하지? 더 욕심부리지 말고 그냥 팔아버리는 게 낫지 않을까? 온종일 이런 생각이 꼬리에 꼬리를 물고 이어진다.

독자 여러분은 주가가 많이 올랐다는 이유만으로 절대 매도하지 않길 바란다. 주가의 천장은 아무도 모른다. 주가의 상승 추세가 정상적일 때는 절대 매도하지 말라. 다시 한번 강조한다. 손실은 짧게, 이익은 길게!

반드시 계획대로 실행하라

주식을 매수하기 전에 리스크와 리턴 개념을 확실히 이해해야 한다. 시장 흐름이 예상과 다르게 움직이면 어떻게 대처할지 미리 대비책을 세워두어야 한다. 특히 초보자는 매수하고 며칠 지나면 자신이 왜 이 주식을 매수했는지 잊어버리기 일쑤다. 가능한 한 분석 과정과 결과를 기록해두는 것이 좋다.

예를 들어 손절매 기준을 10% 하락으로 설정했다면 10,000원에 매수한 주식이 15,000원까지 올랐을 때 손절매 지점은 13,500원이 된다. 주가가 13,500원까지 떨어졌다면 뒤돌아보지 말고 바로 발을 빼야 한다. 당초 계획이 10,000원에 사서 15,000원에 파는 것이었다면 주가가 15,000원을 찍는 순간 미련 없이 매도 버튼을 눌러야 한다. 물론 상승 추세에서 성급히 매도하지 말라는 원칙이 있지만 사전에 정한 계획이 있었다면 반드시 그대로 실행해야 한다.

주식투자에서 절대적으로 맞고 틀린 방법은 없다. 자신이 감당할 수 있는 리스크 범위에 맞는 기준을 세우고 단호하게 실행하는 것이 중요하다. 그렇다고 해서 이 기준이 고정불변의 원칙은 아니다. 경험을 쌓아가며 계속해서 수정 보완해야 한다. 나선형 계단을 오를 때 한 바퀴를 돌아도 제자리인 것 같지만 실제로는 조금씩 올라가는 것과 같은 이치다. 방법은 수정할 수 있지만 반드시 경험에 근거해야 한다. 언제 어떤 상황에서든 적절한 행동을 하려면 명확한 행동 원칙이 있어야 한다.

초보자가 흔히 저지르는 문제 중 하나가 계획 없이 행동하는 것이다. 단순히 주가가 많이 내려갔다는 이유로, 누가 어떤 주식을 추천했다는 이유로 덮어놓고 매수한다. 이러면 매수한 주식을 아무 계획 없이 방치하는 경우가 대부분이다. 손절매 지점을 어떻게 설정할지, 언제 수익을 실현할지 미리 생각하지 않는 사람도 많다. 여러분이 그렇다면 하루빨리 자신만의 계획을 세우길 바란다. 주식학교의 수업료는 여러분이 상상하는 것 이상이다.

특정 주식에 중독되지 말라

주식투자를 하다 보면 특정 주식에 빠질 때가 있다. 대부분 그 주식을 분석하는 데 많은 시간과 노력을 들였기 때문이다. 자주 보고 익숙해지면 감정이 싹트는 게 인간의 본성이기도 하다. 하지만 주식투자를 할 때 어느 주식에 빠지는 것은 매우 위험하다. 이 역시 실패로 가는 지름길이 될 수 있다.

나는 첫 자동차에 대한 기억이 아주 강하게 남아 있다. 1980년대 아메리칸드림을 좇아 미국에 온 사람들이 다 그러했듯 나 역시 빈털터리였다. 1년 동안 레스토랑에서 일해 모은 돈으로 등록금을 내고 남은 돈으로 중고차를 샀다. 미국에서 차 없이 살기는 정말 힘들다. 나의 첫 차는 10년 동안 26만 킬로미터를 달린 낡은 혼다 시빅이었다. 차를 아는 사람은 이 차가 얼마나 골칫덩어리인지 알 것이다. 나는 가난한 학생이어서 문제가 생기면 직접 수리해야 했다. 그 후 1년 동안 브레이크부터 카뷰레터까지 내 손으로 교체하면서 정말 많은 공을 들였다. 간혹 장거리를 가야 할 때는 수리 공구와 부속품을 싣고 다녔다. 그 차는 2년 후 결국 수명을 다했지만 내게는 큰 후유증이 남았다. 많은 시간과 공을 들이다 보니 혼다 시빅에 완전히 중독되어버렸다. 구석구석 내 손길이 안 간 곳이 없었다. 사랑에 빠진 것이다. 그 후 오랫동안 나는 자동차 하면 혼다밖에 생각나지 않았다. 흔히 자동차 회사들이 엔트리 카entry car를 밑지고 판다는데 그 말의 뜻을 확실히 이해한다. 평생 고객을 끌어들이기 위함이다.

주식 얘기로 돌아가서 여러분이 어떤 기업의 주식을 열심히 연구했다고 하자. 그 기업의 매출, 고정자산, PER 등을 분석하고 주력 제품을 사용해봤으며 CEO 사주팔자까지 알아봤다고 치자. 내가 혼다 시빅에 중독되었을 때처럼 그 기업과 제품이 늘 머릿속에 맴돌 것이다. 그러는 사이 자신의 기준에 따라 손절매 지점을 정하고 계획대로 실행해야 한다는 원칙 따위는 자연스럽게 잊어버린다. 주가가 올라가면 당연하고, 주가가 내려가면 일시적인 현상이라고 생각한다. 이 기업은 제품이 훌륭하니 미래가 창창하다고 믿어 의심치 않는다. 앞에서 언급했던 인터넷 기업 거품이 대표적인 예다.

특정 주식을 분석하다 보면 기업 연구에 공을 들이면서 자연스럽게 특별한 애정이 생긴다. 이 또한 인간의 본성이지만 반드시 극복해야 할 약점이다. 집중력이 흐트러져 원금 보전, 손절매 지점 설정 원칙을 잊지 않도록 명심하고 또 명심하라.

절대 특정 주식에 중독되지 말라.

우리 생각은 언제라도 틀릴 수 있다

"젠장, 아무리 분석해봐도 이유가 없는데 왜 자꾸 떨어지는 거야! 그래, 금방 반등할 거야."

주식투자 경험이 있다면 제 머리를 쥐어박으며 이런 말을 내뱉은 일이 분명히 있을 것이다.

투자 자문을 해달라며 찾아오는 친구들은 자신이 분석한 내용을 한참 늘어놓다가 결국 스스로 어떤 주식이 오를지, 어떤 주식이 내릴지 확신에 찬 결론을 내린다. 이미 결론을 내린 상태에서는 달리 설명할 방법이 없으니 사고 싶으면 사라고 할 수밖에 없다. 대신 주가가 10% 하락하면 바로 매도하라는 말은 꼭 해준다. 이미 매수 결정을 내린 사람은 어차피 사지 않고는 못 배기는 법이다.

월스트리트의 유명 투자자도 대부분 이 원칙에 대한 쓰라린 경험이 있다. 주가가 오를 것으로 예측했다가 오르지 않으면 어떻게 할까? 유명 투자자는 명성을 지키기 위해 책임을 시장에 떠넘긴다. 시장이 이 주식의 가치를 제대로 반영하지 못했다고 말이다. 하지만 그들의 명성은 결국 오래가지 못했다.

똑똑한 사람일수록 독선적인 경향이 강하다. 똑똑하기 때문에 그들의 선택은 대부분 옳았을 것이다. 처음에 이상하다 싶다가도 결국 예상한 결과가 나왔을 것이다. 하지만 주식시장은 다르다. 어쩌면 정말 옳은 선택이어도 그것이 증명되기까지 버티지 못할 수도 있기 때문이다.

주식투자에서 독선과 자만은 절대 금물이다. 반드시 시장 흐름의 위험 신호에 따라야 한다. 선택이 잘못되었다면 즉시 인정하고 바로잡아야 한다. 이것이 주식시장의 장수 비결이다.

이제부터 투자 대가들의 투자 비법을 들어보자.

투자 대가의
비법

워런 버핏

워런 버핏을 다룬 책은 이미 너무 많이 소개되었으므로 여기에서는 그의 투자철학을 정리해보겠다. 우리는 그의 투자 경력을 도저히 따라잡을 수 없겠지만 투자철학만큼은 반드시 따라잡아야 한다. 다음은 버핏이 강조한 투자 성공의 필수 요건이다.

첫째, 어느 정도 욕심은 필요하지만 과하지 않아야 한다. 욕심이 없으면 추진력이 부족하고, 욕심이 넘치면 중심을 잡을 수 없다. 투자에 성공하려면 적당한 욕심과 호기심이 필요하다.

둘째, 인내는 필수다. 주식을 매수할 때는 기업의 미래에 투자

한다는 마음을 가져야 한다. 정밀한 분석을 통해 적절한 시점에 매수했다면 주가는 반드시 기업의 내재가치를 반영하게 된다.

셋째, 독립적으로 사고하라. 아직 스스로 어떤 결정을 내릴 충분한 지식을 갖추지 못했다고 생각한다면 어떤 결정도 내리지 말아야 한다.

넷째, 자신감을 가져라. 여기에서 말하는 자신감은 지식과 경험을 통해 형성된 것이어야 한다. 일시적인 충동은 자신감이 아니다.

다섯째, 자신의 능력과 수준을 정확히 판단하고 인정하라. 모르는 것은 모른다고 인정하라.

여섯째, 투자 대상은 폭넓게 고려하고 선택해야 한다. 모든 종목이 투자 대상이지만 고평가된 종목은 예외다.

다음은 버핏이 투자 대상을 선택하는 기준이다.

① 기업의 사업 내용을 쉽게 이해할 수 있어야 한다.
② 천재적인 경영자에 의존하지 않는, 평범한 사람도 경영할 수 있는 기업이어야 한다.
③ 미래 실적을 예측할 수 있어야 한다.
④ 경영자가 기업의 지분을 보유하고 있어야 한다.
⑤ 재고 수준이 낮고 회전율이 높아야 한다.
⑥ 기업의 자기자본수익률이 높아야 한다.

버핏은 매년 주주서한에서 두 가지를 강조한다. 첫째, 주목받는 주식이 아니라 내재가치에 초점을 맞춘다. 둘째, 주가의 단기 파동과 상관없이 투자 손실을 최소화할 수 있도록 관리한다.

그는 1969년에 저평가된 주식을 찾기 힘들다고 판단해 잠시 시장을 떠나기로 결정했다. 성공하는 투자자의 자질 중 하나는 시장 상황이 좋지 않을 때 잠시 발을 빼는 결단력이다. 당시 그는 자신의 견해를 이렇게 설명했다.

"나는 현 상황에 조금 상실감을 느끼지만 한 가지는 확실합니다. 앞으로도 내게 익숙한 방법으로만 투자할 것입니다. 어쩌면 아주 쉽게 큰돈을 벌 기회를 놓칠 수도 있지만 나와 맞지 않는 방법으로 투자하지는 않을 것입니다. 큰 손실을 볼 수 있으니까요."

버핏은 투자에 성공하기 위해 꼭 새로운 방법을 이용할 필요는 없다고 말했다. 유효 수요 이론, 자산 배분, 옵션 가격 결정 이론 등 어려운 이론과 정보를 많이 알아야 투자에 성공하는 건 아니다. 공포, 탐욕 같은 군중 심리에서 벗어나 자신만의 독립적인 사고로 판단해야 한다. 똑똑한 사람이 반드시 이성적인 것도 아니다. 뛰어난 투자자는 승산이 아주 높을 때만 투자한다. 버핏이 대표적인 인물이다.

조지 소로스

조지 소로스의 투자철학은 두 가지로 요약할 수 있다.

첫째, 처음부터 너무 큰 금액을 투자하지 말라. 작게 시작해서 진행이 순조롭다면 투자금을 늘리는 것이 좋다. 스스로 감당할 수 있는 리스크 규모를 미리 정해놓아야 한다. 리스크 한도를 정확히 정할 수 없다면 최소한 한 번에 모험을 걸지는 말라.

둘째, 시장이 어리석으니 투자자가 너무 똑똑할 필요는 없다. 모든 것을 알 필요는 없지만 남보다 뛰어난 특정 분야가 있어야 한다.

소로스는 증권 중개인으로 일하던 중, 독일 몇몇 은행이 보유한 주식의 시가총액이 은행의 시가총액보다 훨씬 크다는 사실을 알았다. 그는 이 은행들의 주식을 적극적으로 추천했다. 은행을 통해 특정 기업의 주주가 되는 셈이었다. 그는 "이 사실 하나만으로 은행주를 매수해야 할 이유는 충분하다"라고 말했다.

소로스는 투자를 위한 분석은 간단명료해야 한다고 생각했다. 그래서 거시경제 분석은 크게 신경 쓰지 않았고 월스트리트 투자은행의 분석 보고서도 읽지 않았다. 그는 대부분 투자 아이디어와 기회를 신문에서 얻었다. 또한 주가 차트를 통한 기술적 분석은 이론적 근거가 약해 실전 투자에서 안정적으로 수익을 올리기 힘들다고 평가했다. 기본적 분석은 이론적 근거는 탄탄하지만 주가 변동에 따라 분석 결과가 달라지는 것이 약점이라

주식투자의 지혜

고 말했다.

'효율적 시장 가설efficient market hypothesis'은 월스트리트에서 통용되는 이론 중 하나로 주가가 주식의 내재가치, 기업 경영 상황, 외부 환경 등 시장의 모든 요소를 반영한다는 내용이다. 소로스는 이 이론대로라면 시장 참여자는 시장보다 높은 수익률을 올릴 수 없으므로 이론 자체가 틀렸다고 주장했다. 그는 실제로 시장보다 높은 수익률을 올리면서 자신의 주장을 입증했다.

소로스가 제시한 재귀성 이론theory of reflexivity은 생각이 사건을 바꾸고 이 사건이 다시 생각을 바꾼다는 내용이다. 예를 들어 한 투기꾼이 달러 가치가 상승할 것으로 예상해 달러를 매입하면 달러 이자율이 하락하고 경제가 활성화되어 결국 달러 가치를 상승시킨다는 것이다. 이 이론을 주가 움직임에 적용해보자. 특정 주식에 많은 투자자의 관심이 몰려 매수세가 증가하면 주가가 오른다. 주가가 상승하면 매수세가 더 많이 증가하기 때문에 한번 시작된 상승 추세는 쉽게 꺾이지 않는다는 것이다.

소로스의 투자법은 따라 하기가 거의 불가능하다. 월스트리트의 전문가들조차 소로스의 대표작 《금융의 연금술(The Alchemy of Finance)》을 읽고 "아주 좋은 책인데 무슨 말인지 잘 이해가 되지 않는다"라고 말할 정도다. 어쨌든 소로스의 투자 성과가 어마어마했으니 그를 전설적인 투자 대가로 꼽는 데 이의를 제기할 사람은 아무도 없을 것이다.

우리가 가장 주목해야 할 것은 소로스가 직접 밝힌 성공 비결이 바로 '초인적인 인내심'이라는 사실이다. 끈기 있게 때를 기다리고, 외부 환경의 변화가 주가에 완전히 반영될 때까지 인내할 줄 알아야 한다.

버나드 바루크

버나드 바루크Bernard Baruch는 19세 때 주식시장에 입문해 26세에 주식투자의 기초 지식을 마스터했고 35세 때 처음으로 백만 달러 수익을 기록했다. 그 후 역대 미국 대통령의 재정 고문으로 활동하기도 했다. 그는 자서전에서 "나는 주식투자와 관련된 모든 규칙을 믿지 않지만 내 경험을 바탕으로 몇 가지 팁을 소개한다"라며 다음의 내용을 언급했다.

① 주식투자에 모든 시간을 쏟아부을 수 없다면 절대 모험을 하지 말라.
② 기업의 '내부 정보'로 접근하는 사람은 모두 경계하라.
③ 주식을 매수하기 전에 기업의 경영진, 경쟁사, 이익, 성장 가능성 등 기업의 모든 정보를 찾아보라.
④ 바닥 매수, 천장 매도는 꿈도 꾸지 말라. 허풍쟁이가 있을 뿐, 절대 불가능한 일이다.
⑤ 빠르고 과감한 손절매 기술을 체득하라. 자신의 결정이 매번 정확할 것이라고 기대하지 말라. 잘못된 결정을 내렸다면 손절매는 빠를수

록 좋다.

⑥ 너무 많은 종목을 보유하지 말라. 집중해서 주가 움직임을 관찰할 수 있어야 하기 때문이다.

⑦ 정기적으로 투자 성과를 평가하고, 새로운 아이디어와 계획이 생기면 투자 방법을 수정하라.

⑧ 매도 시 최대 이익을 얻을 수 있도록 절세 방법을 모색하라.

⑨ 투자 원금 중 일부는 현금으로 보유하라.

⑩ 모든 분야를 알려고 하지 말고 가장 잘 아는 분야에 집중하라.

제시 리버모어

20세기 최고의 트레이더를 꼽을 때 절대 빠지지 않는 사람이 제시 리버모어다. 그가 세상을 떠난 지 80년이 넘었지만 1923년에 발표한 그의 자서전 《어느 주식투자자의 회상(Reminiscences of a Stock Operator)》은 여전히 세계 트레이더들의 필독서다.

리버모어의 투자철학과 지혜를 만나보자.

① 월스트리트에 더 이상 새로운 것은 없다. 앞으로도 특별히 새로운 무언가가 나타날 가능성은 거의 없다. 주식시장은 이미 오랜 역사를 지녔기에 현재 주식시장에서 일어나는 일은 모두 과거에 일어났던 일이고 앞으로도 끊임없이 반복될 것이다.

② 내 판단에 확신이 있을 때 주식을 매수했기 때문에 언제나 돈을 벌었다. 간혹 실패한 것은 끈기 있게 계획대로 실행하지 못했기 때문이다. 가장 중요한 것은 매수 조건이 충족되었을 때만 매수해야 한다는 점이다.

③ 매일 매매하는 사람들은 이성적인 판단을 내릴 근거와 이유가 부족할 수밖에 없다.

④ 시장 흐름을 고려하지 않고 매일 충동적으로 매매를 반복하는 것은 월스트리트에서 가장 손꼽히는 투자 실패 요인이다. 이는 주식투자를 하면서 다른 분야에서 일할 때처럼 일당을 받기를 원하기 때문이다. 주식시장에서는 수업료를 치러야 배울 수 있다. 돈을 잃어봐야 돈을 잃지 않는 방법을 배울 수 있다. 돈을 버는 방법은 그다음이다.

⑤ 도박과 투자는 분명히 다르다. 도박은 시장의 비정상적인 움직임에 베팅하는 것이고, 투자는 정상적인 추세에 따른 상승과 하락을 기다리는 것이다. 주식시장에서 도박은 실패의 지름길이다.

⑥ 큰돈을 벌 기회는 하루의 움직임이 아닌 큰 흐름 속에 존재한다. 큰돈을 벌고 싶다면 일상적인 작은 변화에 연연하지 말고 시장의 큰 흐름을 집중해서 살펴야 한다.

⑦ 월스트리트에서 수백만 달러의 수업료를 내며 수많은 경험을 쌓은 당사자로서 이것만은 꼭 말해주고 싶다. 내가 큰돈을 벌 수 있었던 것은 사고방식이 특별했기 때문이 아니라 엉덩이가 무거웠기 때문이다. 섣불리 움직이지 않고 침착하게 때를 기다렸다. 내 경험상 좋은 주식을 매수했으나 끈기 있게 보유하는 사람이 많지 않다. 시장

의 큰 흐름을 무시하고 개별 종목의 작은 파동에만 집착하기 때문이다. 작은 파동의 모든 변화를 따라가는 것은 현실적으로 불가능하다. 성공 비결은 상승장에서 주식을 매수하고 끈기 있게 때를 기다리는 것이다. 상승장이 끝났다고 판단할 때까지.

⑧ 나는 실수를 통해 투자법을 터득했다. 올바른 투자 방법을 찾기까지 시간이 오래 걸렸다. 실수를 저지르고 그것이 실수임을 알기까지 꽤 오랜 시간이 걸리고 또 한참이 지난 후에야 그것이 왜 잘못되었는지 깨닫기 때문이다.

⑨ 나는 상승장에서만 주식을 매수한다. 따라서 추가 매수가는 항상 이전 매수가보다 높다.

⑩ 매수하지 못할 정도로 너무 오른 주가, 매도하지 못할 정도로 너무 떨어진 주가라는 것은 존재하지 않는다. 단, 첫 매수에서 수익이 나지 않았다면 추가 매수는 절대 금물이다.

⑪ 큰 추세의 시작은 큰손이나 금융기관의 영향일 때가 많지만 추세가 지속된다면 시장 흐름을 움직이는 다른 이유가 분명히 있다. 시장의 내재 역량은 매우 강하기 때문에 일단 한번 시작되면 천장 혹은 바닥을 칠 때까지 누구도 거스를 수 없다.

⑫ 가끔 실패가 아닌 '작은 성공'에서 깨달음을 얻기도 한다. 주식투자를 시작한 지 얼마 안 되었을 때는 주가가 조금 올랐다 싶으면 바로 매도하고 조정 단계를 거친 후 재매수하는 방법을 썼다. 하지만 강한 상승장에서는 조정 단계가 없는 경우도 있기 때문에 재매수 타이밍을 놓칠 수도 있다. 20,000달러를 벌 기회에서 2,000달러밖에 벌

지 못할 때가 한두 번이 아니었다. 월스트리트에 '수익만 올리면 절대 망하지 않는다'라는 말이 있다. 물론 맞는 말이지만 20,000달러를 벌어야 할 강세장에서 2,000달러밖에 못 벌었다면 절대 부자가 될 수 없다. 이 경험을 통해 바보에도 여러 종류가 있음을 깨달았다.

⑬ 실패나 실수 사례를 분석할 때 더 많은 것을 배울 수 있다. 하지만 대다수 사람은 잘못을 쉽게 잊고 성공의 기쁨에서 오랫동안 빠져나오지 못한다. 실수는 언제든 저지를 수 있지만 같은 실수를 반복해서는 안 된다.

⑭ 시장 흐름이 예상과 다르게 움직일 때 곧 추세가 바뀔 것이라는 희망으로 하루하루를 보내는 동안 작은 손실이 눈덩이처럼 불어나기 마련이다. 반대로 시장 흐름이 예상대로 움직일 때 혹시 추세가 바뀔지도 모른다는 두려움 때문에 성급하게 주식을 매도하는 사람도 많다. 희망은 손실을 가중시키고 공포는 수익을 감소시킨다. 성공한 투자자가 되고 싶다면 이 뿌리 깊은 인간의 본성을 반드시 극복해야 한다. 희망이 피어오를 때 공포심을 같이 생각하고, 공포심이 생길 때 희망을 같이 생각하라.

⑮ 실수가 깨달음으로 바뀌기까지는 많은 시간이 필요하다. 세상 모든 것에 양면성이 존재한다지만 주식투자에는 오로지 '정확함'만 존재해야 한다. 전문가는 자신의 매매로 얼마를 벌고 얼마를 잃었는지 크게 신경 쓰지 않는다. 그들의 관심은 매매 타이밍이 정확했는가, 선택한 종목이 정확했는가다. 대상과 타이밍이 정확했다면 수익은 저절로 따라온다.

⑯ 주식시장에서는 자신을 믿어야 살아남을 수 있다. 나는 남이 알려주는 정보나 '내부 정보'는 믿지 않는다. 내가 직접 분석하고 판단한 것보다 더 유용한 외부 정보는 없었다.

⑰ 나는 주식시장에 뛰어들어 5년이 지난 후에야 이성적인 매매를 할 수 있게 되었다.

⑱ 직업으로서의 주식투자 길은 길고 험난하다. 전심전력할 생각이 아니라면 하루빨리 떠나는 것이 낫다.

잭 슈웨거

잭 슈웨거Jack Schwager는 작가로 더 유명하다. 선물 전문가였지만 이 분야에서는 이렇다 할 업적을 남기지 못했다. 하지만 그가 월스트리트의 유명 투자자와 인터뷰한 내용을 담은 《새로운 시장의 마법사들(The New Market Wizards)》은 주식 관련 최고의 베스트셀러로 꼽힌다. 잭 슈웨거는 이 책에서 '시장의 지혜'를 41가지로 정리해 소개했다. 앞의 내용과 중복되지 않는 중요 항목을 선별했다. 각 항목에 덧붙인 설명은 나의 견해다.

① 트레이더의 직업적인 매력을 알아야 한다: 트레이더라는 직업에 흥미를 느끼는 사람이 많지만 실제로 해보면 절대 쉬운 일이 아니다. 대부분 작은 난관에 부딪히면 쉽게 포기해버린다. 권력을 이용하지

않는 한 하루아침에 부자가 될 수 있는 분야는 없다.

② 매매 동기를 검토하라: 급변하는 주가 차트에서 스릴을 느꼈다면 차라리 롤러코스터를 타라. 그게 적은 돈으로 최고의 스릴을 맛볼 수 있는 방법이다.

③ 자신의 성격에 맞는 투자 방법을 찾아라: 일단 주식을 매수하면 웬만해서는 매도하지 않으려는 사람이 있는가 하면, 매수하고 3일만 지나도 손이 근질거리는 사람이 있다. 자신의 성격과 맞지 않는 투자 방법으로는 주식시장에서 얼마 버티지 못할 것이다.

④ 승산이 있을 때만 행동하라: 투자 성공률이 50% 이하라면 아무리 노력해도 꾸준한 수익은 기대하기 힘들 것이다. 자신이 세운 원칙과 계획을 철저히 지키고 리스크 관리를 제대로 해도 시작점이 잘못되었다면 원금은 오래가지 못할 것이다. 자신의 투자 과정을 꼼꼼히 돌아보라. 정말 확신이 있을 때 매수했는가? 확신이 없다면 승산이 50% 이하라는 뜻이다.

⑤ 자기만의 노하우가 있어야 한다: 장기 투자든 단기 투자든 매매 지점을 선택하는 방법이 있어야 한다. 중요한 것은 어떤 방법인가가 아니라 방법이 존재하는가다. 이 방법은 자신의 성격과 맞아야 한다. 기본적 분석, 기술적 분석, 다우 이론 등 어떤 방법을 사용하든 상관없다. 명확한 자신만의 방법을 찾아가는 길은 멀고 험난하다. 그 길이 쉬웠다면 이 세상에 백만장자가 넘쳐날 것이다.

⑥ 좋은 매매 방법은 쉽고 명확하다: 자신의 성격에 잘 맞는 방법이라면 실전 투자에 적용할 때 물 흐르듯이 자연스러워야 한다. 어느 시

점에 매수하고 어느 시점에 매도할지 명확해야 한다. 결정을 내릴 때 복잡하고 억지스러운 느낌이 든다면 무언가 잘못되었을 것이다.

⑦ 리스크 관리: 잭 슈웨거는 자신이 인터뷰한 성공한 투자자들이 하나같이 리스크 관리를 가장 중요한 요소로 꼽았다고 강조했다. 어떤 방법이든 100% 옳을 수 없기에 한 방에 무너지지 않도록 주의해야 한다.

⑧ 자제력: 성공한 투자자들이 가장 많이 언급하는 단어 중 하나가 자제력이다. 여러분도 이 단어를 백만 번쯤 들었겠지만 그래도 과하지 않을 만큼 중요하다. 자제력은 리스크를 관리하고 원칙과 계획을 철저히 이행하는 데 반드시 필요한 덕목이다. 주식투자를 해봤다면 원칙과 계획을 지키는 것이 얼마나 어려운지 잘 알 것이다. 인간은 본능적으로 감정에 휩쓸리기 쉬운 탓이다. 나 역시 그랬다.

⑨ 독립적인 사고와 자신감: 여기서 또 설명할 필요는 없겠지만 매우 중요한 요소임을 다시 새기자.

⑩ 손실도 게임의 일부다: 100% 옳은 방법은 존재하지 않는다. 시장 흐름이 내 선택과 방법이 잘못되었다는 신호를 보낸다면 최대한 빨리 잘못을 인정하고 바로잡아야 한다. 주식투자를 하면서 한 푼도 손해 보지 않겠다는 생각은 버려라.

⑪ 인내심: 가장 이상적인 매수 지점을 선택하고 매수 후 최대 수익을 남기려면 인내하며 기다릴 줄 알아야 한다. 리버모어와 소로스 같은 대가도 성공의 덕목으로 인내를 강조했다. 이와 관련해 월스트리트에 '아마추어 투자자는 큰 손실 때문에 망하지만 전문가는 작은 이

익 때문에 망한다'라는 명언이 있다.

⑫ 행동해야 할 때 행동하라: 기회가 왔을 때 너무 신중해서 주저하지 말라. 좋은 기회는 자주 오지 않는다. 기회라고 판단되면 과감하게 행동하라.

⑬ 스트레스의 원인을 해결하라: 스트레스가 느껴진다면 무언가 잘못되었다는 뜻이다. 보유한 주식이 급락해 고점에 물린 경우가 대부분일 것이다. 내 경험상 이런 경우에는 하루빨리 매도해서 악몽에서 벗어나는 것이 상책이다.

⑭ 자신의 직감을 믿어라: 오랜 경험과 기본 지식을 바탕으로 한 직감과 막연한 추측을 구분해야 한다. 경험 많은 노련한 회계사는 분식 재무제표를 보자마자 어딘가 잘못되었음을 직감적으로 느낀다고 한다. 주식투자도 마찬가지다. 수년간 경험을 통해 얻은 직감이라면 충분히 매매 결정의 근거가 될 수 있다.

⑮ 주가 변동은 불규칙하지만 반드시 이유가 존재하므로 우리는 시장을 이길 수 있다: 랜덤워크 이론randomwalk theory은 금융계에 널리 통용되는 이론이다. 하지만 실전에서 이 이론을 무력화한 투자 대가가 이미 한둘이 아니다. 자신만의 방법과 기다릴 줄 아는 인내를 갖춘다면 반드시 성공할 수 있다.

마지막으로 잭 슈웨거가 개인 투자자에게 보내는 메시지를 소개한다.

"당신의 투자 결과는 온전히 당신의 책임이다. 당신이 손실을

주식투자의 지혜

본 것은 전문가 추천대로 했기 때문일 수도 있고 당신의 자제력이 부족했기 때문일 수도 있다. 어쨌든 모든 책임은 오롯이 당신의 몫이다. 그것을 듣고 그렇게 행동한 사람이 당신이기 때문이다. 나는 성공한 투자자가 자신의 손실 책임을 타인에게 전가하는 것을 본 적이 없다."

추세를
따르라

'추세를 따르라'는 중요한 투자 성공 요건 중 하나다. 월스트리트 전문가들도 자주 하는 이 말은 몇 번을 강조해도 부족하기에 따로 주제를 정해 이야기하고자 한다.

주식투자를 하면서 매매 기술을 공부하고 각종 지표를 분석하는 것은 결국 투자 성공률을 높이기 위해서다. 하지만 월스트리트 전문가들은 그 수많은 기술과 지표보다 추세를 따르는 것이 중요하다고 설명한다. 일단 정확한 판단으로 매수하는 것이 전제 조건이고, 그 후에 상황을 살피며 침착하게 때를 기다릴 줄 알아야 한다.

100년 전 주식투자에 성공한 대자본가 네이선 로스차일드

Nathan Rothschild는 자신의 성공 비결을 이렇게 밝혔다.

"주식시장에서 돈을 벌기는 아주 쉽다. 비결을 알고 싶은가? 나는 바닥에서 매수하기를 시도한 적이 한 번도 없다. 그리고 항상 주식을 빨리 팔아치웠다."

이 뜻을 이해한 사람은 분명히 실전 투자 경험이 꽤 있을 것이다. 로스차일드의 비결은 추세를 따르되 중간 지점에 목표점을 잡는 것이다. 매수 지점은 추세를 따라 선택하고, 매도 지점은 수익이 났을 때다.

주가가 바닥일 때는 추세가 명확하지 않기 때문에 앞으로 얼마나 더 떨어질지 아무도 예측할 수 없다. 그래서 전문가는 하락장에서는 절대 매수하지 않는다. 수익 실현 지점을 선택하기는 비교적 쉬운 편이다. 월스트리트 전문가들은 대부분 이익을 길게 가져가야 한다고 말하지만 선택과 결정은 오롯이 여러분에게 달려 있다. 자신의 계획을 철저히 이행하길 바란다. 여기에서 중요한 것은 선택의 밑바탕인 사고방식이다. 매수 지점을 선택할 때, 매수한 후 수익 실현 지점을 기다릴 때는 반드시 추세를 따라야 한다.

내가 1980년대 후반 뉴욕에서 부동산 중개사로 일할 때 뉴욕의 단독주택 한 채 가격이 20만 달러 수준이었다. 매수인과 매도인은 밀고 당기며 가격을 흥정하기 마련인데 대부분 3,000~5,000달러를 가지고 옥신각신했다. 30년이 훌쩍 지난 지금, 그때 그 주택은 100만 달러를 호가한다. 지금 집값 기준으로 보면 3,000~5,000달러는 푼돈인 셈이다.

지난 30년 동안 뉴욕 부동산 가격은 계속 상승 추세였다. 상승 추세일 때는 언제 매수하든 다 좋은 매수 지점이다. 이 추세를 따르면 누구나 돈을 벌 수 있다. 지난 30년의 상승 추세로 따지자면 중국의 부동산시장만 한 곳이 없을 것이다. 모든 지점이 훌륭한 매수 지점이었다. 매수만 하면 바로 추세를 따라가는 셈이었다.

같은 시기 도쿄의 부동산시장은 크게 달랐다. 소위 버블 경제가 무너지면서 집값이 가파르게 하락했다. 집값이 내려가기 시작했을 때 옳다구나 매수했던 사람들은 모두 피눈물을 삼켜야 했다. 지난 30년 도쿄 부동산 가격의 하락 폭은 평균 70%가 넘었다. 30년 전에 아무리 싸게 샀더라도 지금보다 싸지는 않을 것이다. 이 시기에 도쿄 부동산을 매수한 사람은 추세를 거스른 것이다. 이것은 모든 투자에서 금기시하는 행동이다.

부동산은 실제 사용가치가 있기 때문에 어느 정도 바닥이 정해져 있다. 천재지변이 일어나지 않는 한 부동산 가치가 완전히 사라지는 일은 없다. 하지만 주식은 언제 종잇조각이 될지 모른다. 오늘날 젊은이들은 '필름'을 본 적이 없을 것이다. 필름 하나로 전 세계를 제패한 코닥은 다우존스에서 꼽은 상위 30개 주식에 랭크되었던 기업이다. 하지만 역사 속으로 사라진 지 이미 오래다.

과거의 일을 말하기는 아주 쉽다. 지난 후에 돌아보면 모든 상황이 명백해지니까. 하지만 눈앞의 현실을 판단하기는 쉽지 않다. 초보 투자자에게 현재 주식시장의 추세를 판단하라고 하면 눈앞이 깜깜할 것이다. 개별 종목도 마찬가지다. 현재 애플 주식의 움직임은 어떤 추세인가? 오늘 애플 주식을 매수하고 오를 때까지 가만히 기다리면 될까? 20년 후에 확실히 10배가 오른다면 당연히 차분히 기다릴 수 있다. 하지만 주가가 어떻게 움직일지는 아무도 모른다. 자, 이런 경우에는 어떻게 해야 할까? 매수해야 할지 말지 모르겠다면 '언제 살까?'(173쪽) 편을 복습하길 바란다.

앞에서 강조했던 주식투자 원칙 중 하나가 손절매다. 이것 역시 추세를 따르는 투자 방법에 속한다. 우리는 주식을 매수할 때 당연히 주가가 오르길 바란다. 그냥 오르는 정도가 아니라 상승세를 타고 훨훨 날기를 바랄 것이다. 좋은 결과를 기대하는 것은 좋지만 항상 나쁜 결과에 대비하는 자세가 필요하다. 매수 후 반드시 손절매 지점을 설정하라. 주가 움직임이 예상을 빗나가 손절매 지점까지 떨어지면 추세가 바뀐 것이니 미련 없이 매도해야 한다. 투자 원금이 하락장의 리스크를 떠안지 않도록 최대한 빨리 발을 빼라.

초보 투자자는 보통 마음에 드는 종목을 정해놓고 주가가 내려가기만을 기다린다. 분석과 경험에 따른 판단이 아니라 그저 습관적인 방법이라면 당장 그만두길 바란다. 아주 강한 상승 추세일 때는 작은 조정도 없이 주가가 쭉쭉 올라가기 때문에 매수 타이밍을 놓치기 쉽다. 일단 추세에 따라 분석하고 계획을 세웠다면 매수 지점에서 작은 이익에 연연하지 말라.

간혹 바닥에서 매수해 천장에서 팔았다고 자랑하는 사람이 있다. 당연히 축하할 일이지만 명백히 추세를 거스르는 방법이었다. 여러분은 이 사람을 거울삼아 추세를 거스르지 않길 바란다.

추세를 따르는 원칙은 주식투자 중 난관에 봉착했을 때 자신의 방법이 잘못되었는지 판단하는 기준이 될 수 있다. 나는 지금 추세를 따르고 있는가? 이번 매수 결정이 추세에 따른 선택인가, 단순히 가격이 싸기 때문인가? 어느 정도 경험해보면 답을 찾을 수 있을 것이다. 가격이 싼 주식이 무조건 나쁘다는 말이 아니다. 많은 투자자가 주가가 싼 이유를 제대로 알지 못하고 매수하는 것이 문제다. 주가가 싸다 혹은 비싸다는 명확한 기준이 없다. 주가에 영향을 끼치는 요소가 너무 많기 때문이다. 그래서 나는 초보 투자자에게 싼 주식을 목표로 삼지 말고 추세에 따라 자신만의 방법으로 주식을 선택하라고 권한다.

추세를 따르는 것은 월스트리트 전문가들의 공통된 원칙이며 이미 투자 성공률이 높은 방법으로 인정받았다. 이 원칙을 꼭 기억하길 바란다.

6장
어떻게 마음을
다스릴 것인가?

투자 전문가가 되는 데 필요한 전문 지식은 그리 많지 않다. 평범한 엔지니어가 배워야 할 지식보다 훨씬 적다. 하지만 지식을 실전 투자에 적용하기는 보통 일이 아니다. 수많은 실전 경험을 반복하는 동안 자연스럽게 몸으로 익혀야 한다. 일종의 직감처럼 즉각 반응해 올바른 심리 상태를 유지할 수 있어야 주식투자의 지혜를 제대로 터득한 것이다.

세상에는 큰 꿈을 꾸는 사람이 아주 많지만 행동으로 옮기는 사람은 많지 않다. 그런가 하면 늘 열심히 일하지만 아무런 꿈도 꾸지 않는 사람도 많다. 일단 큰 꿈을 품어야 하고 그 꿈을 이루기 위해 열심히 노력하고 행동하는 사람만이 진정한 성공을 거둘 수 있다.

성공을 위해 노력하는 사람은 언제나 활력이 넘치고, 이익을 따지지 않는다. 노력하고 일하는 것 자체가 큰 기쁨이고 큰 보상이라 생각하기 때문이다. 크고 작은 좌절과 실패를 겪기도 하지만 성공으로 가는 관문으로 여긴다. 이런 관점에서 보면 주식투자에 성공하기 위한 조건도 다른 분야와 크게 다르지 않다.

주식투자에 대한 기본 지식을 터득하고 어느 정도 경험도 쌓았다면 끝까지 살아남는 방법을 알아야 한다. 여기에서 가장 중요한 것이 바로 마음을 다스리는 일이다. 공포, 탐욕, 희망 등 인간의 본성에 뿌리박힌 감정이 모든 결정에 영향을 끼칠 수 있다. 이 때문에 분명히 알고 있고 반드시 해야 하는 일을 하지 못할 때가 많다. 인간 본성의 약점을 완전히 극복하려면 이 약점의 특징과 그에 맞는 해결법을 알아야 한다.

주식투자 성공을
방해하는 심리 요인

주식투자로 성공하려면 다음의 세 가지를 반드시 지켜야 한다.

첫째, 주식투자의 기본 지식을 쌓을 것.
둘째, 효과적이고 실행 가능한 투자 계획을 세울 것.
셋째, 이 계획을 철저히 지킬 것.

지금까지 주식투자의 기본 지식으로 주가 추세와 전체 시장 흐름을 파악해 투자 종목을 선택하고 매수와 매도 지점을 결정하는 방법을 알아보았다.

주식투자의 기본 지식은 과거의 자료이기 때문에 쉽게 배울 수 있고 이를 바탕으로 투자 계획을 세우는 것도 어렵지 않다. 문제는 침착하게 하나하나, 자연스럽게 계획을 실천하고 잘못된 점을 수정해가는 과정이다. 아마추어와 프로의 차이가 바로 여기에 있다.

구체적인 투자 방법은 각자의 리스크 감당 능력과 예상 보유 기간을 고려해 결정해야 한다. 예를 들어 20년 동안 주식을 묻어 둘 생각이라면 여기에 맞는 방법을 선택해야 한다. 종목은 5개 이내로 선정하고, 종목당 20%씩 자금을 분배하면 끝이다. 20년은 아주 긴 시간이다. 그사이 어떤 주식은 10배로 뛸 수도 있고, 어떤 주식은 종잇조각이 될 수도 있고, 어떤 주식은 제자리일 수도 있다. 어떻든 계획을 세웠다면 그대로 이행해야 한다.

일반적인 중단기 투자자의 경우 자신의 리스크 감당 능력이 크다고 생각한다면 2~3종목에 집중 투자하고 손절매 폭도 25% 정도로 넓게 설정할 수 있다. 리스크 감당 능력이 작다고 생각한다면 5~10종목에 분산 투자하고 손절매 폭도 10% 이내로 설정하길 바란다. 구체적인 방법은 각자 상황에 맞춰야 한다. 편안하고 침착하게 자신의 계획을 이행하는 것이 중요하다. 한 종목에 몰아서 투자하는 방법을 선호하는 사람도 있는데, 심리적인 부담을 느끼지 않고 리스크를 감당할 수 있다면 틀린 방법은 아니다.

그렇다면 사람들은 왜 자신이 세운 계획을 제대로 실천하지

주식투자의 지혜

못할까? 자신의 성향, 시장의 특징과 흐름을 제대로 이해했다면 '계획을 철저히 지키는 것'이 힘들 이유가 없다. 문제는 투자자 대부분이 자신과 시장을 이해하지 못해 그저 할 수 있는 만큼만 하는 것이다. 그래서 계획을 실천하지 못한 핑계를 찾아 스스로를 합리화하곤 한다.

우리는 계획을 철저히 이행하는 과정에서 인간 심리의 아킬 레스건인 자아를 자극할 수밖에 없다. 구체적으로 말하면 손실에 대한 공포, 실수를 인정하지 않으려는 저항, 불로소득 혹은 일확천금에 대한 희망 등이다.

주식투자는 본질적으로 생존 자원을 쟁취하기 위한 전쟁터이기에 인간의 본성이 적나라하게 드러난다. 인간은 감정의 동물이다. 인간의 감정은 외부 조건이 자신에게 이익인지 손해인지에 따라 나타나는 일련의 심리 반응이다. 이는 지금까지 겪어온 일상의 경험과 가치관에 따라 크게 달라진다.

공포

우리는 모두 공포심을 가지고 있다. 한 번 불에 덴 아이는 두 번 다시 불장난할 엄두를 내지 못한다. 이것은 신체의 고통에 대한 공포다. 우리는 전쟁을 두려워한다. 전쟁은 한순간에 우리의 생명과 재산을 앗아가기 때문이다. 우리는 어릴 때부터 '어른 말을 잘 들어야 한다'고 교육받기 때문에 '말을 잘 듣는 것'이 가치관의 중요한 일부가 되어 이것이 절대적으로 옳다고 믿는다. 이렇게 교육받고 자란 사람들의 가치관은 어른이 되어서도 변하지 않는다. 단순히 '어른 말을 잘 듣는 것'에서 '상사의 지시를 잘 듣고' '전문가의 말에 따르는 것'으로 한 단계 업그레이드된다. 어릴 때 '말을 듣지 않아서' 심하게 꾸지람을 받은 경험이 있는 사람은 상사의 말을 듣지 않으면 불이익을 받을 것이라고 생각해 막연한 걱정과 공포심이 앞선다.

우리는 돈을 잃는 것을 두려워한다. 돈을 가지고 나가 사탕이나 장난감으로 바꿨던 어린 시절부터 돈을 잃는 것은 내 기분을 좋게 해주는 물건과 교환할 수 있는 매개체의 상실을 의미했다. 그래서 어른이 된 후에도 주식시장에서 돈을 잃지 않기를 바란다. 이렇게 돈을 잃는 것 자체를 두려워하기 때문에 손절매를 어려워하고 자꾸 회피하게 된다.

공포심은 전염성이 매우 강하다. 전쟁이라는 말만 들어도 많은 사람이 막연한 공포심에 휩싸인다. 보통 사람들은 전쟁터와 아주 멀리 떨어져 있어 직접적인 피해를 당할 가능성이 거의 없는데도 주변 사람들이 공포심을 느끼면 함께 공포심을 느낀다. 주식시장이 하락장으로 돌아서면 많은 투자자가 공포에 빠진다. 자신의 투자 계획이나 성과에 직접적인 영향이 없더라도 다른 투자자가 두려워하면 같이 두려워한다. 하지만 현실적으로 일반 개인 투자자가 공포심을 느낄 즈음은 대부분 하락장이 끝나갈 무렵이다. 이런 사실을 알고 있어도 대중의 심리를 역행할 만한 용기를 가진 사람은 매우 드물다. 결국 공포심을 이기지 못한 사람들은 매수 지점에서 매도해버리는 결정적인 실수를 범한다.

공포심은 우리 마음속에 아주 깊이 각인된다. 주식시장에서 엄청난 손실을 기록한 적이 있는 사람은 그런 일이 또 일어날지도 모른다는 공포심을 떨치지 못한다. 이 공포심은 다음 투자에 아주 큰 영향을 끼친다. 정상적인 조정 단계임에도 불구하고 지레 겁을 먹어 바로 매도 버튼을 눌러버린다. 그래서 많은 투자자가 상승 추세가 한창 이어지는 도중에 너무 일찍 매도함으로써 50,000달러를 벌 기회에 5,000달러밖에 벌지 못한다. 과거의 쓰라린 경험이 같은 실수와 아픔을 반복하지 않으려 발버둥치기 때문에 추세, 시장 흐름, 차트 분석 등에 제대로 집중할 수 없다.

일반적으로 사람들은 대세에 역행하는 것에 큰 공포심을 갖는다. 주식시장에 수많은 사람이 몰려들어 너도나도 사려고 혈안인 인기주가 있다면 여러분은 그 유혹을 거부할 수 있겠는가? 그래서 많은 사람이 '대세를 따르지 않는 것', '큰돈을 벌 기회'를 놓칠지도 모른다는 두려움에 휩싸여, 주가가 이미 천장에 가까워진 것도 모르고 매수 버튼을 눌러버리곤 한다.

탐욕

탐욕은 다소 극단적인 정서 반응의 하나로, 주식시장에 발을 들여놓는 순간 단기간에 큰돈을 벌고 싶은 마음으로 나타난다. 돈은 아무리 많아도 만족을 느끼기 힘들다. 주변에서 연봉이 너무 많다고, 복리 조건이 너무 좋다고 불평하는 사람을 본 적이 있는가? 이미 받은 것에 상관없이 더 많이 받아야 할 이유가 끝없이 샘솟는다. 이것은 생존 자원 쟁탈에 대한 인간의 본능인 동시에 자신과 세상에 대한 무지에서 기인한다. 즉 스스로 자신의 능력을 정확히 평가하지 못했다는 뜻이다. 이런 심리 상태는 주식투자 성공에 큰 마이너스 요인이다.

탐욕으로 이성적인 판단력이 흐려지면 시장 흐름을 제대로 보지 못하고 어떻게든 수익을 만들어야 한다는 생각에 무조건 자금을 투입한다. 자금을 투입하지 않으면 돈을 벌 수 없으니까. 많은 사람이 기본 지식과 경험이 아닌 탐욕에서 비롯된 투자가 실패로 가는 지름길임을 망각하곤 한다. 외부 조건을 전혀 고려하지 않은 채 쉴 새 없이 매수와 매도를 반복하는 행동은 스스로 감정을 통제하지 못한다는 증거이며 초보 투자자의 전형적인 투자 패턴이다.

탐욕이 앞서면 리스크 분산 원칙도 망각한다. 한번 크게 벌어보자는 탐욕에 사로잡혀 자신이 매수한 주식이 몇 배로 치솟을 것이라는 기분 좋은 상상만 펼칠 뿐, 주가가 급락할 수 있다는 사실은 생각조차 하지 못한다. 이런 문제는 특히 초보 투자자의 추가 매수에서 명확하게 드러난다.

예를 들어 10,000원짜리 주식을 300주 매수했다고 하자. 얼마 뒤 주가가 15,000원으로 오르면 자연스럽게 '처음부터 1,000주 매수했으면 좋았을걸'이라는 생각이 든다. 동시에 주가가 20,000원까지 치솟는 상상을 하며 당장 남은 자금을 몽땅 쏟아부어 3,000주를 추가 매수한다. 하지만 얼마 뒤 주가가 14,000원으로 떨어졌다. 원래 150만 원이었던 수익이 180만 원 손실로 바뀐 것이다. 이후에는 이성적인 판단력을 완전히 상실하고 탐욕만 남는다. 이것은 일시적인 하락일 뿐 반등해 반드시 20,000원까지 오를 것이라는 착각에 빠진다. 하지만 시간이 지날수록 더 큰 손실을 떠안는 경우가 대부분이다.

추가 매수 자체가 나쁘다는 뜻은 절대 아니다. 다만 감정적인 선택과 결정을 피하라는 뜻이다. 특히 탐욕이 앞선다면 더더욱 금물이다. 탐욕에 빠졌는지는 자신이 가장 잘 알 것이다. 나 역시 탐욕에 빠졌던 경험이 있기에 더 자신 있게 말할 수 있다. 어떤 이유로도 탐욕을 포장하려 하지 말라.

결국 우리는 다시 원칙으로 돌아가야 한다. 원래 투자 계획이 300주였고 미리 정해둔 추가 매수 지점이 있다면 추가 매수해도 좋다. 그러나 추세가 바뀌거나 위험 신호가 감지되면 바로 발을 빼야 한다. 원칙대로만 하면 절대 잠 못 이룰 일이 없다. 원래 계획에서 벗어난 추가 이익에 욕심을 부리기 시작하면 탐욕이 걷잡을 수 없이 커져 돌이키지 못할 실수를 저지르게 된다.

희망

계속 치솟는 주가를 보고 있노라면 도저히 참을 수 없어 시장에 뛰어들게 된다. 그렇게 주식을 매수한 후에는 당연히 상승 추세가 이어지길 바란다. 하지만 불행히도 여러분이 매수하자마자 주가가 하락하기 시작하고 손실은 점점 불어난다. 이쯤 되면 주가가 조금만 반등해 원금을 되찾을 수만 있으면 좋겠다고 생각하는데, 이런 희망이 이성적인 사고를 방해해 손실을 더 키우게 된다.

일단 희망을 품으면 자신에게 유리한 정보만 보이고 불리한 정보는 눈에 들어오지 않는다. 대체로 좋은 기억이 오래 남고 나쁜 기억은 금방 사라지듯이 말이다. 주가가 자신에게 유리한 방향으로 움직이기를 바라는 마음이 크면 시장 흐름을 객관적으로 바라볼 수 없다.

희망이란 어떤 사물에 대한 기대를 의미한다. 주식투자에 성공하려면 현재, 그리고 미래에 발생할 일들이 주가에 끼칠 영향을 이성적으로 판단해야 한다. 희망은 이 판단 과정에서 반드시 배제해야 하는 요소다.

주가는 절대 여러분의 희망대로 움직이지 않는다. 여러분이 매수한 주식은 모두 다른 누군가가 매도한 것이라는 사실을 잊지 말라. 여러분은 이 주식에 희망을 걸지만 누군가는 이 주식이 희망이 없다고 생각한다. 주식시장은 나를 편애할 것이라는 기대도 절대 금물이다. 그래야 할 이유가 전혀 없으니 말이다.

매수한 주식이 하락해서 손실이 났다면 자신의 방법을 다시 확인해봐야 한다. 애초에 매수 결정을 내렸던 이유가 옳았는가? 그리고 가장 중요한 질문을 하나 더 해보라. 내가 이 주식을 보유하지 않은 상태이고 여유 자금이 충분하다면 과연 지금 이 주식을 매수할 것인가? 이 질문에 '예'라고 대답한다면 지금 매도할 필요 없다. 하지만 이 질문에 '아니요'라고 대답했다면 당장 매도해야 한다. 지금 여러분이 망설이는 것은 희망이 이성적인 판단을 흐려지게 했기 때문이다. 이 방법은 크게 두 가지 효과가 있다. 첫째, 작은 손실이 눈덩이처럼 불어나 큰 손실로 이어지는 비극을 막을 수 있다. 둘째, 무거운 짐을 내려놓고 편안하게 객관적인 시선으로 다시 시장을 관찰하며 새로운 기회를 찾을 수 있다.

지금까지 투자 결정에 영향을 끼치는 주요 심리 요인 세 가지를 알아보았다. 하지만 이것으로 모든 심리 요인을 이해했다고 우쭐하지 말라.

인간의 감정은 변화무쌍하다. 나는 심리학 전공자가 아니므로 더 이상의 심리 분석은 전문가에게 맡기겠다. 하지만 이것

하나만은 확실하다. 주식투자에서 가장 많이 저지르는 실수의 심리 요인 중 99%는 공포, 탐욕, 희망, 이 세 가지에 집중되어 있다. 이 세 가지 심리를 정확히 이해하고 앞에서 말한 잘못된 선택과 결정을 타산지석으로 삼길 바란다. 미리 세운 계획과 실제 상황이 왜 그렇게 다른지, 시간이 지난 후 돌이켜 보면 말도 안되는 일인데 그때 왜 그런 잘못을 저질렀는지, 이런 의문을 대부분 해결할 수 있을 것이다.

원래 계획을 원칙대로 실천한다면 절대 실수나 오류가 나타나지 않을 것이다. 길을 가다가 넘어졌다면 왜 넘어졌는지부터 알아야 한다. 바나나 껍질을 밟았는지 돌부리에 걸렸는지 원인을 정확히 파악한 후에 앞으로 같은 실수를 반복하지 않도록 원인에 맞는 정확한 대책을 세워야 한다.

심리 훈련

이 책에서 제시한 투자 원칙은 여러분의 투자 성공을 방해하는 심리 요인을 극복하는 데 큰 도움을 준다. 꾸준한 훈련을 거쳐 이런 심리 요인을 완전히 극복한다면 여기에서 말하는 원칙들이 무의미하게 느껴질 것이다. 자신이 생각하는 대로, 자신의 감대로 자연스럽게 선택하고 결정할 수 있다면 여러분은 초식에 얽매이는 초보 단계를 벗어나 사소한 원칙에 얽매이지 않는 무초식無招式의 고수가 되었다는 뜻이다.

하지만 투자 고수에 오르는 과정은 길고도 험난하다. 주식투자 지식을 쌓아 외부 경쟁자를 제쳐야 하고 자신과의 싸움에서도 이겨야 한다. 인간 본성에 뿌리박힌 공포, 탐욕, 희망과 같은 심리 방해 요인을 극복해 늘 올바른 심리 상태를 유지할 수 있어야 한다.

올바른 심리란 무엇인가?

투자 전문가가 되는 데 필요한 전문 지식은 그리 많지 않다. 평범한 엔지니어가 배워야 할 지식보다 훨씬 적다. 하지만 지식을 실전에 적용하기는 보통 일이 아니다. 실전 투자 방법은 각자 상황에 따라 선택해야 하므로 절대적으로 맞거나 틀리다고 할 수 없기 때문이다.

인간은 학습 능력을 지닌 지혜로운 동물이다. 주식투자에 필요한 기본 지식과 적용 방법은 누구나 학습을 통해 배울 수 있다. 물론 그중에는 쉬운 것도 있고 어려운 것도 있다. 예를 들어 기본적인 자질과 올바른 심리를 갖추기는 쉽지 않다. 이런 자질과 심리는 누구나 조금씩은 있다. 다만 조금 부족하거나 제대로 다듬어지지 않았을 뿐이다. 조금 있는 상태로도 주식투자로 돈을 벌 수 있지만 완벽하게 다듬으면 장기적으로 지속하는 수익을 올릴 수 있을 것이다.

아래 내용은 올바른 심리의 몇 가지 특징이다.

첫째, 자신을 믿어라. 어떤 분야든 성공을 위해서는 자신감이 필수 조건이다. 내가 나를 믿지 못하면 문제가 발생했을 때 쉽게 포기할 수밖에 없다. 자신의 능력을 믿어라. 주식투자의 기본 지식을 충분히 배울 수 있고 실전에서 성과를 올릴 수 있다고 믿어라.

둘째, 자신을 정확하게 평가하라. 근본 없는 자만은 실패로 가는 지름길이다. 실패한 투자자는 주식시장에 돈이라도 맡겨놓은 것처럼 행동하곤 한다. 명확한 이유 없이 확신에 찬 결정을 내리지만 현실은 그들의 생각과 크게 다르다.

셋째, 독립적으로 판단하라. 너도나도 좋다고 몰려가며 사들이는 인기주, 남들이 산다고 따라 사는 것은 절대 금물이다. 반드시 자신의 경험과 감으로 그 인기주가 주목받는 이유가 합리적인지 판단해보라. 상대방이 내 판단에 동의하지 않을 경우 상대방의 논리까지 다시 생각해보라.

넷째, 인내심을 가져라. 주식시장에서도 열심히 일한 자가 성공하는 법이다. 하지만 이것은 장기적인 관점이고, 단기적으로 보면 노력과 결과가 반드시 일치하지는 않는다. 사람은 노력한 만큼 성과가 나오지 않으면 해이해지기 마련이다. 어떤 분야든 전문가로 성공하려면 인내와 끈기는 기본이다.

다섯째, 잘못을 바로잡아라. 주가의 가장 큰 특징은 정해진 규칙이 없이 움직인다는 것이다. 투자 계획을 세운 후 계속해서 주가 움직임을 관찰하면서 자신의 계획이 과연 효과적인지, 자신의 리스크 감당 능력에 부합하는지 확인해야 한다. 맞지 않는 부분이 있다면 바로 계획을 수정해야 한다. 예를 들어 원래 가장 잠재력이 큰 두 종목만 매수할 계획이었지만 자금이 너무 편중되었다는 생각에 잠을 못 이룰 정도로 불안할 수도 있다. 그렇다면 계획을 수정해 4~5종목에 나누어 투자해서 리스크를 분산해야 한다.

여섯째, 자신이 선택한 일을 사랑하라. 주식투자가 부를 쌓는 지름길이라고 생각하고 이 길을 선택했다면 큰 오산이다. 주식투자 특유의 도전을 즐기고 한 걸음 한 걸음 발전하는 과정에서 기쁨을 느낄 수 있어야 한다. 돈은 부수적으로 따라오는 결과일 뿐이다. 돈이 목적이라면 금방 후회하게 될 것이다.

위의 여섯 가지 특징은 주식투자에 초점을 맞춘 것이지만 다른 분야에도 그대로 적용할 수 있는 성공의 필수 요건이다. 농사를 짓거나 돼지를 기르는 일이라도 예외가 아니다. 이런 기본 요건을 갖추지 못하면 평생 그저 그런 인생을 벗어날 수 없다.

오늘날 금융시장 환경이 너무 빠르게 변하고 있기 때문에 앞에 언급한 요소들이 더욱 중요해졌다. 자신감이 부족하면 실패에 대한 공포 때문에 이성적인 판단력을 잃기 쉽다. 주식시장에서 독립적인 사고 없이 남들이 하는 대로 따라간다면 실패는 시간문제일 뿐이다.

여러분이 주식투자를 직업으로 선택한 것이 단지 돈을 벌기 위해서라면 오래지 않아 주식투자가 매우 지루한 일이고 이것으로 돈을 벌기가 생각보다 쉽지 않다는 생각이 들 것이다. 어쩌면 생각보다 더 빨리 주식시장을 떠나게 될지도 모른다.

올바른 심리를 기르려면?

주식투자에 성공하려면 올바른 심리 자세를 유지해야 한다. 자신만의 원칙과 계획을 세우고 계획을 철저히 실행해야 하는 이유는 충분히 이해했을 것이다. 이를 위해 자신감, 독립적인 사고 능력, 인내심이 반드시 필요하므로 때로는 혹독하게 자신을 다그쳐야 한다. 수많은 실전 반복을 통해 이런 요소를 습관으로 굳혀야 올바른 심리 자세를 유지할 수 있다. 여기까지 할 수 있어야 주식투자를 제대로 배운 것이다.

원칙과 계획을 따르면 기쁨이, 따르지 않으면 고통과 슬픔이 찾아온다는 사실을 깨달아야 한다. 처음 손절매 원칙을 배울 때 손실 상태에서 주식을 매도하는 고통을 어떻게 견딜 수 있는지 이해하기 힘들 것이다. 하지만 작은 손실이 큰 손실로 변해가는 과정을 몇 번 경험하고 그 과정에서 더 큰 불안과 고통을 체험하면서 손절매가 얼마나 중요한지 알게 된다.

손절매 원칙을 처음 실행할 때는 정말 힘들고 고통스럽지만 경험이 쌓일수록 자연스럽게 당연한 절차로 인식하게 된다. 주가 움직임의 이상 징후를 발견하고 손절매를 안 하면 밤잠을 이루지 못하는 것이 당연하다. 이 모든 것이 주식투자를 배워가는 과정이다.

주식투자에 긍정적인 영향을 끼치는 심리 요인은 대부분 인간 본성에 역행하는 것들이다. 손절매를 회피하고 특이하고 자극적인 상황을 즐기고 작은 이익에 연연하는 습관은 반드시 버려야 한다. 자신의 문제를 확실히 인지했다면 의식적으로 고치려고 노력해야 한다. 잘못된 판단이나 선택임을 알았을 때 두 번 다시 반복하지 않도록 굳게 다짐해야 한다. 이를 위해서는 끊임없이 관찰해 오류를 발견하고 잘못을 반성해야 한다.

시장을 관찰한다는 것은 자신의 기본 지식과 경험을 바탕으로 시장의 움직임과 추세를 판단한다는 의미다. 여기에는 당연히 시장에 대한 기본 지식과 경험이 필요하다. 시간이 흐르고 경험이 쌓일수록 시장이 어느 방향으로 흘러갈지 자연스럽게 감을 잡을 수 있게 된다. 이때가 되면 여러분의 잠재의식이 '지금이 매수 타이밍이야', '지금 당장 주식을 매도해야 해'라고 외칠 것이다. 이런 외침이 들린다면 일단 평소 자신의 기준과 원칙에 어긋나지 않는지 확인해봐야 한다. 예를 들어 특정 주식을 사고 싶을 때 이렇게 자문해보라. 주가 움직임이 상승 추세인가? 이 기업이 최근 발표한 신제품이 있는가? 현재 시장 전체가 상승장인가, 하락장인가? 주가 움직임과 거래량 변화가 정상적인가? '사야 한다'라는 잠재의식의 외침이 근거 없는 확신인지 이성적인 판단인지는 자신만 알 것이다.

실수 혹은 잘못된 결정임을 알았다면 어떤 원칙을 지키지 못했는지 등 원인을 확실히 분석해야 한다. 일이 잘못되었을 때 책임을 전가할 대상을 찾는 것이 보편적인 인간의 심리다. 그래서 흔히 큰손이 주가를 조작했을 것이다, 언론에서 거짓 뉴스를 퍼뜨렸다, 기업이 회계를 조작했기 때문이라고 말한다. 하지만 이런 이유는 대부분 주가와 거래량 변화만 잘 살펴도 어느 정도 이상 징후를 발견할 수 있다.

어떤 결과가 나오든 책임은 오롯이 여러분 몫이라는 사실을 절대 잊지 말라. 그렇다고 실수를 두려워할 필요는 없다. 여러분이 경계해야 할 것은 실수를 인정하지 않고 회피하려는 심리다. 이 원칙은 주식투자뿐 아니라 삶의 모든 부분에 필요한 요건이다.

주식투자에 꼭 필요한 긍정적인 심리 요인 두 번째는 집중과 노력이다. 주식투자를 위한 시장 관찰은 단순히 책 몇 권 읽는다고 해결되는 것이 아니라 실전에서 꾸준히 노력하고 집중해야 하는 일이다. 수영을 배울 때 수영 이론 책을 아무리 많이 읽어도 물에 들어가서 연습하지 않으면 배울 수 없다. 주식시장을 움직이는 것은 결국 시장 참여자이기 때문에 꾸준히 주의 깊게 살피면 조금씩 그 움직임을 읽을 수 있다. 그중에서 자신이 잘 아는 분야나 종목을 선택해 집중하라. 시간이 흐르고 경험이 쌓일수록 잠재의식의 외침이 정확해질 것이다.

여기에 하나 더, 자신감을 가져라. 최선을 다해 집중하고 노력하면 무엇이든 할 수 있다고 믿어라. 주식시장을 이해하고 배울수록 그 과정에서 얻는 즐거움이 커지는 법이다. 자고로 아는 만큼 보이고 보이는 만큼 즐길 수 있다. 주식시장에서는 즐거움으로 끝나는 것이 아니라 경제적인 이익까지 얻을 수 있다.

집중과 노력은 모든 성공의 기본 요건이다. 주식투자는 많은 자본이나 많은 전문 지식이 필요한 직업이 아니다. 주식시장은 누구나 참여할 수 있기 때문에 남들보다 뛰어나려면 집중하고 노력해야 한다. 평범한 직장인은 하루에 8시간 일한다. 여러분이 하루에 8시간만 투자한다면 그저 평범한 투자자가 될 것이다. 다른 사람보다 더 크게 성공하고 싶다면 남들과 똑같은 8시간이 아니라 그 이상의 노력이 필요하다.

여러분이 하는 모든 것을 즐겨라. 조금 이상하게 들릴 수도 있지만 확실히 필요한 자세다. 주식투자가 직업이 되면 분명히 단조롭고 힘들다는 생각이 들 것이다. 하지만 주위를 둘러보라. 자신의 일을 즐기는 사람이 몇 명이나 있는가? 대부분이 먹고 살기 위해 어쩔 수 없이 지친 몸을 이끌고 출근길에 나선다.

매일 스스로 '나는 주식투자를 하면서 많은 즐거움을 얻고 있다'는 생각을 새기면 실제로 마음가짐이 달라진다. 유치하고 미덥지 않게 들리겠지만 직접 해보면 다르다. 집중하기도 훨씬 수월해진다. 내 주위만 해도 주식투자를 하는 사람이 아주 많은데 대부분 취미로 즐기는 정도다. 이들은 투자를 즐길 수는 있겠지만 전문가가 누릴 수 있는 기쁨은 맛보지 못할 것이다.

아무리 많이 배워도 행동하지 않으면 아무 소용이 없다. 세상에는 큰 꿈을 꾸는 사람이 아주 많지만 행동으로 옮기는 사람은 많지 않다. 그런가 하면 늘 열심히 일하지만 아무런 꿈도 꾸지 않는 사람도 많다. 일단 큰 꿈을 품어야 하고 그 꿈을 이루기 위

주식투자의 지혜

해 열심히 노력하고 행동하는 사람만이 진정한 성공을 거둘 수 있다. 성공을 위해 노력하는 사람은 언제나 활력이 넘치고 이익을 따지지 않는다. 노력하고 일하는 것 자체가 큰 기쁨이고 큰 보상이라 생각하기 때문이다. 크고 작은 좌절과 실패를 겪기도 하지만 성공으로 가는 관문으로 여긴다. 이런 관점에서 보면 주식투자에 성공하기 위한 조건도 다른 분야와 크게 다르지 않다.

주위를 둘러보면 공허한 눈빛으로 살아가는 사람이 정말 많다. 왜 내게는 기회가 오지 않는 것일까? 왜 나를 알아주는 사람이 나타나지 않는 거야? 이렇게 스스로 불행하다고 생각하는 사람들은 늘 불평불만을 터트린다. 이들은 꿈 자체가 없거나 꿈을 이루기 위해 노력해본 적이 없다. 꿈과 이상은 시간의 강물을 따라 사라져버렸고 남은 것은 불안과 불신뿐이다.

여러분은 어떤 사람이 되고 싶은가? 답은 이미 명확하다. 지금, 오늘 당장 실현 가능한 목표를 만들라. 이 목표를 실현하기 위한 구체적인 행동 계획을 세우고 꾸준히 실천해보라. 포기하지 않고 목표를 향해 끝까지 노력한다면 반드시 결과가 나올 것이다. 포기하지 않고 열심히 노력하라는 말은 남에게 내뱉기는 쉽지만 내가 직접 실천하기는 정말 힘든 일이다. 하지만 그 결실은 놀라울 정도로 크고 달콤할 것이다.

아마도 성공의 결실을 맺기 전까지 주변의 많은 사람이 여러분을 비웃을 것이다. 누군가를 비웃기는 쉽지만 스스로 노력하고 성과를 만들기는 매우 어렵다. 내 경험상 누군가를 비웃기

좋아하는 사람은 대부분 할 일 없이 시간을 허비하는 인생의 낙
오자였다. 그런 사람들의 비웃음은 전혀 신경 쓸 필요 없다. 그
냥 웃어넘겨라.

마지막으로 말하고 싶은 것은 인내다. 무초식의 경지에 오르려
면 상당한 시간이 필요한데 이 시간은 여러분이 생각하는 것보
다 훨씬 길 수도 있다. 감각이 뛰어난 사람이라도 최소한 5~6년
은 걸릴 것이다.

나는 미국 바루크 대학원에서 MBA 학위를 받았다. 1930년대
를 풍미한 투자 대가 버나드 바루크는 월스트리트에서 크게 성
공해 큰돈을 벌었고 훗날 여러 대통령의 재정 고문으로 활약하
기도 했다. 그의 자서전 중 인상적인 일화를 하나 소개하겠다.

유명한 의사였던 바루크의 아버지는 처음 월스트리트에 도
전하는 아들에게 10만 달러를 지원해줬다. 당시 기준으로는 굉
장히 큰 돈이었다. 그러나 이 10만 달러는 3년 만에 모두 사라졌
다. 바루크가 아버지에게 사실대로 말했을 때 아버지는 화를 내
기는커녕 변함없는 신뢰와 함께 10만 달러를 다시 지원해주었
다. 이번에는 이 돈이 마지막 재산이라는 말을 덧붙였다.

다시 3년 후 바루크는 처음으로 6만 달러라는 큰 수익을 올렸
다. 그는 이 첫 수익 이후 주식투자에 대한 기초 훈련을 마치고
월스트리트에서 생존하는 법을 알게 되었다고 말했다. 그리고
아버지에 대한 무한한 존경과 찬사를 표현했다. 이 외에 바루
크가 소개한 10가지 투자 원칙을 정리한 '월스트리트의 교훈'이

수록되어 있으니 관심 있는 독자들은 한번 읽어보기 바란다.

20세기 초반에 활약했던 제시 리버모어 역시 5년이 지난 후에야 이성적으로 투자하는 법을 터득했다고 말한 바 있다.

이 책의 마지막 장인 '오늘 다시 시작한다면'에서 주식투자 학습의 구체적인 사례를 알아보고자 한다. 나는 백지상태로 시작해 자신감을 얻고 지속적인 수익을 올리기까지 6년의 시간이 필요했다. 이 6년에 아마추어 투자자 경험과 MBA에서 공부한 시간은 포함하지 않았다. 주식투자를 업으로 삼고자 한다면 반드시 장기전에 대비하길 바란다.

7장
큰 기회를 잡아라

20세기 말 최고의 투자자였고 현재는 자선사업가로 변신한 조지 소로스는 자신이 돈을 번 비결을 다음과 같이 공개한 적이 있다.

"경제사는 환상과 거짓말에 근거한 드라마다. 경제사의 연역 과정은 진실한 대본에 기초한 것이 아니지만 막대한 부를 쌓을 수 있는 길을 닦아 놓았다. 방법은 그 환상을 제대로 인식하고 그 안에 뛰어든 다음, 대중이 환상의 실체를 알아차리기 전에 게임에서 빠져나오는 것이다."

주식은 시도 때도 없이 투자 열풍을 불러일으켜서 주식투자자가 자선사업가로 승격할 기회를 제공한다. 따라서 투자의 '광풍'에 관한 내용은 피할 수 없는 주제다. 이번 장의 내용은 앞에서 설명한 내용의 총정리라고 할 수 있다.

주식투자의 지혜

주식 광풍
이야기

여러분은 살아오면서 크고 작은 '광풍'에 관한 사건을 접했을 것이다. 1990년대 초 중국에서 일어났던 주식투자 광풍에서 앞으로 이야기할 광풍까지, 광풍은 인간의 본성 중 하나라는 것을 알 수 있을 것이다. 이런 광풍 중 하나를 제대로 잡는다면 여러분의 생활은 '양적인 변화에서 질적인 변화'로 전환하는 경험을 하게 될 것이다. 주식투자에서 정말 큰 돈을 벌려면 이런 광풍을 제대로 인식하고 그 안에 뛰어든 다음, 대중이 환상의 실체를 깨닫기 전에 게임에서 빠져나와야 한다.

남해회사 버블

　역사상 가장 유명한 버블 사건으로 남해회사 버블, 튤립 투기, 미시시피 버블을 꼽을 수 있다. 경제사를 다룬 책들에서 이 세 가지 사건을 상세히 다루는 만큼, 여기서는 지면을 아끼는 차원에서 남해회사 버블에 대해서만 말하겠다.

　18세기 초, 영국인들은 남아메리카와 남태평양과의 무역에 엄청난 성장 기회가 있다고 믿었다. 남해회사는 1711년 영국에서 설립되었고 영국 정부로부터 당시 스페인의 식민지였던 남아메리카 및 남태평양 지역과의 독점 교역권을 획득했다. 독점 교역권을 획득하는 조건 중 하나는 남해회사가 영국 국채의 일부를 떠맡는 것이었다. 하지만 당시 스페인 정부는 식민지가 외국과 교역하는 것을 금지한 상태였고, 남해회사는 이윤을 스페인 정부와 나누는 조건으로 매년 한 차례의 노예교역만을 허가받았다. 주식 매수자가 대량의 황금과 은이 남아메리카로부터 유입될 것이라고 상상하게 만들었던 남해회사의 약속은 시작부터 사기였다. 하지만 사람들은 스페인이 언젠가는 무역을 완전히 개방할 거라고 믿었고 남해회사는 간신히 몇 년을 지탱해왔다. 주가 역시 별다른 움직임이 없었다.

　계속 이렇게 버틸 수는 없는 노릇이었다. 1719년 남해회사의 이사들은 다시 영국 정부를 찾아가 남해회사의 주식으로 영국의 모든 국채를 상환하자는 방안을 제시했고, 영국 정부는 국채를 이런 방법으로 상환하는 걸 환영했기에 제안을 받아들였다.

이 방법이 성공하기 위해서는 반드시 남해회사 주가가 계속 올라야만 했다. 회사의 수익은 제한적이었기에 유일한 방법은 스페인 정부가 곧 무역을 개방할 것이라는 루머를 퍼뜨리는 것이었다. 대중의 귀에는 스페인 정부가 이미 남해회사가 페루에 운영 기지를 여는 데 동의했다는 소식이 들려왔다. 투자자들은 황금과 은이 남아메리카에서 끊임없이 굴러 들어올 것이라는 희망으로 부풀기 시작했다.

1720년 9월 남해회사 주가는 1,000파운드까지 상승했는데 반 년 동안 무려 8배가 오른 것이다. 일확천금의 꿈은 언제나 사람들을 매혹하는 법이라서 당시의 사회 분위기는 남해회사의 주식이 없으면 시대 흐름을 따라가지 못하는 것으로 생각할 정도였다. 절정기에는 남해회사 주식의 시가총액이 영국을 포함한 전 유럽 현금 유통량의 5배에 달했다.

주가가 하루가 다르게 급등함에 따라 수많은 사람이 본업을 팽개치고 주식시장에 뛰어들었다. 쉽고 빠르게 돈을 벌 수 있다는 것보다 사람을 사로잡는 일이 있을까? 탐욕은 끝이 없다. 주식을 상장해 돈 버는 게 쉬워지자 다양한 회사가 주식을 대중에게 팔려고 시도했다. 그중에는 스페인에서 물총새를 수입하는 회사도 있었고 사람의 머리카락을 거래하는 회사도 있었다. 런던의 한 인쇄공은 '가능성 있는 사업을 진행하는' 회사를 등록했는데, 그 회사가 무슨 사업을 하는지는 아무도 몰랐다. 하지만 인쇄공은 불과 6시간 만에 2,000파운드의 주식을 팔아치웠다. 당시 2,000파운드는 상당한 거액이었고 그 인쇄공은 이날 이후 행방이 묘연했다. 남해회사의 주식을 진작 매수하지 못한 사람들은 제2의 남해회사를 놓칠까 두려워, 무엇을 하는지도 모르는 회사에 피땀 흘려 번 돈을 뭉텅이로 쏟아부었다.

지금 되돌아보면 당시의 대중이 너무나 어리석고 우습게 느껴질 것이다. 그때도 이성적인 사람들이 있었지만 그들의 경고는 너무 일렀다. 그들은 버블이 터질 것이라고 경고했지만 시장은 계속된 폭등으로 그들의 판단이 틀렸음을 입증했다. 처음에는 이성적인 경고에 귀를 기울이는 사람들도 있었지만 곧 그들의 '근시안적인 생각'을 비웃기 시작했다. 온갖 사기와 속임수가 횡행하는 건 광풍이 말기에 이르렀음을 나타내는 특징 중 하나다. 광기에 빠진 대중은 사기꾼의 가장 좋은 표적인데, 최소한의 경각심마저 잃어버리기 때문이다. 이때의 사기 행각은 작은 사기꾼에 국한되지 않았다. 남해회사 이사진은 영국 정부의 관료에게 대대적인 뇌물을 뿌리는 한편, 다른 사기꾼들이 남해회사 주식을 지탱해야 할 자금을 끌어가는 걸 보고 배가 아파서 이런 회사들의 사기 행각을 폭로하기 시작했다. 하지만 그 결과 대중은 남해회사도 사기가 아닌지 의심을 품기 시작했다.

한 달 만에 대중은 180도 돌변했다. 그들은 스페인 정부가 정말로 남해회사에 교역권을 줬는지 의문을 품기 시작했다. 9월 초만 해도 1,000파운드에 달하던 주가는 9월 말 129파운드로 급락했으며 파산자가 속출했다. 남해회사의 주식을 담보로 대출해주었던 은행들도 연이어 도산했고 영란은행 Bank of England만 겨우 위험을 벗어났다.

나머지 두 가지 광풍 사건도 아주 흥미로우니 관련 자료를 찾아보기를 권한다. 특히 인상 깊었던 것은 네덜란드 튤립 투기 광풍 말기의 한 일화다. 한 손님이 다른 사람 집에 놀러 갔다가 양파가 하나 있길래 요리해서 먹어버렸다. 나중에 알고 보니 이 '양파'는 아주 희귀한 튤립의 구근이었는데, 가격이 집 두 채에 마차 한 대를 더한 것과 맞먹었다.

플로리다 부동산 광풍

미국 남동부의 플로리다주는 쿠바와 상당히 가깝다. 기후는 중국의 하이난섬과 비슷한데 겨울에도 온난하고 습도가 높은 편이다. 전통적으로 뉴욕을 비롯한 혹한 지역에 사는 미국 부자들은 플로리다의 팜비치에서 겨울 휴가를 보내는 걸 좋아한다. 제1차 세계대전 후부터 이미 사람들의 겨울 휴양지로 인기를 끌었다.

플로리다는 사람에게 즐거운 환경을 제공해주었고, 추운 곳에서 일해야 하는 동북부 주민들이 짧게나마 추위에서 벗어날 수 있게 해주었다. 토지 가격까지 미국의 다른 지역에 비해 훨씬 저렴해서, 미국인들이 겨울 별장을 사거나 땅을 사서 나중에 거주하기에 이상적인 장소로 꼽혔다. 이런 수요가 늘어나 토지 가격도 천천히 오르기 시작했다.

1923년에서 1926년까지 플로리다의 인구는 크게 늘었고 토지 가격도 입이 떡 벌어질 정도로 올랐다. 토지의 가치 상승이 견실한 경제적 기초에 기초한 것이라면 광풍은 탐욕에서 발생한 것이다. 몇 년 전 800달러를 주고 마이애미 해변가에 산 땅이 1924년 15만 달러에 팔렸고, 그 근처에 있는 어떤 땅은 1896년 겨우 25달러에 매입했는데 1925년에 12만 5,000달러에 팔렸다고 한다.

하룻밤 새에 벼락부자가 된 이야기는 사람들이 가장 흥미를 느끼는 주제다. 당시 미국 경제는 빠르게 발전하는 중이었고 토지 가격도 아주 쌌다. 얼마 지나지 않아 마이애미 해변의 200킬로미터에 달하는 지역에 각종 건설 프로젝트가 우후죽순처럼 생겨나기 시작했다. 늪지의 물을 모두 뽑아내고 새로운 도로를 깔았다. 토지 공급은 제한적인데 인구는 빠르게 증가했기 때문에 사람들은 따뜻한 이곳의 땅들이 얼마 지나지 않아 모두 팔릴 것으로 생각했다.

토지가 유한하다는 사실에 위기감을 느낀 사람들은 앞다투어 토지를 사기 시작했고, 토지 가격은 폭등을 계속하며 상상을 초월하는 수준까지 올랐다.

1925년 당시 마이애미 인구는 7만 5,000명에 불과했는데 그

중 2만 5,000명이 부동산 중개인이었고 부동산 회사는 2,000개가 넘었다. 비율로 따지면 3명 중 1명은 부동산 중개업에 종사하는 셈이었다. 1926년 한 부동산 투기꾼이 일주일 만에 원금을 두 배로 불렸다는 기사가 신문에 실렸고 이 소식은 순식간에 사방으로 퍼져나갔다. 사람들이 토지를 사는 이유는 거주하거나 공장을 짓는 등 실용적인 용도가 아니라 오로지 투기였다. 당시 토지 매입 시 계약금이 10%였는데 토지 가격이 10%만 올라도 투기꾼은 100% 수익을 올릴 수 있었다. 마이애미로 향하는 기차와 증기선은 대박을 꿈꾸는 미국인으로 가득 찼다. 마이애미 해변 근처의 토지가 폭등함에 따라, 부근에 있는 늪지들도 물을 빼버린 후 하나씩 시장에 매물로 등장하기 시작했다. 새로운 토지 공급이 끝없이 이어지자 토지 투기 광풍에 휩싸여 있던 사람들도 점차 정신이 들기 시작했다.

하지만 광풍의 순간에, 특히 누군가 하루아침에 벼락부자가 되었다는 소문이 파다할 때 냉정함을 유지하는 것은 정말 어려운 일이다. 제시 리버모어 역시 플로리다의 토지 가격이 계속 상승할 것으로 생각하고 이 게임에 참여했다. 당시 금융계에서 제시 리버모어의 명성은 오늘날 워런 버핏에 버금갈 정도였는데 말이다.

은행은 대개 보수적이기 때문에 대출자의 상환 능력에 맞춰 대출 금액을 정한다. 하지만 토지 가격이 끊임없이 상승하자 은행도 대출자의 상환 능력은 보지 않고 토지 가격만 보고 대출을 실행하기 시작했다. 원칙대로라면 이렇게 하면 안 되지만 은행 간 대출 경쟁이 격화됨에 따라 어쩔 도리가 없었다.

어떠한 광풍에서도 깨어나야 할 때가 있는 법이다. 늪지가 계속해서 토지시장에 들어오고 새로 유입되는 자금으로는 토지 가격의 끊임없는 상승을 지탱할 수 없게 되자 자금력이 부족한 투기꾼들부터 대출금을 상환하지 못했다. 은행이 담보로 잡았던 토지를 경매에 내놓으면서 시장의 매물 압력은 더 커졌다. 곧이어 은행은 토지 매수자들에게 10%보다 훨씬 많은 계약금을 요구했고, 사람들은 더는 오르기만 하는 플로리다의 부동산에 대해서 얘기하지 않게 되었다. 신규 매수자는 완전히 사라졌고 남은 건 하나씩 하나씩 도산하는 은행뿐이었다.

나도 1980년대 말 부동산 중개인으로서 플로리다 부동산 일을 한 적이 있다. 가까운 곳에 제시 리버모어가 자주 낚시하던 대서양 해변이 있었는데, 그는 가고 없지만 파란 하늘과 흰 구름은 여전했다. 어느 날 전화 한 통을 받았는데, 한 여성이 30년 전 5,000달러에 매입한 토지를 팔고 싶다고 말했다. 내가 약 7,500달러에 팔 수 있다고 말해주자, 그녀는 이자를 포함하면 손해가 크다며 팔지 않겠다고 했다. 근 반세기 동안 플로리다 부동산 가격은 거의 오르지 않았다.

주식투자의 지혜

1980년대 쿠웨이트의 주식 광풍

1980년대 쿠웨이트에서 일어났던 주식 광풍은 현대 금융사에서 유명한 웃음거리다. 1976년과 1977년 쿠웨이트 주식시장은 말기 암 환자처럼 활기가 없는 상태였다. 쿠웨이트 정부는 원유를 수출해 번 돈으로 주식시장을 떠받치기로 하고, 정부 명의로 대량의 주식을 매수했다. 원유를 팔아서 돈을 벌기는 쉬웠고, 국민이 주식시장에서 돈을 잃고 정부에 불만을 품는 것을 원치 않았기 때문이다.

진정한 주식 광풍은 1980년에 시작되었다. 사람들이 정부가 주식투자를 해도 절대 손해 보지 않게 보장한 것을 알게 되자, 파리가 음식물 냄새를 맡고 꼬이는 것처럼 너도나도 주식투자에 뛰어들었다. 증권거래소에 상장된 주식이 90종목에 불과해, 대부분의 투기 활동은 장외시장(과거 낙타 경매가 이루어지던 낡은 건물)에서 이루어졌다.

주식 광풍은 앞수표(선일자수표)로 주식을 매수할 수 있게 한 금융 관습 때문에 발생했다. 법적으로 수표 보유자는 수표상의 지급일이 아니라 그 전에도 언제든지 대금 지급을 요구할 수 있었지만 이는 아랍인들의 '신용'에 어긋나는 일이어서 실제로 그렇게 하는 사람은 거의 없었다. 1980년까지 쿠웨이트는 파산 사례가 단 한 건도 없었다. 그러나 주가가 매달 10%, 20%, 심지어 50% 오르는 것을 본 투기꾼들은 은행 계좌에 잔고가 없어도 앞수표를 발행해서 주식을 매수했다. 정부가 손해 보지 않게 해줄 거라고 믿으며, 매수한 주식이 수표 만기일 전까지 크게 오를 거라고 생각했기 때문이다.

이처럼 터무니없는 믿음에서 비롯된 엄청난 구매력은 불난 데 기름을 붓는 것처럼 주가를 폭등시켰다. 주식투자를 위한 투자회사가 생겨났고 심지어 이런 회사에 전문적으로 투자하는 회사까지 생겨났다. 이런 회사의 주식은 모두 장외시장에서 거래되었고 주가는 회사의 가치보다 훨씬 높은 수준까지 급등했다.

광풍의 절정기는 1981년 초였다. 매달 100% 넘게 오르는 종목들이 나타났고 원래 50억 달러였던 쿠웨이트 증시 시가총액은 1,000억 달러로 부풀었다.

장외시장에서 거래되는 주식 중에는 쿠웨이트에 설립되지 않은 기업도 많았다. 이들은 바레인이나 아랍에미리트에 등록되어 있었기 때문에 쿠웨이트 법률이 적용되지 않았고, 약 50%는 아예 사업보고서도 작성하지 않았다. 법적으로는 쿠웨이트 국민만 쿠웨이트 주식을 매수할 수 있었지만 주변의 팔레스타인, 이집트, 파키스탄 등의 투기꾼들은 쿠웨이트인의 명의를 빌려서 쿠웨이트 주식시장에 진입했다.

쿠웨이트는 페르시아만 각국의 금융 중심지였기 때문에 주식 광풍은 주변 지역으로도 퍼져나갔다. 그중 한 곳인 샤르자Sharjah는 원유로 떼돈을 번 재력가들이 부동산 개발을 추진하고 있었다. 하지만 사막에 지어진 건물에 입주하려는 사람이 없어 텅텅 빈 상태라 근심 걱정이 이만저만이 아니었다.

그런데 그들은 쿠웨이트의 주식 광풍에서 새로운 아이디어를 얻었다. 그들은 여관 하나를 병원으로 개조해 '걸프메디컬센터'라는 그럴듯한 이름을 내걸고 보유 건물들의 상장 절차를 시작했다. 신주 발행은 2,600 대 1이라는 청약 경쟁률을 기록했다. 일주일 동안 매일 비행기 한두 대가 엄청난 양의 청약신청서를 '걸프메디컬센터'의 상장 주관사인 샤르자은행으로 실어 날랐다. 청약신청서가 너무 많았기에 샤르자은행은 40명의 이집트학교 교사까지 동원해 신청서를 정리했다. 걸프메디컬센터의 주식은 쿠웨이트 장외시장에서 800% 폭등했다.

이 같은 광풍에 서구 금융 전문가들이 혀를 차며 지적하자 쿠웨이트인들은 강변했다.

"당신들의 잣대로 우리 주식시장을 평가하지 마시오. 이곳 상황은 당신들과 다른 우리만의 특색이 있소. 정부가 절대 주식시장이 붕괴하도록 하지 않을 것이오."

광풍은 지속되었다. '경기병'이라고 자칭하는 젊은이 8명이 550억 달러에 달하는 앞수표를 발행했다. 그중 20대의 우체국 직원 자심 알 무타와Jassim al Mutawa가 발행한 금액은 무려 140억 달러였다. 그의 동생인 나집은 수표를 얼마나 발행했는지 전혀 기록하지 않았는데, 나중에야 34억 달러에 달한 것을 알았다.

한없이 부풀던 버블은 1982년 터지고 말았는데 버블을 터뜨린 바늘은 세 개였다. 첫째, 유가 하락으로 1982년 쿠웨이트의 원유 수출 수익이 1980년의 4분의 1에 불과했다. 둘째, 신임 재무부 장관이 더는 병적인 주가를 지탱할 수 없다고 밝혔다.

셋째, 드디어 1982년 8월 20일 자심 알 무타와가 발행한 수표 보유자 중 한 사람이 불안감을 참지 못하고 만기일 이전 지급을 요구했다. 이는 관습에 어긋났지만 완벽하게 합법적이었다. 결과는 예상대로다. 자심은 대금을 지불할 돈이 전혀 없었다. 버블은 순식간에 터졌고 불과 며칠 만에 수천 명에 달하는 투기꾼이 이전에 발행한 수표로 인해 파산했으며 주식시장은 폭락했다.

앞서 언급한 걸프메디컬센터의 주식은 98% 폭락하며 발행가의 6분의 1까지 떨어졌다. 그해 9월 쿠웨이트 재무부는 의심스러운 모든 수표에 대해 청산을 요구했는데 총액이 900억 달러에 달했다. 당시 쿠웨이트의 외환 보유고를 훨씬 뛰어넘는 수준이었다.

중국의 광풍 이야기

중국에는 유사한 광풍 사건이 없었을까? 이전에 미국에서 중국의 '우표 투기 열풍'에 대해 들은 적이 있다. 마오쩌둥毛澤東 주석과 린뱌오林彪가 천안문 광장에서 홍위병을 사열하는 모습이 담긴 우표가 4,000위안(약 68만 원)까지 치솟았다는 것이었다. 청나라 때의 대룡 우표는 전 세계에 한 장밖에 없으니, 가격이 100만 위안(약 1억 7,000만 원)까지 오른다 해도 이상할 게 없다. 하지만 마오쩌둥과 린뱌오가 홍위병을 사열하는 우표는 나도 사용해본 적이 있을 정도로 문화대혁명 시대에 유행했던 우표 중 하나다. 4,000위안이면 당시 일반 노동자의 연봉보다도 높은 금액이었다.

자신보다 더 멍청한 바보가 나타나서 4,000위안보다 높은 가격으로 사주기를 바라지 않는다면 어떻게 이 우표를 살 수 있겠는가? 차라리 오래된 서랍장 속을 뒤져보면 이 우표를 몇 장 찾아낼지도 모른다.

옥을 거래해본 적이 있는가? 사자 개라고 불리는 티베탄 마스티프에 투자해본 적이 있는가? 주변을 둘러보면 비슷한 광풍이 우리 주변에서 끊임없이 계속되고 있다. 얼마 전 나는 수백만 위안(약 수억 원)에 달하는 티베탄 마스티프가 일부 지역에서는 식용 개처럼 무게당 가격으로 거래된다는 이야기를 읽었다.

광풍 이야기
해부

앞의 광풍 이야기들과 유사한 사례는 정도만 다를 뿐 비일비
재하다. 독자들은 아마 이런 의문이 생길지도 모르겠다. "이런
이야기들은 자극적이고 재미있어서 잡담 소재로는 좋지만 주식
투자와 무슨 관계인가?" 이 책을 여기까지 읽고 이런 이야기에
담긴 의미를 알아낼 수 없다면 자신의 오성悟性을 키우기 위해
더 노력해야 할 것이다. 하지만 '돈 냄새'를 맡았다면 주식투자
에서 성공할 수 있는 소질이 있는 사람이다.

이야기마다 버블이 부풀기 시작해서 터지는 과정을 거쳤고
기간은 몇 개월에서 몇 년까지 걸렸지만 결과는 모두 마찬가지
였다. 버블이 부풀어 오르는 초기에는 언제나 환상적인 이야기

로 듣는 사람이 무한한 상상을 하게 만든다. 부자가 되고 싶다는 욕망이 투자자의 돈을 투자하게 만드는데, 주식시장에서는 거래량 증가와 주가 상승으로 나타난다. 또한 주가 상승은 더 많은 사람의 관심을 끌게 된다.

어떤 사람은 참지 못하고 오른 주식을 매도해 이익을 실현하고, 또 어떤 투자자는 주가 조정을 틈타 주식을 매수한다. 주가가 고점을 경신할 때마다 더 많은 사람의 탐욕을 자극하면서 주식을 사는 투자자가 갈수록 늘어난다. 이게 바로 상승 추세가 형성되는 원리다. 버블이 터지기 직전이 광풍이 절정에 달했을 때인데 주가는 며칠 만에 2배 혹은 그 이상으로 오르고 내일 주가가 급등할까 두려워 맹목적으로 주식을 매수하는 투자자도 빠르게 늘어난다.

3장 '정상적인 주가 움직임 구별하기'(146쪽)에서 대략적인 과정을 묘사했다. 버블이 부풀어 오르기 시작해서 터지기까지의 과정을 살펴보고 이때 대중의 심리가 어떻게 변화하는지를 자세히 음미한다면 주식투자 방법을 새롭게 인식할 수 있을 것이다.

광풍의 특성

광풍의 6가지 특성을 정리해보자.

① 믿을 만한 아이디어나 상품이 빠른 성장으로 이어져 막대한 부를 가져온다.

② 시중의 유동자금이 넘쳐나거나 인위적인 방법을 통해서 유동자금을 창출한다. 일단 이런 자금들이 특정 영역에 집중되면 반드시 눈덩이 효과를 가져온다.

③ 아이디어는 반드시 간단하면서도 복잡한 특성을 가져야 한다. 대중도 좋은 생각이라고 '느낄' 만큼 간단해야 하지만 아이디어의 옳고 그름을 사실적으로 증명하기 힘들 만큼 복잡해야 한다. 그렇지 않으면 버블은 부풀어 오르지 않는다.

④ 누군가 돈을 벌어야 한다! 쉽고 빠르게 돈을 버는 것보다 대중을 더 유혹하는 건 없으며, 이런 소식은 전염병보다 빠른 속도로 퍼져나간다.

⑤ 버블이 제법 부풀고 나면 '전문가'가 나타나 '버블은 계속 팽창할 것'임을 보증한다. 이런 '전문가'들은 대개 지혜와 권위, 신뢰를 상징하는 아이콘이다. 대중은 자신이 성공한 사람들을 모방하고 있다고 믿게 된다.

⑥ 버블이 부풀어 있는 시간은 대개 사람들이 생각하는 것보다 더 길다. 버블이 터질 것이라고 처음 주장했던 사람은 버블이 계속 팽창함에 따라 조롱거리가 된다.

여러분에게 문제를 하나 내겠다. 앞에서 말한 세 가지 광풍 사례(남해회사, 플로리다 부동산, 쿠웨이트 주식)를 위 '광풍의 6가지 특성'을 이용해 정리해보기 바란다.

이번에는 1990년대 초 중국의 주식 광풍을 분석해보자. 1990년대 초, 중국은 첫 번째 주식 광풍을 겪었는데 주가가 몇십 배나 상승했다. 액면가 1위안이던 선전발전은행 주식은 80위안까지 상승했고, 액면가 100위안이던 위웬쇼핑몰 주가는 1992년 5월 무려 1만 500위안까지 폭등했다. 주식시장은 예측 불가능하다고 탄식하지만 돌이켜 보면 나름대로 규칙이 있다.

① 주식투자는 중국인에게 새로운 개념이었다.

② 시중의 유동자금이 많았다. 당시의 유동자금은 다른 투자처를 찾을 수 없었기에 전 국민이 투자에 나섰다.

③ 주식투자는 간단한 듯하면서도 복잡하다. 일반 대중도 주식이란 게 무엇인지는 알지만 주식을 제대로 이해하고 어떤 규칙이 있는지 아는 사람은 많지 않았다.

④ 큰돈을 번 사람이 있었다. 처음 주식이 발행되었을 때는 다들 못 미더워했다. 항상 정부가 주식시장을 지원하겠다고 나서야 했다. 하지만 5,000위안으로 5만 위안을 벌었다는 소문이 퍼지자 증시는 순식간에 달아올랐다.

⑤ 모두 주가가 내려가지 않을 것이라고 말했다. 국가가 지원하는 데다 중국의 상황은 다른 나라와는 다르기 때문이다. 거리의 '주식 전문가'들 모두 주가가 계속 오를 거라고 생각했다.

⑥ 초기에 주식시장이 '미쳤다'고 경고한 사람들은 어리석은 겁쟁이로

치부되었다.

모든 광풍은 유사한 특성이 있었다. 여러분도 광풍 이야기들을 귀납적으로 정리해보기 바란다. 다음번에는 무슨 광풍이 일어날까? 아무도 예상할 수 없지만 똑같은 특성을 보일 것이라는 점은 분명하다.

역사를 돌이켜 보면 모든 광풍은 특별한 역사적 배경이 있어서 구체적인 시대의 변화를 대표했다. 주식투자자로서 우리는 역사적인 문제에 얽매일 필요는 없지만 큰 추세를 보는 안목이 필요하다. 남해회사 버블은 대항해 시대에 발생했고, 제시 리버모어는 철도 대건설 시대에 살았다. 그리고 그 뒤에 라디오 시대와 TV 시대도 있었다.

1990년대 초 미국에서 살았다면 이때는 인터넷이 발전해 정보화 사회로 변하기 시작하는 시점이었다. 여러분이 인터넷 회사에 투자했다면 변혁 시대의 일원이 되어 막대한 수익률을 올릴 수 있었을 것이다. 워런 버핏처럼 잘 모르는 것에는 투자하지 않는 전통적인 투자 스타일도 대혁신의 시대에 집에서 농사를 짓는 것처럼 선택 가능한 방법이다. 하지만 우리는 버핏도 투자에서 큰 기회를 놓치는 것을 목격했다.

'새로운 광풍' 이야기

'장생불로 광풍'이라는 이야기를 한번 만들어봤다. 2050년 영생그룹의 조 회장은 수년간의 연구를 통해 젊어지게 하는 약인 '일령산'을 발명했다. 연구소의 진 교수는 일령산의 성분이 인체의 특수한 산 성분과 화학 반응을 일으켜 세포 속의 특수한 기를 제거한다고 밝혔다. 세포 노화를 일으키는 이 특수한 기를 감소시킴으로써 세포가 젊어진다는 것이다.

처음에 대중은 코웃음을 쳤다.

"가짜 약장수가 또 한 명 나왔네!"

하지만 얼마 지나지 않아 영생그룹은 미국의 손 박사가 고분자 실험을 통해 이 약의 효력을 과학적으로 입증했다고 발표했다. 동시에 조 회장은 이 약에 대한 미국 내 특허를 신청했다고 밝혔다. 회사가 공개한 자료 중에는 일령산을 복용한 수십 명의 체험기도 있었다. 이 약을 먹고 주름살이 없어졌고 피부에 탄력이 생기는 등 체질이 눈에 띄게 바뀌었다는 체험기가 있었고, 이전에는 걷기도 힘들었던 90세 노인이 조깅을 할 수 있게 되었다며 사진까지 첨부한 내용도 있었다.

약값이 비싸지 않았고 맛도 괜찮았기 때문에 사람들이 속는 셈 치고 복용하기 시작했고 매출은 상승 곡선을 그렸다. 회사가 공개한 재무 자료에 따르면 일령산의 매출액은 분기당 500%씩 성장했다. 영생그룹 주식도 거래가 활발해졌다.

일 년 후 영생그룹 주가는 1위안에서 8위안까지 상승했고 신문에는 조 회장과 이미 퇴임한 리 부위원장이 함께 찍은 사진이 실렸다. 리 부위원장의 복용 소감도 실려 있었는데 일령산을 복용한 뒤로 체력과 정력이 눈에 띄게 좋아졌다는 내용이었다. 이밖에도 유명 영화배우와 감독, 가수, 교수 등 저명인사들의 복용 체험기와 사진이 언론을 통해 연이어 공개되었다. 주가는 일주일 만에 8위안에서 15위안까지 급등했다. 이제 일령산은 모두의 입에 오르내리는 화젯거리였다. 주식투자를 하면서 영생그룹 주식을 보유하지 않은 사람은 시대에 뒤떨어진 것으로 인식되었다. 일령산은 최고의 선물로 각광받았으며 주가는 30위안까지 내달았다.

두 달 후 조 회장은 미국, 유럽, 일본에서 이미 일령산에 대한 특허 등록을 고려하고 있으며 영생그룹은 전 세계에 지사를 설립해 인류를 행복하게 하는 일령산을 세계 시장에 판매할 계획이라고 발표했다. 주가는 80위안까지 폭등했다. 비록 조 회장이 보유 중인 영생그룹 주식을 끊임없이 매도하고 있다는 기사가 나왔지만 그는 일령산의 글로벌 진출 자금을 마련하기 위해서라고 해명했다. 유명한 주식 평론가인 고 박사는 TV 프로그램에서 영생그룹 주식이 1,000위안까지 상승할 잠재력이 있다고 말했고, 사람들이 너도나도 영생그룹 주식을 사면서 주가는 200위안까지 치솟았다.

영생그룹의 일령산이 이렇게 인기를 끄는 걸 보고 영진그룹은 '이미고'라는 제품을 출시했다. 이미고는 생물화학 교수 일곱 명이 수년간의 연구를 통해 개발한 약으로 세포의 노화 속도를 감소시키는 효과가 있다고 알려졌다. 영진그룹 주가가 폭등했다.

영발그룹도 지능과 기억력을 높이는 '삼선소'를 발표했다. TV에 3년 연속 대학 입시에 실패한 학생이 이 약을 먹고 상하이교통대학에 합격했다는 광고가 나왔다. 영발그룹 주가도 크게 상승했다.

그러던 어느 날, 식품의약청이 일령산의 특허 신청이 과학적 근거 부족으로 통과되지 않았다고 발표했다. 이때 400위안까지 올랐던 영생그룹 주가는 당일 뉴스가 나오자 순식간에 300위안까지 하락했다. 조 회장은 즉시 식품의약청에 제공할 새로운 자료를 준비했으며 이 자료가 완벽하게 일령산의 효과를 증명해 줄 것이라고 발표했다. 주가는 300위안에서 320위안까지 반등했다.

일주일 후 영생그룹의 황 연구원이 신문과의 인터뷰를 통해, 일령산은 아무런 실험 데이터가 없으며 과학적 근거니 하는 것은 모두 광고에 불과하다고 폭로했다. 조 회장은 황 연구원이 연봉 인상 요구를 거부당하자 제멋대로 허위 사실을 유포한 것이라고 반박했다. 하지만 사람들의 마음속에 의심이 싹트기 시작했고 주가는 150위안까지 하락했다.

다시 3일 후 식품의약청은 일령산의 과학적 근거가 부족하며 약품으로 광고 및 판매하는 행위를 금지한다고 정식 통지한다. 영생그룹 주가는 10위안까지 폭락하고 이어 영진, 영발그룹 주가도 사상 최저치로 급락했다.

이와 똑같은 이야기가 현실 속에서 일어날 리 없다고 생각하지 말라. 이 이야기는 1930년대 상하이의 유명인사인 황초구와 그의 걸작인 '아이뤄 영양제(옐로 보뇌즙)'를 모티브로 재구성한 것이다. 황초구는 원래 이름 없는 한의사인데 몇 가지 약재를 섞어 시럽을 제조했다. 그리고 당시 중국인들이 서양을 숭배하는 심리를 이용하기 위해 서양인을 고용해서 사진을 찍고 아이뤄 박사가 발명한 두뇌 영양제라고 선전했다. 황초구의 마케팅 전략은 대단히 성공적이어서 불과 몇 년 만에 아이뤄 영양제는 양자강 일대를 휩쓸었고 황초구는 가난뱅이에서 일약 자선사업가로 발돋움했다. 나이가 지긋한 상하이 사람들은 아주 잘 아는 이야기다.

주식투자자인 우리는 일령산의 진위 여부를 규명할 방법이 없다. 중요한 것은 어떻게 영생그룹의 주식을 매매할 것인가의 문제다. 주식이 5위안에서 10위안, 10위안에서 20위안으로 오를 때 주가와 거래량에는 어떤 특징이 나타나야 하는가? 주가가 400위안에서 300위안으로 떨어질 때 투자자에게 어떤 신호를 보냈는가? 3장의 '정상적인 주가 움직임 구별하기' 편을 복습하기 바란다. 주가가 20위안일 때 매수해서 300위안일 때 매도할 수 있다면 예술적인 주식투자를 터득한 것이다.

반복만큼 좋은 학습 방법은 없다. 조지 소로스의 돈 버는 비결을 다시 한번 반복하며 이 장을 마무리한다.

"경제사는 환상과 거짓말에 근거한 드라마다. 경제사의 연역 과정은 진실한 대본에 기초한 것이 아니지만 막대한 부를 쌓을 수 있는 길을 닦아놓았다. 방법은 그 환상을 제대로 인식하고 그 안에 뛰어든 다음, 대중이 환상의 실체를 알아차리기 전에 게임에서 빠져나오는 것이다."

8장
진정한 성공은
소문나지 않는다

손자孫子는 "전쟁을 잘하는 장수는 혁혁한 공이 없다. 전쟁을 잘하는 장수의 전투는 비범한 승리가 없고 지모로 쌓은 명성이 없으며 용감하게 세운 공로도 없다!"고 말했다.

잘 싸우는 장수는 큰 리스크를 지지 않고 영리한 척하지 않으며 필부의 용기를 드러내지도 않는다는 뜻이다. 결과적으로 잘 싸우는 장수는 대개 과시할 만한 전적戰績이 없다. 《손자병법》의 이 표현은 군사적으로 적합할 뿐 아니라 주식시장에 대해서도 특별한 의미가 있다.

전쟁을 잘하는 장수는 혁혁한 공이 없다. 증국번(曾國藩, 1811~1872, 청나라 말기의 대신이자 군사가, 문학가)이 이 말을 대표하는 사람이다. 증국번은 후난성의 의용군을 모집해 훈련한 상군湘軍을 이끌고 태평천국군을 섬멸했다. 태평천국 운동의 성격은 논외로 하고 증국번이 어떻게 싸웠는지만 살펴보자.

당시는 백수십 년 전의 일이어서 증국번이 저녁에 뭘 먹었는지도 남아 있을 정도로 기록이 완벽하다. 하지만 역사가들은 증국번이 대승을 거둔 기록을 아무리 뒤져도 찾을 수가 없었다. 증국번은 '진영을 튼튼히 하고 우직하게 싸우는' 방식으로 작은 승리를 거듭해 대승을 거두며 태평천국군을 막다른 길로 몰아갔다. '진영을 튼튼히 하기'는 참호를 깊게 파고 보루를 높게 쌓아서 자신을 보호하며 가능한 한 피해를 입지 않는 것이다. '우직하게 싸우는 방식'은 요행을 바라지 않고 교활한 수단으로 투기하지 않으며 자신의 실력에 맞는 싸움만 하는 것을 뜻한다.

증국번은 청나라 말기에 문인으로서는 최초로 무후武侯에 책봉된 인물이

　　　　　　　　　　　　　　주식투자의 지혜

다. 진사 출신으로 '손자병법'에 능숙하며 "전쟁을 잘하는 장수의 전투는 비범한 승리가 없고 지모로 쌓은 명성이 없으며 용감하게 세운 공로도 없다"라는 말을 실천했다. 전투에서 적군을 1,000명 죽이더라도 아군의 손실이 800명일 수 있다. 뛰어난 장수는 적을 죽여 들판에 가득 차기를 바라기보다는 싸우지 않고도 적을 굴복시키기를 원한다.

주식시장에서 한 번에 100%를 벌고자 하면 한 번에 80% 손실 볼 준비도 해야 한다. 주식을 잘하는 사람은 한 번에 크게 베팅해서 원금을 배로 불리려고 하는 대신, 손실을 보지 않는 상황에서 투자금을 늘리려고 노력한다. 잘 싸우는 장수는 작은 승리를 모아 큰 승리를 만들고 결국 전략적인 목적을 달성한다. 주식투자를 잘하는 사람은 작은 수익을 모아 큰 수익을 만들고 결국 경제적 자유를 달성한다. 길은 다르지만 이르는 곳은 같다. 이는 내가 여러 해 동안 전업 투자를 하며 막대한 대가를 치르고 나서야 깨달은 교훈이다.

드높은 기세로 큰 전투에서 승리해 이름을 날린 장수의 나중은 신통치 않은 경우가 많다. 크게 이기고 나면 자연히 다음에 큰 전투를 찾게 되고 결국 지뢰를 밟아서 전리품을 전부 반환한다. 100% 수익을 다섯 번 연속 올린다고 해도 한 번 100% 손해 본다면 모든 게 날아가는 곳이 주식시장이다. 좋은 예가 과감한 베팅으로 세상에 이름을 날린 트레이더 제시 리버모어다. 그의 생애를 바탕으로 한 《어느 주식투자자의 회상》은 백 년 가까이 주식투자 분야에서 손꼽히는 고전이지만 그는 일생에 세 번 파산했고 결국 빈털터리로 죽었다.

전장에서는 적지 않은 장군이 혁혁한 공으로 명성을 천하에 날리고 영광스럽게 은퇴한다. 전쟁은 어떻게든 끝나게 마련이다. 적이 소멸하면 싸우고 싶어도 싸울 수 없다. 주식시장의 전투는 끝이 없다. 한 번의 실패로 지금까지의 공이 고스란히 수포가 될 수도 있다. 그래서 월스트리트에 이런 말이 있다. "월스트리트에 용감한 트레이더도 있고 나이 많은 트레이더도 있지만 용감하고 나이 많은 트레이더는 없다."

이런 생각이 드는 독자도 있을 것이다. 나는 주식시장에서 '혁혁한 공'을 쌓고 싶은데 왜 안 된다고 하나? 당연히 여러분은 시도할 수 있다. 다만 누구든지 무슨 일을 할 때는 일의 '목적'과 그 목적을 달성하기 위한 '수단'을 똑똑하게 이해하고 있어야 한다.

주식투자의 지혜

먼저 전략적 목표를
확정하라

주변에서 주식으로 돈을 벌었다는 소리를 듣고, 용돈벌이라도 하자는 심산으로 주식투자를 시작하는 사람이 많다. 이런 경우 투자 지식과 경험이 부족해 전략적 목표를 세우기가 어렵다. 대체로 주식투자 기간이 5년이 안 되는 초보 투자자들에게 가장 중요한 것은 '학습'이다. 이 단계의 전략적 목표라면 가장 적은 수업료로 주식시장을 이해하는 것이다.

초보 단계를 지나면 주식투자의 전략과 목표를 정해야 한다. 일부 투자자가 한번 크게 베팅하고 싶어 하는 걸 부정할 수는 없다. 또 틀린 것도 아니다. 수중에 돈이 500만 원밖에 없다면 이 정도 돈으로는 달리 할 수 있는 게 없다. 돈이 있다기엔 많지 않고, 없다기엔 적지 않은 돈이다. 나이도 젊으니 한 방을 노리고 과감하게 베팅하고 싶어진다. 로또 광고처럼 '단돈 1,000원으로 꿈을 이룰 수 있다!' 500만 원이 열 배 되면 5,000만 원, 다시 열 배 늘면 5억 원이 되는 걸 상상하면 경제적 자유가 눈앞에 아른거리는 듯하다. 이런 게 주식시장에서 '인생 역전'을 꿈꾸는 가난한 사람의 도박 방법이다. 잃어도 전혀 아쉬울 게 없는 돈이라면 시도는 해볼 수 있는 일이다.

문제는 반복할 수 없다는 데 있다. 복권을 사서 부자가 될 수 있지만 복권으로 부자가 되는 방법을 반복할 수는 없다. 마찬가지로 주식 투기로 큰돈을 벌 수 있지만 투기로 부자가 되는 방법도 반복할 수 없다. 반복할 수 없는 일은 배울 방법이 없다.

투기와 투자 사이에 데이 트레이딩이 있다. 한 번에 자금 전부를 투입할 뿐 아니라 원금의 몇 배나 되는 레버리지도 쓴다. 대신 아주 짧은 시간만 주식을 보유해서 리스크를 낮춘다. 그날 장 마감 전에 보유 주식을 전량 매도한다. 주식을 보유한 채로 하루를 넘기는 법이 없다. 나도 초기에 종종 데이 트레이딩을 했다. 그러나 이 방법으로는 적은 자금만 관리할 수 있으며 상당한 심리적 소양이 필요하다. 데이 트레이딩은 가능한 방법이긴 하지만 성공 확률은 낮다.

일반적인 가정의 돈은 대부분 쓸 곳이 있다. 아이들 학비를 내야 하고 아파트 담보 대출도 갚아야 하며 은퇴 후 생활도 이 돈에 의존해야 한다. 이 돈으로 주식투자를 하려면 원금을 지켜야 한다는 전제 조건이 붙는다. 이런 자금을 관리하기 위한 투자 이론도 있다. 현대 포트폴리오 이론으로, 위험 회피형 투자자가 주어진 리스크 수준에서 기대 수익을 극대화하는 자산 포트폴리오 구성 방법론이다.

반드시 원금을 지켜야 한다면 은행에 저축할 수밖에 없다. 수익률은 아주 낮지만 원금은 절대 손해 보지 않는다. 이런 자금을 주식에 투자한다면 어떻게 관리해야 할까? 한 종목에 '몰빵'하면 빨리 돈을 벌 수도 있지만 빨리 파산할 수도 있다. 여러 종목에 분산하면 리스크가 감소하지만 빨리 돈을 벌 가능성도 작아진다. 수익에 대한 기대가 자산 배분에 영향을 미칠 수밖에 없다. 매년 10%의 수익에 만족한다면 10개 종목에 분산해서 투자할 수 있다. 그중 한 종목만 100% 상승하고 다른 종목은 오르지 않아도 목표는 실현된다. 어떤 방법이 리스크가 크고 어떤 목표가 실현 가능성이 높은지 직감적으로 알 것이다.

세상에는 공짜 점심이 없다. 한 푼이라도 더 벌려면 리스크를 더 많이 감당할 준비를 해야 한다.

지금 자신에게 물어보라. 여유 자금으로 한 번 크게 베팅하고 싶은가? 아니면 부양할 가족이 있으니 안정적으로 투자하고 싶은가? 또는 자금의 대부분은 안정적으로 투자하고 일부는 과감하게 베팅하고 싶은가? 자신의 상황을 정확하게 파악해야 다음 단계인 투자 전략을 선택할 수 있다.

우리는 투자 수익과 리스크가 같이 움직인다는 걸 알고 있다.

그렇다면 어떻게 투자 리스크를 정할 것인가? 주식투자를 시작하면 직면하게 되는 진지한 과제다. 구체적인 자산 배분은 리스크 설정 범위에 따라 정해지고 기대 수익률과도 연결된다.

합리적인 기대 수익률은
얼마인가?

주식시장의 큰 추세는 기본적으로 경제 성장과 같이 움직인다. 시장 추세의 진행은 일정한 속도가 있고 경제 성장이라는 큰 틀을 완전히 벗어날 수 없다. 주식시장이 경제 성장보다 훨씬 빠르게 성장할 때를 가리키는 특별한 단어가 바로 '버블'이다. 지난 100년간의 역사를 되돌아보면 경제는 끊임없이 성장했고 과학 기술이 계속해서 진보했으며 사람의 수명도 늘어났다. 우리가 보아온 주식시장 그래프는 전반적으로 우상향했다.

주가지수를 얘기해보자. 미국의 대표적인 주가지수인 S&P500지수는 미국 증시에 상장된 8,000여 개 기업 중 500개 대형주로 만든 가중평균지수다(다우존스지수는 구성 종목이 30개로 적다). S&P500지수의 등락은 미국 증시의 변동성을 잘 보여준다. 주식시장의 추세는 대개 지수의 변동을 뜻한다.

그렇다면 8,000개 종목에서 1종목, 10종목, 100종목의 세 가지로 투자 포트폴리오를 구성한 다음 각 포트폴리오와 지수의 변동성을 비교하면 어떤 모습이 나올까? 직관적으로 다음과 같은 사실을 예상할 수 있다. 1종목 포트폴리오의 변동성은 예측할 수 없고, 10종목 포트폴리오의 변동성은 지수 변동성과 어느 정도 닮았을 것이며, 100종목 포트폴리오의 변동성은 지수 변동성과 상당히 닮았을 것이다. 이런 예측은 통계적 원리에 부합한다.

주식시장 리스크는 크게 개별 종목 리스크와 시장 리스크로 나뉜다. 개별 종목 리스크는 주가를 예측할 수 없어서 발생한다. 우리는 어떤 주식이 폭락할지 알 수 없다. 개별 종목이 급락하는 사례는 날마다 있어서 예를 들 필요도 없다. 시장 리스크는 언제 시장이 폭락할지 알 수 없어서 생긴다. 1987년 10월 19일 미국 다우존스지수가 하루에 22.6% 폭락한 사건이 역사적으로 유명한 블랙 먼데이다. 이날 주식을 가지고 있었다면 누구든지 손실을 볼 수밖에 없었다. 이게 바로 시장 리스크다. 우리는 분산투자를 통해 개별 종목 리스크에 대응해야 하고, 주식 보유 비중을 낮춰서 시장 리스크에 대응해야 한다.

주가지수의 의미를 이해하고 나서야 주식시장에서 기대할 합리적인 수익률을 논의할 수 있다. 수익률은 기본적으로 지수 수익률과 같이 움직인다. 지수 수익률은 개별 종목 리스크를 충분히 분산한 후 투자금 전부를 주식시장에 투자했을 때의 평균 수익률이다. 리스크를 분산하지 않고 투자금을 한 종목에 몰빵한다면 누구도 내일 주가가 얼마일지 알 수 없으며 합리적인 수익률이 얼마인지도 가늠할 수 없다. 이건 도박과 마찬가지다.

전문적인 자산 관리인이라면 투자자에 대한 책임을 져야 한다. 제멋대로 투자자의 은퇴 자금을 도박으로 날려버리는 건 있을 수 없는 일이다. 반드시 분산투자를 통해 개별 종목 리스크를 낮춰야 한다. 분산투자를 하면 통계적으로 수익률이 지수 수익률과 비슷하게 움직인다.

미국 주가지수는 통계적으로 매년 약 10% 상승한다. 따라서 충분히 리스크를 분산한다면 미국 증시에 투자했을 때의 합리적인 수익률은 10% 안팎이다. 이 10%는 미국 기록이므로 나라마다 다르다. 미국 사회는 상당히 안정적이어서 경제 성장과 물가상승률도 어느 정도 예측할 수 있다. 어떤 나라의 연간 물가상승률이 100%라면 이 나라의 주가지수 상승률과 기대치는 크게 달라질 것이다.

미국 펀드매니저 중 80%의 투자 실적은 지수 상승률에 못 미친다. 대다수 펀드는 주식 보유 비중이 100%에 못 미치기 때문이다. 펀드들의 주식 보유 비중이 100%라면 실적 절반은 지수 상승률보다 높고 절반은 지수 상승률보다 낮을 것이다. 미국 증권거래위원회는 공모 펀드가 자산의 5% 이상을 한 종목에 투자하지 못하도록 규정하고 있다. 즉 공모 펀드는 20개 이상의 종목을 보유해야 한다. 포트폴리오 이론에 따르면 이 정도면 개별 종목 리스크를 분산할 수 있다.

개별 종목 리스크를 충분히 분산하면 투자자의 합리적인 기대 수익은 주가지수의 실적이다. 물론 실제 수익이 이 수치를 초과할 수 없다는 의미는 아니며 투자자의 능력에 따라 달라질 수 있다. 주식시장에는 전자, 금속 등 다양한 업종이 있고 이들 업종은 각각 다르게 움직이며 개별 종목의 움직임도 모두 다르다. 투자자가 상승 추세의 종목이나 업종을 알아내고 하락 추세의 종목이나 업종을 피할 능력이 있다면, 실제 투자에서 상승하는 종목을 매수하고 하락하는 종목을 피해서 지수보다 높은 수익을 올릴 것이다. 말하기는 쉽지만 실제로 실행하기는 힘들어서 월스트리트에도 이런 펀드매니저가 많지 않다.

미국에서 가장 대중적인 투자 수단은 주식이 아니라 은행 예금이다. 요즘 미국의 단기예금 금리는 연 1%에도 못 미치지만 원금은 손해 보지 않는다. 더 높은 수익을 원한다면 더 큰 리스크를 져야 한다. 채권, 주식도 있고 리스크가 더 큰 주가지수 선물, 개별 종목 선물과 옵션도 있다. 원하는 사람만 있다면 월스트리트는 어떤 투기 수단도 만들어낸다. 채권과 주식은 여러분도 선택할 수 있는 투자지만 나머지는 투기 성격이 강해서 전문가가 아니면 건드리지 않는 것이 좋다.

투자자로서 어떤 걸 취하고 어떤 걸 버리는가가 다음에 이야기할 화두다.

"전쟁을 잘하는 장수는 혁혁한 공이 없다."

전쟁을 잘하는 장수는
혁혁한 공이 없다

1992년 나는 작은 증권사에서 주식 영업사원으로 일하기 시작했다. 몇 년간의 펀드 투자 경험이 있고 비교적 체계적인 금융 전공 배경도 있었지만 주식투자는 초보였다. 고객 유치 영업을 하면서 직접 투자도 하다 보니 밤을 꼬박 새울 정도로 재미있었다. 이때 나는 평생 하고 싶은 일을 찾았다는 것을 느꼈다. 리스크를 감수하는 게 너무 좋았다.

나는 금융을 전공했기 때문에 줄곧 랜덤워크 이론, 효율적 시장 가설 등 전통적인 금융 이론의 영향을 받았다. 내가 받은 교육은 시장이 효율적이며 모든 요소는 이미 주가에 반영되어 있다는 것이었다.

주식투자의 지혜

금융을 전공할 때 배운 것은 '팔지 않을 주식을 사라'는 기본적 분석 이론이었다. 나는 경험이 부족했지만 이 이론은 실제 투자에 적용하기 어렵겠다는 느낌이 들었다. 모든 사람이 기본적 분석을 하는데 어떻게 좋은 기업의 싼 주식을 찾을 것인가? 무슨 근거로 내가 다른 사람보다 더 잘 분석한다고 여길 수 있는가? 나는 잠시 시도했으나 좋은 투자 기회를 찾을 수 없었고 결국 이 이론을 버렸다. 광범위한 분야의 책을 읽고 투자 대가의 경험을 연구하면서 나만의 투자 방법을 찾기 시작했다.

대학에서 공학을 전공했기 때문에 나는 수학적인 기초가 탄탄했고 자연스럽게 계량화할 수 있는 투자 방법을 연구했다. 한동안 연구한 끝에 정한 방법이 바로 스트래들 매도 전략^{short} straddle option이다. 주가 변동이 아니라 시간을 이용해 돈을 버는 방법으로 수익률도 괜찮았다. 리스크를 충분히 분산하기만 하면 현금흐름을 창출해서 먹고사는 데 지장이 없을 거라고 생각했다. 나는 안정적으로 매월 5~10% 수익을 올리면서 즐겁게 생활했고 1년 넘게 100% 이상의 완벽한 수익을 올렸다.

1993년 말 〈월스트리트 저널〉에 경력 있는 트레이더를 구한다는 광고가 나왔다. 내가 가진 투자 자금이 많지 않으니 회사에서 투자해보고 싶어 전화를 걸었다. 담당자가 인터뷰 전에 나의 투자 방법을 말해달라고 했다. 내 방법과 실적을 설명하자, 그는 웃으면서 성공할 수 없는 방법이라고 단언했다. 3년 연속 100%를 벌어도 마지막 4년째의 어느 날 투자 원금과 수익금을 전부 날리게 된다며 나를 고용할 수 없다고 했다. 나는 전혀 동의할 수 없었다. 이 방법은 수학적인 원리에 기초한 것으로, 리스크를 충분히 분산했고 단지 이론이 아니라 실전 투자에서 수익을 냈기 때문이다.

이 일이 있고 3개월도 지나지 않아 이틀 동안 증시가 크게 흔들렸다. 정신없이 손절매한 후 포지션을 정리해보니 1년 넘게 벌었던 수익을 거의 다 날렸다. 나는 첫 번째 투자 방법과 작별했다. 이 방법은 개별 옵션의 리스크는 충분히 분산했지만 시장 리스크를 피할 방법이 없었다. 한번 자빠지고 나서야 리스크가 있는 돈은 쉽게 벌 수 없다는 걸 깨달았다. 1원만큼의 수익에는 1원만큼의 리스크가 있었던 것이다.

2013년 11월 창지우바이오케미칼이 7일 연속 하한가를 기록한 적이 있었다. 다음은 당시 인터넷에 나온 뉴스 한 대목이다.

"정말로 가족이 사방으로 흩어질 판이다. 수중에 돈이 한 푼도 없어서 당장 뛰어내리고 싶다. 증권사는 나한테 아파트를 팔아서 돈을 갚으라고 한다. 하지만 우리 가족 다섯 명이 살고 있는 아파트를 어떻게 팔란 말인가?"

투자자 A씨는 경제신문 홈페이지에서 울며불며 하소연했다. 그는 400만 위안(약 6억 8,000만 원) 넘게 투자했는데, 신용매수로 200만 위안(약 3억 4,000만 원) 이상을 더 투자했던 것이다.

당시 나는 이렇게 논평했다.

"투자자 A씨는 전 재산 400만 위안을 한 종목에 투자하고 신용매수도 200만 위안을 사용했다. A씨가 초보 투자자라고 생각하는가? 아니다. 아마 400만 위안 역시 주식시장에서 번 돈일 것이다. 그 돈이 몇 년에 걸쳐 꾸준하게 모은 수익이라면, 자신의 실력을 과신하지 않았다면 어떻게 이 정도로 도박을 할 수 있는가? A씨는 주변 사람들에게 주식의 신으로 여겨지고 있을 것이다. 그는 그의 우상 리버모어처럼 망했다. 그가 이번에 망하지 않았다면 다음번에는 1,200만 위안으로 베팅했을 것이다. 안타깝지만 A씨는 빈털터리가 되어 시장을 두려워해야 한다는 걸 배울 운명이었다.”

이 기사는 2015년 8월에 실렸는데, 몇 달 동안 중국 주식시장에서 500만 위안(약 8억 5,000만 원) 규모의 주식 계좌 3만 개가 없어졌다는 보도가 나온 시점이다. 그들은 ‘혁혁한 공’을 올리려고 주식투자를 시작했는데, 시장에 작은 변화가 생기자 사방에 울음소리가 가득할 만큼 난리가 났다. 주식투자는 새로운 일이 없고 투자는 산처럼 항구적이라서 오래된 이야기가 끊임없이 반복된다!

앞에서 언급한 제시 리버모어의 투자 어록을 보면 구구절절 큰 깨달음을 준다. 적은 돈으로 단기간에 큰돈을 버는 능력은 그를 뛰어넘을 사람이 없을 것이다. 아쉬운 것은 결국 그가 실패자라는 점이다. 그는 주식투자로 많은 돈을 벌었지만 모두 주식시장에 돌려줘야 했다. 그는 주식 ‘투기’의 천재였다. 높은 리스크 상황에서 여유 있게 거래하는 모습은 정말 대단했다. 하지만 결국 빈털터리가 되었고 게다가 자살로 생을 마감했다.

주식시장에서 돈을 벌기는 어렵지 않다. 좋은 추세와 만나 한 번 크게 베팅해서 큰돈을 벌 수 있다. 하지만 번 돈을 지키는 건 쉽지 않다. 이전에 과감한 베팅으로 큰돈을 벌면서 생긴 습관은 시장이 안 좋을 때 큰 손실을 보게 만든다. 마지막에는 원금과 수익 모두 잃는다. 똑같은 이야기가 끊임없이 반복된다.

주식시장에서 번 수익을 잘 지킨 사례도 많은데, 워런 버핏이 대표적이다. 그에 관한 이야기는 곳곳에서 볼 수 있을 만큼 전형적인 성공 사례다. 그렇다면 버핏이 주식시장에서 올린 수익률을 정확히 알고 있는가? 1965년부터 2005년까지 그의 연 수익률은 21.5%로 같은 기간 지수 상승률의 두 배에 달했다. 근래 수익률이 하락하기는 했지만 이런 실적이 그를 세계 최고의 투자자, 세계 최고의 부자로 만든 것이다. 세계 최고 투자자의 실적이 21.5%밖에 안 된다고 실망하지는 않았는가? 실제로 많은 사람이 주식투자를 하면서 연 수익률 100% 정도는 되어야 성공이라고 여긴다.

이 장에서 전달하고자 하는 결론이 분명해졌다. 주식시장의 전투는 끝이 없기에 단번에 성공하려고 시도하지 않는 것이다. 대신 '진영을 튼튼히 하고 우직하게 싸우는' 방법을 유지하며 자신의 강점을 발휘해 손실 가능성을 최소화하고 한 걸음씩 경제적 자유라는 전략적 목표에 다가가는 것이다.

주식시장에서의 우위는 바로 승률이다. 승률이 50%가 넘고,

자산 배분을 통해 한 번의 실패로 재기 불가능한 손실을 입지 않도록 투자한다면 자산은 눈덩이처럼 불어날 것이다. 자본시장에서 복리는 자산 축적에 가장 강력한 무기다. 복리를 오래 누리는 사람이 최후의 승리자다.

결사의 각오로 뛰어들어 투자하는 방식은 시원시원하지만 주식시장의 특성으로 인해 언젠가 지뢰를 밟게 된다. 지뢰를 밟지 않는 유일한 방법은 벌벌 떨면서 조금씩 시장에 진입하고 적은 돈을 모아 큰돈을 만드는 것이다. '혁혁한 공'을 좇지 말아야 한다. 다음에서 투자 목적이 다른 투자자를 위한 생각도 정리해 보자.

목표가 명확하면
원망할 것도, 후회할 것도 없다

한탕 크게 벌고 싶다면

일부 투자자의 주식투자 목적은 한탕 해서 크게 버는 것이다. 수중에 돈은 적고 월급으로는 언제 돈을 모을 수 있을지 답이 없다. 그렇다고 평범하게 살긴 싫다. 한탕 크게 벌지 않으면 어떻게 인생을 역전하나. 내가 투자를 시작할 때도 마찬가지였다.

나는 금융을 전공하면서 책에 나오는 투자 이론은 대부분 공부했다. 그런데 가진 돈은 탈탈 털어야 몇만 달러밖에 안 되고 이론대로 하면 1년에 겨우 10% 버는데 어느 세월에 경제적 자유를 달성할 것인가? 앞에서 언급한 나의 첫 번째 돈 버는 방법으로 택한 '스트래들 매도'도 연간 기대 수익률이 100%가 넘는 하이 리스크 방식이었다.

나는 전업 투자 초기 몇 년 동안 상당히 큰 리스크를 감수하며 투자했는데 마침 1990년대 말은 인터넷 붐이 불면서 미국 증시가 몇 년 동안 대세 상승한 시기였다. 지금 돌이켜 봐도 나는 운이 좋았다.

마음을 굳게 먹고 한탕 크게 벌고 싶고, 가진 돈을 날려봤자 나중에 매주 외식 한 번 줄이면 된다고 생각하겠다면 데이 트레이딩 할 때 주의할 사항이 3가지 있다. 아마 성공 확률을 높여줄 수 있을 것이다.

① 기본적 분석을 잊고 기술적 분석만 사용하라. 이 책이 소개한 몇 가지 차트를 마음에 새겨라.

② 단기 투자만 하라. 10분봉이나 30분봉을 보라. 5분봉도 괜찮다.

③ 익절과 손절 퍼센트를 정하라. 5% 손실이면 손절하거나 15% 수익이면 익절하는 방식이다. 단기 투자는 '이익을 최대한 길게'를 적용할 수 없다.

어떤 테크닉도 배우기 싫고 저가주를 몇 년 보유하면서 운을 노려보겠다면 이것도 방법이다. 하지만 이는 복권을 사는 방식으로 투기를 하는 것과 같다. 행운을 빈다. 단지 미리 마음의 준비를 해야 한다. 복권을 사서 당첨될 확률은 아주 낮다.

여러분이 운이 좋아서 500만 원이 5억 원이 되었다면 앞에서 말한 투자자 A씨처럼 계속해서 투기하지 말라고 일깨워 주고 싶다. 4억 원을 따로 빼서 신중하게 투자하면 매년 10%, 즉 4,000만 원을 벌 수 있는데, 이 돈이면 네 가족 생활비로 충분하다. 가난한 사람이 하이 리스크에 몰두하는 건 이해할 수 있지만 돈을 벌고 나서도 하이 리스크에 집중하는 건 앞길을 망치는 일이다.

전문가로 크게 성공하고 싶다면

이 책은 개인 투자자를 위해 쓴 책이다. 따라서 전문적인 지식은 부족할 수밖에 없다. 주식시장에서 크게 성공하려면 전문적인 훈련이 필요하다. 워런 버핏은 컬럼비아대학 경제학 석사이고 조지 소로스는 런던정경대학 경제학 학사. 금융업계의 펀드매니저와 트레이더도 대부분 금융이나 경제학을 전공했다. 수학이나 공학을 전공한 사람도 있지만 이들도 금융을 공부하기 위해 큰 노력을 쏟는다.

어떤 사람이 영화 만드는 걸 이렇게 말한 적이 있다.

"명감독은 대개 자신의 성공은 철학 사상, 세계에 대한 깊은 이해, 예술 감각이나 종교 신앙 때문이었다고 말한다. 그들은 영화학과에서 삼각대 설치, 조명 배치, 렌즈 사용법 등의 훈련을 받았기 때문에 영화를 찍을 수 있었다고 말하지 않는다. 이런 건 명감독에게는 너무나 간단한 일이다. 하지만 대다수 사람은 평생 이해하지 못하는 것들이다."

여러분이 금융 관련 학위를 가지고 있다면 펀드매니저의 어시스턴트로 일할 기회가 생길 수 있다. 몇 년 고생한 뒤 펀드매니저가 되어 엄청난 자금을 굴릴 수도 있다. 하지만 이런 기반이 없는 대다수 투자자는 몇 년간 혼자서 금융을 공부하고 실전 투자에서 뛰어난 방법을 익혀도 '원금 부족'이라는 벽을 넘기 어렵다. 이런 투자자는 부득이하게 주식 '투기'를 하도록 강요당할 것이다. 앞에 함정이 있는 줄 알면서도 뛰어넘으려 시도할 수밖에 없을 때의 기분은 정말 별로다. 그러나 이게 현실이다. 가난한 집의 아이는 살면서 힘든 길을 갈 수밖에 없다. 유일하게 할 수 있는 건 훌륭한 성적표를 얻는 일이다. 투자 역시 성적을 중시한다. 주식시장에서 수익을 올릴 수 있다는 걸 증명한다면 여러분의 능력을 믿고 투자하겠다는 사람이 없어도 아쉬울 게 없다.

펀드매니저는 주가지수보다 연 수익률이 2%포인트 높다면 아주 성공한 편이다. 누구든지 이 정도의 수익률을 지속적으로 올릴 수 있다고 증명한다면 금융업계에서 그 사람을 채용할 것이다. 하지만 잊지 말라. 펀드매니저의 80%는 지수보다 수익률이 낮다. 지수보다 수익률이 10%포인트 높다면? 제2의 워런 버핏이다. 미국에서 지수보다 2%포인트 높으면 12%의 수익률이다. 이런 수익률을 꾸준히 유지할 능력이 있다고 증명할 수 있다면 이미 성공한 투자자다.

이제 '전쟁을 잘하는 장수는 혁혁한 공이 없다'의 의미를 깨달았을 것이다. 투자가 직업인 사람의 길은 길고 긴 가시밭길이다. 그래도 투자를 직업으로 삼고 싶은 사람이 있을 것이다. 하지만 조심하라. 성공률이 너무 낮다! 트레이딩이 너무 좋고 리스크도 좋아하는 게 아니라면 직업으로 삼을 생각을 절대 하지 말라.

투자하고 싶지만 손해는 보기 싫다면

개인 투자자의 절대다수가 이 유형에 속할 것이다. 한탕 크게 벌려고 하거나 전업 투자를 고려하는 사람은 소수다. 아는 게 많지 않고 크게 손해 보고 싶지 않다면 크게 베팅하지 않는 것이 우선이다.

투자금이 얼마 안 된다면 이론대로 20개 종목에 나눠서 리스크를 분산할 필요도 없다. 머리만 아픈 일이다. 3~5개 종목을 찾아서 이 책에서 설명한 원칙에 따라 투자하면 된다. 투자 종목 중 한 종목만 높아져도 수익률이 괜찮을 것이다. 이런 투자자는 주식시장에서 용돈벌이 정도만 해도 만족감을 얻는다.

이 같은 만족감을 느끼는 게 목적이 아니라면 투자금을 투자 전문 기관에 맡기는 것을 추천한다. 이 경우 또 다른 문제가 생긴다. 어떤 펀드매니저를 선택할 것인가? 이 업계는 실적이 중요하다. 어떤 펀드매니저가 일정 기간 지수보다 낮은 리스크로 지수보다 높은 수익을 올렸다면 고수다. 아쉽게도 이런 고수는 만나기 어렵다.

금융업계에 입으로 떠드는 고수는 너무 많다. 일반적인 원칙을 논리 정연하게 말하는 것으로는 돈을 벌 수 없다. 실적을 보여달라고 요구하라. 일부 컴퓨터 고수들도 조심해야 한다. 그들은 투자법을 컴퓨터 시뮬레이션으로 보여주면서, 여러분도 이 방법으로 투자했다면 엄청난 돈을 벌었을 것이라고 현혹한다. 중요한 건 과거가 아니라 미래다. 과거 결과는 훌륭하지만 실제 미래는 참혹한 경우가 많다. 여러분이 피땀 흘려 번 돈을 컴퓨터 공식의 실험 대상으로 만들지 말라.

또 펀드매니저가 마음대로 높은 리스크를 지는 걸 조심하라. 펀드매니저는 높은 수익을 올려야 한다는 압력을 받기 때문에 종종 자신도 의식하지 못한 채 위험한 베팅을 한다. 펀드매니저의 투자 전략과 리스크 통제 방식을 이해해야 한다. 숫자만으로 알 수 있는 것도 많다. 주가지수가 10% 상승했는데 펀드가 50% 상승했다면 좋아하기만 할 게 아니라 높은 리스크를 감수하고 도박처럼 베팅한 게 아닌지 주의해야 한다. 도대체 50%를 어떻게 벌어들였는지 알아내야 한다. 만약 펀드매니저가 도박꾼이라면 내년에는 손실을 50% 볼 수도 있다.

리스크를 걱정하기 싫다면 상장지수펀드^ETF 투자가 좋은 선택이다. 여러분은 펀드매니저 중 80%가 ETF보다 높은 수익을 올리지 못한다는 걸 안다. ETF에 투자해 펀드매니저들보다 나은 결과를 얻는다면 만족할 만하지 않은가. ETF 투자의 단점이라면 여러분이 직접 투자하면서 '작은 도박'으로 누리는 재미가 없다는 점이다. 하지만 시시각각 주가를 확인하고 일희일비하며 신경 쓰는 것은 돈을 벌거나 잃는 것보다 더 큰 문제다.

주식시장이라는 전쟁터에서 전투는 끝없이 벌어진다. 투자자 누구나 언제든지 전투에 참여할 수 있다. 하지만 종일 큰 전투를 하고 난타전을 하면서 위험을 무릅쓰고 격렬하게 싸울 필요가 없다. 100번 연속 이긴다고 해도 여전히 무궁무진한 전투가 기다리고 있다. 불행하게도 한 번의 전투에서 투자금이 소진된다면 그걸로 끝이다.

주식시장은 또 한 가지 특징이 있다. 주식시장은 제로섬 게임이 아니며 경제 성장과 함께 성장한다. 인내심이 강하고 리스크를 충분히 분산한다면 장기적으로 주식투자는 반드시 수익을 안겨준다. 여러분은 모두 승리자가 될 것이다.

주식투자의 지혜

9장
오늘 다시 시작한다면

언젠가는 여러분이 직감적으로 임계점을 찾고 이 책에서 설명한 모든 원칙을 직감으로 능숙하게 활용할 날이 올 것이다. 드디어 초식에 얽매이는 초보 단계를 벗어나 무초식의 고수가 되었음을 의미한다.

여러분은 이제 왜 돈을 벌 수 있었는지를 알고, 반복해서 수익을 낼 수 있는 자신만의 투자 방법도 가졌다. 돈을 잃었을 때는 왜 잃었는지도 잘 알고 적절한 손절매로 손실을 최소화한다. 손실이 나도 빠르게 만회할 수 있다는 걸 알기 때문에 손실이 심리적 부담 요인이 되지 않는다. 이런 경지에 오르면 주식투자를 생업으로 삼을 수 있다.

내 딸은 가끔 이렇게 물었다.

"아빠는 나중에 내가 커서 무슨 일을 하길 바라요?"

내 대답은 항상 같았다.

"네가 좋아하는 일이면 뭘 해도 괜찮아. 단지 네가 남에게 부탁하지 않아도 되는 한 가지 재주는 가지면 좋겠어."

'남에게 부탁하지 않아도 되는 한 가지 재주!' 사회생활을 하는 삼십 대 이상이라면 누구나 이 말에 크게 공감할 것이다. 남에게 무엇을 부탁하는 건 어려운 일이다. 공부를 많이 해서 석박사 학위가 있더라도 남에게 일자리를 부탁하기란 쉬운 일이 아니다. 주식투자는 남에게 부탁할 일이 없다. 주식투자를 제대로 배우기는 어렵지만 힘든 시간을 보내고 나서 '남에게 부탁하지 않아도 되는 한 가지 재주'를 익힌다면 남들은 참기 힘든 직장 상사 스트레스 같은 것도 가벼이 넘길 수 있게 된다.

이쯤에서 이렇게 묻고 싶은 독자도 있을 것이다.

"지금까지 수백 페이지를 통해 수다 떠는 것처럼 말을 많이 했지만 나는 무슨 말인지 모르겠어요. 물론 당신이 책에서 얘기한 걸 다 실천하면 돈을 벌 수 있다는 건 알겠는데, 내가 그렇게 할 정도면 이미 성인聖人이 되었겠죠. 나는 성인이 되고 싶지는 않아요. 도대체 어떻게 해야 성인이 되지 않고도 주식시장에서 돈을 벌 수 있는지 간단하게 말해주겠어요?"

대답하기 어려운 문제다. 역사적인 관점에서 볼 때 여러분은 인내심을 가져야 한다. 20세기 월스트리트의 데이터를 계산해보면 주식시장은 매년 평균 10% 상승했다. 리스크를 분산하고 장기 투자했다면 수익률은 대략 10%가 될 것이다. 여윳돈으로 주가지수 구성 종목이나 펀드에 투자한다면 매년 10%의 수익을 기대할 수 있다는 뜻이다. 머리를 쓸 필요도 없고 성인이 될 필요도 없다. 참, 100년 전 뉴욕에서 커피 한 잔은 1센트밖에 안 했지만 지금은 1달러다. 10% 수익을 올려도 향후 실질 구매력이 얼마나 증가할지는 알 수 없다.

데이 트레이더는 매년 300%, 500%의 수익을 목표로 한다. 펀드매니저는 지수보다 낮은 리스크로 지수보다 높은 수익을 얻는, 주가지수를 초과하는 수익률을 원한다. 개인 투자자는 '다크호스'를 잡아서 몇 년 뒤 계좌를 확인해보면 백만장자가 되어 있기를 원한다. 여러분이 어디에 속하든 목표는 반드시 '올바른 타이밍에 올바른 행동을 하는 것'이 되어야 한다. 목표가 다르면 타이밍과 행동도 다를 수 있지만 전체적으로 다음 세 가지가 주식시장에서 해야 할 '올바른 행동'이다.

① 시기 장악: 언제 시장에 진입하고 언제 방관하고 언제 수익을 실현하고 언제 손절매할지 알아야 한다.

② 자금 관리: 어떻게 리스크를 분산하고 언제 더 많은 리스크를 감당할지 알아야 한다. 어떤 일이 있어도 투자 원금은 지켜야 한다. 원금이 없어지면 게임 끝이다.

③ 감정 통제: 시장에 진입하기 전과 달리 일단 주식을 사면 감정 통제가 어려워진다. 평범한 투자자는 수익이 났을 때 더 기다리지 못하고, 손실이 났을 때 털어내지 못한다. 여러분은 예외인가? 손실을 잘라내야 할 때 주저하지 않는가?

시기 장악, 자금 관리, 감정 통제. 모두 12자다. 완전히 외워서 그대로 하면 된다. 쉽지 않은가? 이 책이 요구하는 건 이 세 가지를 실천하는 것이다. 여러분은 성인이 될 필요가 전혀 없다.

약간의 시간과 노력만 기울이면 된다. 이 12자는 복잡하지 않다. 끈기와 인내력만 있으면 할 수 있다. 행복한 생활을 추구하는 대가로는 정말 작다. 닭을 훔칠 때도 쌀 한 줌은 사용해야 하는데, 쌀 한 줌도 아깝다면 닭을 훔칠 생각도 버려라.

이어서 내가 어떻게 주식투자를 배웠는지 설명하겠다.

주식투자를 배우는
4단계

투자를 공부하는 과정에서 무척 궁금했던 건 내가 현재 어디까지 배웠으며 어느 수준에 도달해야 '졸업'했다고 여길 수 있을까 하는 점이었다. 물론 졸업이 전문가가 되었다는 의미는 아니지만 시장에서 살아남는 데 필요한 지식을 가졌다는 의미는 될 것이다. 예를 들어 수학은 초등학교에서 더하기, 빼기로 시작해 중·고등학교에서는 기하와 대수를 배우기 때문에 나의 수학 지식이 몇 학년 수준인지 파악할 수 있다. 주식투자를 공부할 때도 이런 등급을 나눌 수 있을까? 가능하다.

여기서는 내 경험을 바탕으로 투자 공부와 지식 수준을 4단계로 나누어보았다. 여러분은 나의 경험을 통해 자신이 어떤 단계에 속해 있는지 가늠할 수 있을 것이다. 각 단계가 엄격하게 구분되는 건 아니고, 서로 맞물리는 부분도 많다. 인간의 본성이 서로 통한다면 내가 주식투자를 배울 때 겪었던 과정은 여러분과 비슷할 것이다.

마구잡이 단계

첫 번째 단계는 '마구잡이' 단계라고 부를 수 있다. 이 단계의 특징은 아무런 생각이 없다는 것이다. 살 때 왜 사는지 제대로 모르고, 팔 때도 왜 팔아야 하는지 모른 채 주식을 판다. 매매 결정은 전적으로 다른 사람의 의견이나 자신의 일시적 충동으로 정해진다. 어느 주식 평론가가 특정 주식을 추천하면서 적어도 10%는 오를 거라고 하면 산다. 매도도 원칙과 기준이 없이 돈 좀 벌었다고 생각되면 팔아버린다. 이 단계에서는 절대 손절매를 하려 하지 않는다.

주식투자를 전혀 해본 적 없는 친척 한 분이 어느 날 내가 손실이 난 주식 두 종목을 팔았다는 말을 듣자 나의 잘못을 지적했다.

"손실 난 주식을 어떻게 팔 수가 있지? 이익이 날 때까지 기다렸다 손을 떼야 하지 않나? 손실이 난 주식은 빨리 팔아치우면서 수익이 난 주식은 팔지 않으면 나중에 다시 떨어져 손실이

날 텐데, 자네는 무슨 수로 주식시장에서 돈을 벌겠다는 건가?"

이 말은 초보 투자자의 심리를 대변할 것이다. 이 책을 여기까지 읽은 독자는 이런 심리를 가진 투자자가 왜 주식시장에서 돈을 벌 수 없는지 이해할 것이다.

초보 투자자는 두 가지 뚜렷한 특징이 있다. 첫째, 욕심내지 않는다. 둘째, 겁이 없다.

"욕심내지 않는다."

이들은 조금만 이익이 나면 주식을 팔아버리지 못해 안달이다.

"어제 2,000원에 500주를 샀고 오늘 2,200원으로 올랐으니 빨리 팔아야지. 하루 만에 번 돈 10만 원으로 소고기 한번 잘 먹을 수 있겠네."

주가가 매수가 위로 올라가기만 하면 몸 안의 모든 신경 세포가 부르짖기 시작한다.

"팔아! 팔아! 팔아치우라고!"

내일 주가가 내려갈까 걱정하면서 말이다. 이처럼 초보는 작은 수익에 만족한다.

"겁이 없다."

불행하게도 1,000원에 매수한 주식이 900원으로 떨어진다면 그들은 어떡할까?

"정말 재수 없게 물려버렸네. 일단 반등할 때까지 기다려보자."

"물려도 겁먹을 필요 없어. 어차피 급히 쓸 돈도 아니니 기다리면 돼."

그들은 주가가 하락해도 겁내지 않고 절대 작은 손실을 보려하지 않는다. 내가 관찰한 바로는 유감스럽게도 초보의 80%는이 단계에서 벗어나지 못한다. 여러분도 이런 심리를 지니고 있는지 자신에게 물어보라. 만약 그렇다면 앞으로 아주 먼 길을가야 한다.

탐색 단계

내가 마구잡이 단계에서 머문 시간은 약 반년인데, 다행스러운 건 이 기간에도 돈을 벌었다는 것이다. 당시 나의 두뇌에 큰자신감을 가졌지만 많은 양의 주식 관련 책을 탐독하면서 이게'초보자의 행운'이란 걸 알았다. 마구잡이 투자는 안 된다는 걸깨닫고 나서 '손실은 최대한 짧게, 이익은 최대한 길게!'를 실험하기 시작했다.

먼저 손절매부터 배웠다. 주가가 매수가에서 1달러 하락하면바로 매도하는 것을 규칙으로 정했다. 이후 이런 식의 손실이누적되다 보니 손실 규모가 커졌고, 주가는 자주 손절매 가격까지 내려왔다 반등하곤 했다. 나는 멍청하게 기계적인 손절매만반복했고, 결국 큰 손실을 보게 되었다.

손절매 기준을 1달러로 정한 것이 잘못임을 알고 손절매 폭을 10%로 변경했고 마지막에는 20%로 늘렸다. 이런 기간이 2~3년 지속되었으나 결과는 여전히 좋지 않았다. 예를 들어 주식을 30달러에 매수했다면 손절매 가격을 27달러로 정했고, 주가가 35달러까지 오르면 손절매 가격을 31.5달러로 바꿨다. 테스트 결과를 보니 거래하는 횟수는 줄었지만 손실을 볼 때는 27달러에 팔고 이익이 났을 때는 31.5달러에 팔았다. 이렇게 되면 손실이 날 때는 3달러를 손해 보는데 이익이 났을 때는 1.5달러밖에 못 버니 결국 손해였다.

실제 상황은 더 나빴다. 주가가 30달러에서 28달러로 하락하면 나는 늘 손절매 가격을 26달러나 25달러까지 낮췄다. 정해둔 손절매 폭은 10%였지만 실제 손실 폭은 거의 항상 10%가 넘었다. 틀렸다는 걸 알았지만 어쩔 수 없었다. 주가가 27달러를 찍고 반등할까 봐 걱정되었고 이런 상황은 수없이 발생했다.

주가가 오를 때 매수가보다 높은 가격에 주식을 매도하는 건 어렵지 않았다. 35달러까지 올랐던 주식이 32달러까지 떨어졌다면 31.5달러로 정한 손절매 가격을 다시 낮추지 않았다. 이미 1.5달러의 이익이 난 상태이기 때문이다.

가장 비참했던 건, 완전히 기본적 분석만 이용해서 투자하는 방법을 테스트하면서 해당 기업의 순이익과 자산가치, 수익성을 연구하고 사용 가능한 모든 지표를 분석해 투자했지만 돈을 벌지 못했다는 사실이다. 또 기술적 분석을 이용해 최저점과 최고점을 찾기 위해 노력했지만 매번 '손절매'로 끝났다. 손절매, 손절매, 손절매, 끊임없이 손절매를 해도 수익은 나지 않았다. 나중에는 손절매 때문에 노이로제까지 걸릴 지경이었다.

이동평균선, 윌리엄스^{Williams} %R, MACD 등 컴퓨터가 제공하는 각종 보조 지표도 이용해봤지만 효과적인 건 없었다. 결과는 끊임없는 손절매였다. 간혹 힘들게 수익이 나도 손절매 가격을 너무 낮게 정해서 얼마 벌지 못하기 일쑤였다. 이 기간에 나는 마구잡이 단계에서 운 좋게 번 돈을 모두 날린 데다가 원금도 일부 잃었다. 3년간 헛수고를 했을 뿐 아니라 본전까지 까먹었다.

더구나 나는 이 기간에 전업으로 주식투자만 했다. 내가 읽고 상상할 수 있는 모든 투자 방법을 동원했지만 돈을 못 벌었다. 월스트리트의 투자 교훈을 거꾸로 외울 정도였지만 실제 투자에서는 전혀 소용이 없었다. 당시 내 심정이 어땠을지 짐작할 수 있을 것이다.

나는 주식투자에 대한 자신감을 완전히 상실했고 선물 트레이딩에 운을 걸어보기로 했다. 금, 은, 외화, 대두, 원유, 밀을 거래하기 시작했지만 주식투자를 하면서 배웠던 방법은 아무런 소용이 없는 듯했다. 선물시장은 인위적인 조작이 훨씬 심했기에 나는 더 빠른 속도로 돈을 잃었다. 이때 첫딸이 태어났다. 막중한 책임감을 느끼게 된 나는 미래를 심각하게 고민했다. 여기서 포기해야 하나? 딸의 학비도 벌지 못한다면 나는 딸에게 뭐라고 할 수 있을 것인가?

　4년에 가까운 시간이 흘렀지만 돈을 벌기는커녕 원금도 손해 봤고 남은 거라곤 상처투성이의 경험밖에 없었다. 새로운 직업을 찾는다면 지금까지의 경험은 아무런 쓸모가 없어진다. 내가 얼마나 망설였는지 상상할 수 있을 것이다. 선물 트레이딩은 아주 특별한 분야라 기본적 분석을 중시하지 않는다. 엔화와 대두 가격을 어떻게 정할 것인가? 선물 트레이딩은 기술적 분석을 훨씬 중시하는데, 특히 추세와 저항선, 지지선의 개념이 아주 중요하다. 이 개념들을 주식에 대입하자 나는 갑자기 주가의 움직임도 나름대로 이유가 있다는 생각이 떠올랐다. 순간적인 영감靈感이었다.

　여기서 잠깐 멈춰보자. 위에서 언급한 내용은 주식을 배우는 과정 중 탐색 단계에 해당한다. 여러분이 아직 마구잡이 단계에 머물러 있다면 내가 무슨 말을 하는지 이해하기 어려울 것이다. 하지만 탐색 단계라면 내가 설명하고자 하는 바를 이해할 수 있을 것이다.

　탐색 단계는 이미 주식투자에 대해 적지 않은 지식을 쌓은 상태다. 손절매해야 한다는 것을 알고 이익을 길게 가져가야 한다는 것도 안다. 하지만 구체적으로 어떻게 손절해야 하는지 감을 잡지 못한 상태라 10% 혹은 20% 등의 기계적인 방법으로 손절매 기준을 정한다. 어떨 때는 칼같이 손절매하지만 어떨 때는 손절매하지 않아도 되는 변명을 찾는다.

이익을 길게 가져갈 때도 얼마나 길게 가져가야 할지 모르고 매도 시점을 정하는 데도 어려움을 겪는다. 주식투자에 관한 수많은 방법도 어떨 때는 효과적이고 어떨 때는 아무 효과가 없는데, 이런 방법을 어떻게 응용해야 하는지 모른다. 마구잡이 투자자들을 보면 그래서는 안 된다는 것을 잘 안다. 여러분은 돈을 벌 때도 있고 잃을 때도 있지만 왜 돈을 벌었는지 또는 잃었는지 잘 모른다. 또 아직 체계적인 매수와 매수 기준을 확립하지 못한 상태라 PER이 낮은 주식이나 배당수익률이 높은 주식, 증권사가 추천하는 주식을 보고 '내 직감이 틀리지 않을 거야'라고 생각하며 매수하는 경우가 많다. 이런 표현이 들어맞는다고 생각되면 아직 탐색 단계에 머물러 있는 것이다.

리스크 체험 단계

탐색 단계의 다음은 리스크 체험 단계인데 이 두 단계는 동시에 진행되기도 한다. 아쉬운 점이 있다면 리스크 체험 단계에서 큰 손실을 보는 경우가 많다는 것이다. 한두 번 큰 손실을 경험하지 않으면 무엇이 리스크인지 이해할 수 없기 때문에 이 단계를 졸업하지 못한다. 돈을 잃고 밥도 넘어가지 않고 밤에 잠도 오지 않는 고통을 겪어봐야 주식투자에서 왜 그렇게 리스크 관리를 강조하는지 진지하게 반성할 수 있다. 이런 경험을 하고 나서 3장의 '자금 관리'(139쪽)를 다시 읽어보면 내가 말하는 내용을 진정으로 이해할 것이다.

나는 큰 수익을 내고 나면 꼭 얼마 지나지 않아 큰 손실을 보았다. 큰 수익을 내면 저절로 '이제 알 것 같다'는 자만심이 생겼기 때문이다. 이런 경험은 상당히 여러 번 반복되었다. 어쩌면 수영과 마찬가지다. 수영을 하다가 익사하는 사람의 대부분은 '스스로 느끼기에' 수영을 잘한다는 사람이다. 자신이 수영을 못하는 걸 알거나 정말 수영을 잘하는 사람은 익사하는 일이 드물다.

여러분이 마구잡이 단계에서 큰 손실을 본다면 나는 깊은 동정심을 표할 것이다. 하지만 몇 년간의 투자 경험이 있고 주가와 주가가 움직이는 법칙을 연구하는 데 많은 노력을 쏟은 후에 큰 손실을 보았다면 이때는 대성하기 전의 마지막 시련일 가능성이 크다. 절대 포기해서는 안 된다! 유명한 주식투자 대가들도 성공하기 전에 한 번 혹은 여러 번 파산했다는 걸 잊지 마라. 이 책에서도 언급한 제시 리버모어와 버나드 바루크도 그랬다. 더는 버티지 못하겠다고 생각할 때 좀 더 버텨야 한다.

내가 주식투자를 하면서 겪은 가장 큰 좌절은 '영감이 머릿속에 떠오른' 직후 찾아왔다. 나는 4년 넘게 동안 헛수고를 한 꼴이 되었고 주식시장은 나에게 '돈 없는 사람이 많은 경험을 배우는' 장소가 되어버렸다. 나는 얼마나 돈을 빨리 벌고 싶었는지 모른다. 그런데 불과 2주 만에 5만 3,000달러를 날려버렸다. 돈의 액수보다도 결코 돈을 잃지 말아야 하는 상황이었다는 게 더 큰 좌절이었다. 내가 정한 원칙을 따랐다면 손실의 최대 한도인 4,000달러를 넘을 수 없었다. 하지만 한 번에 너무 많은 자금을 투입했을 뿐 아니라, 제때 손절매를 하려고 하지 않았다. 절대 해서는 안 될 실수를 저지른 것이다. 나는 헛된 희망으로 분석을 대체했다. 내 딴에는 주식을 안다고 생각했지만 제대로 알지 못했다.

그 후로 한 달 동안 생각을 정리했다. 5년간의 경험과 교훈, 그동안 읽었던 수많은 책의 내용을 총정리했고 그 결과물이 바로 이 책에 담긴 모든 것이다. 최근 몇 년간 나는 완전히 이 책에서 말한 원칙을 따랐고 매년 수익률이 100%가 넘었다. 게다가 이 수익률은 극도로 리스크가 작은 상태에서 거둔 결과다. 앞으로도 이런 수익을 계속 올릴 수 있을지는 알 수 없다. 하지만 나는 이미 효과적인 주식투자 방법을 완성했고 이 방법대로 오래 투자한다면 반드시 수익을 올릴 수 있을 것이다. 단지 어떨 때는 수익이 크고 어떨 때는 수익이 작을 텐데, 이것은 운과 관계가 있다.

지속적인 수익 단계

이제 주식투자의 마지막 단계인 '지속적인 수익 단계'를 얘기해보자. 실행 가능한 계획은 상상만으로 이루어질 수 없고 반드시 합당한 이론과 근거가 있어야 한다. 여기서 말하는 '이론'이란 수학적인 확률을 뜻한다. 매번 투자 승률이 50%를 넘고 자금의 일부분만 건다면 몇 번 운이 안 좋다고 해서 망하지는 않는다. 장기적으로 볼 때 반드시 이긴다. 카지노를 하나 차리는 것과 똑같은 이치다.

'근거'가 합당한지 여부는 임계점을 제대로 찾을 수 있는가에 달려 있다. 오랜 관찰과 실전 경험을 통해 임계점이 매매의 핵심 포인트임을 알게 되고, 임계점에서 매매하면 승률은 50%가 넘는다. 여기에 '손실은 최대한 짧게, 이익은 최대한 길게!'라는 원칙까지 지킨다면 벌 때는 크게 벌고 잃을 때는 조금만 잃게 되므로 승리할 확률은 50%가 훨씬 넘는다.

이 단계에 들어서면 돈을 잃어도 돈을 벌어도 늘 냉정한 심리 상태를 유지할 수 있다. 손절매 역시 게임의 일부라는 걸 알기에 고통스럽게 생각하지 않는다. 수익을 냈다 해도 이 역시 필연적인 결과임을 알기에 들뜨지 않는다. 또 승패에 연연하기보다는 올바른 타이밍에 올바른 행동을 취하는 데 집중하게 된다. 이렇게 하면 수익은 저절로 따라올 것을 알기 때문이다.

어떤 사람은 주가의 움직임이 예측 가능하다고 믿고 어떤 사람은 예측 불가능하다고 말한다. 둘 다 틀렸다. 주식투자는 확률 게임이라 100% 확실한 일은 존재하지 않는다. 오직 경험이 쌓여야만 주가 예측 정확성을 50%에서 60%, 70%로 올릴 수 있다. 설사 70%의 정확성을 가지게 된다고 하더라도 '손실은 최대한 짧게, 이익은 최대한 길게!' 원칙을 지키지 않는다면 결국 도로아미타불이 된다는 걸 마음 깊이 새겨야 한다.

여기까지 왔다면 더는 PER이나 배당 같은 지표에만 집착하지 않고 확률적 사고를 할 수 있다. 주식시장의 장세는 어떤가? 상승장이라면 주식을 사서 수익을 올릴 확률이 높아진다. 주식의 PER이나 배당은 어떤가? 매력적이라면 수익을 올릴 확률이 높아진다. 주식의 추세는 어떤가? 상승 추세라면 역시 수익을 올릴 확률이 높아진다. 주식의 움직임은 여러분의 경험으로 판단할 때 정상적인가? 정상적이라면 수익을 올릴 확률이 더 높아진다. 이 외에도 고려해야 할 수많은 요소가 존재하는데 여러분은 모두 확률적 관점에서 요소들의 효용을 평가할 수 있다.

여러분은 주식의 단기 추세가 큰손들의 영향을 받는다는 사실을 알고 있다. 유명한 주식 평론가가 어떤 주식을 적극 추천한다면 그 주식의 차트를 잘 살펴보라. 주가가 이상적인 매수 임계점을 막 돌파한 상태라면 그 전에 매집한 기미가 보일 것이다. 여러분은 이 주식 평론가가 세력과 손을 잡고 주가를 밀어올리고 싶어 한다고 의심해볼 수 있다. 하지만 막 주가를 밀어올리기 시작했으므로 여러분이 주식을 매수해도 당분간 상승할 것이고 수익을 올릴 확률이 충분히 높다. 하지만 주가가 이미 폭등한 상태라면 대개 고점에서 물량을 받아줄 마지막 바보들을 찾고 있는 경우이므로 이때 주식을 매수하면 수익을 올리기 힘들다. 이제 여러분은 같은 '호재'라 해도 상황에 따라 어떻게 분석해서 판단해야 하는지 알고 있으며 '전문가'의 말을 맹신하지 않는다.

여러분은 자신이 왜 돈을 벌 수 있었는지를 알고, 자신만의 투자 방법으로 반복해서 수익을 낸 경험도 가지고 있다. 돈을 왜 잃었는지 잘 알고 떨어질 때 손절매하는 법을 배웠기 때문에 손실도 더는 심리적인 부담이 안 된다. 손실을 빠르게 만회할 수 있다는 걸 알기 때문이다. 이런 경지에 오르면 주식투자를 생업으로 삼을 수 있다. 그렇다면 떼돈을 벌 수 있을까? 그건 운에 달렸다. 7장 '큰 기회를 잡아라'에서 그런 기회와 기회를 잡는 법을 언급했지만 큰 기회는 억지로 찾는다고 해서 찾아지는 게 아니라 하늘이 내려주는 것이다. 여러분의 행운을 빈다.

주식투자의 지식은 여기까지인가? 물론 그렇지 않다. 제시 리버모어는 40년간의 투자 기간 동안 날마다 주식시장에서 새로운 것을 배울 수 있었다고 말했다. 월스트리트에는 다음과 같은 격언이 있다.

"주식시장에서 10년을 버텼다면 계속해서 수익을 올릴 수 있을 것이다. 20년을 버텼다면 당신의 경험은 다른 사람이 배울 만한 훌륭한 가치가 있다. 30년간 살아남았다면 아주 큰 부자가 되어 풍요로운 은퇴를 맞을 것이다."

시장 사이클이 변해도 주식투자의 원칙은 변함이 없지만 여러분은 이런 원칙에서 더 깊은 깨달음을 얻을 수 있을 것이다. 더 많은 예외 상황을 경험할 것이고, 각각의 상황에서 어떻게 다른 원칙을 적용해야 하는지 터득할 것이다.

여기서 주식투자를 배우는 과정을 마구잡이 단계, 탐색 단계, 리스크 체험 단계, 지속적인 수익 단계로 나누어보았다. 나는 아마추어 투자자였던 기간을 빼고도 이 네 단계를 소화하는 데 6년이 넘게 걸렸다. 나는 많은 투자자의 전기도 연구했는데, 비록 구체적인 내용은 달랐지만 그들이 걸어온 길은 상당히 비슷했다. 지속적인 수익 단계까지 왔다는 건 주식투자에 상당한 의미를 지닌 일이다. 이 단계까지 오면 주식시장에서 충분히 수익을 올릴 수 있다. 운이 따라서 큰 기회를 몇 번 잡는다면 투자 대가로 승격될 수도 있을 것이다.

내가 설명한 내용을 토대로 자신이 현재 어떤 단계에 속하는지, 또 얼마나 더 있어야 졸업할 수 있을지 예상해보라. 어느 정도의 인식 능력과 인간의 본성에 대한 이해가 있다면 인간 본성의 약점을 극복하는 데 많은 시간이 필요하지는 않을 것이다. 스스로가 이미 무엇을 해야 하는지 잘 알기에 최선을 다해 실행에 옮기기만 하면 되기 때문이다. 가장 많은 시간이 필요한 건 임계점을 찾는 방법을 배우는 것이다. 리스크 감당 능력은 모두 다르므로 찾아낸 임계점 역시 모두 다르다. 반드시 주가, 거래량, 추세, 뉴스, 장세, 기업 수익성, 제품 등 모든 요소를 종합적으로 고려해야 한다. 필요할 때는 아무것도 하지 않고 기다리는 것도 중요한 능력 중 하나다.

임계점을 찾는 방법, 임계점 부근에서 매매하는 방법을 더 자세히 설명할 수 있다면 좋겠지만 이는 예술의 영역에 속하는 문제라 말로는 온전하게 설명하기가 불가능하다. 게다가 모든 사람에게 적합한 방법이란 존재하지 않으므로 나는 방향만 제시해줄 수 있을 뿐이다. 여러분은 이 방향을 보고 돌을 두드려가며 강을 건너는 것처럼 신중하게 찾아야 한다.

임계점을 찾는 지름길은 없으며 무수한 시행착오만이 유일한 방법이다. 언젠가는 직감적으로 임계점을 찾고 직감만으로 이 책에서 설명한 모든 원칙을 능숙하게 활용할 날이 올 것이다. 초식에 얽매이는 초보 단계를 벗어나 사소한 원칙에 얽매이지 않는 무초식의 고수가 되었음을 의미한다.

독자 질문에 대한 답변

책을 마치기 전에 그동안 독자들이 자주 한 질문에 답해보겠다.

어떻게 이 책을 쓸 생각을 하게 되었나?

1998년 2월 8년 만에 고향인 푸저우로 돌아가서 고향이 크게 변한 걸 봤다. 두 눈으로 중국의 주식투자 열기를 목격하면서 아쉬웠던 건 투자자 대부분이 마구잡이 단계에 머물러 있다는 점이었다. 나의 경험을 책으로 쓴다면 중국 투자자들에게 도움 되지 않을까 하는 생각이 들었다. 친구들과 가족도 내가 투자 경험을 정리하는 것을 적극적으로 격려해주었다.

다른 여러 주식투자 책은 주가가 하락했을 때 '물타기'를 손실 만회의 좋은 방법이라고 추천하는데 이 책에서는 절대 반대하고 있다. 어느 쪽이 맞는가?

나는 주식투자에 절대적인 맞고 틀림은 없다고 줄곧 강조했다. 하지만 이 문제에 대해서는 다음과 같은 두 가지 의견을 말하고 싶다. 첫째, 그 책들의 저자는 주식투자 경험이 많지 않을 것이다. 둘째, 그들은 아마 자료를 정리하는 과정에서 펀드를 주식으로 잘못 베꼈을 것이다. 펀드는 주식투자를 위한 수단이지만 많은 주식을 매수하기 때문에 리스크를 충분히 분산한다. 따라서 기본적으로 전체 시장과 같이 움직인다. 주식시장은 전체 국민 경제의 바로미터 역할을 하는데, 정치와 경제 같은 큰 문제가 없다면 시장은 상승 곡선을 그린다. 펀드를 매수했다면 매매 시점은 신경 쓸 필요 없이 장기 보유하면 된다. 이런 경우 물타기로서 매수 단가를 낮추는 방법을 사용할 수 있다.

그러나 개별 주식은 등락이 아주 크다. 과감한 물타기는 정말 뜨거운 맛을 보지 못했기 때문이다. 나에게 가장 깊은 인상을 남긴 사람은 상하이교통대학 선배인 왕안 박사다. 내가 대학을 다닐 때 왕안컴퓨터는 미국에서도 IBM도 능가할 기세로 급성장 중이었다. 우리는 왕안 박사 같은 선배가 있는 걸 영광으로 여겼다. 지금 표현을 빌리면 왕안컴퓨터는 당시의 '우량주'이면서 '주도주'였다. 하지만 얼마 지나지 않아 파산했다! 지금도 왕안컴퓨터는 미국 증시에 상장되어 있지만 이전의 회사가 아니라 다른 기업에 매각되어서 왕안 브랜드가 다른 용도로 사용되고 있다. 불행하게도 왕안컴퓨터 주가가 한창 오르던 때 매수해서 하락할 때 물타기를 했다면 비참한 결과를 맞았을 것이다.

물론 구체적인 상황에 따라 예외가 있을 수 있다. 하지만 투자 전략으로서의 물타기는 틀렸다.

자신만의 매매 지표를 가지고 있는가? 예를 들어 어떤 선이 어떤 선을 돌파할 때 매매하면 반드시 돈을 벌 수 있다는 그런 방법 말이다.

첫째, 없다. 둘째, 그런 방법은 존재하지 않는다. 셋째, 솔직히 말해 정말 그토록 쉽게 돈을 벌 방법이 있다면 나 혼자만 알고 절대 공개하지 않을 것이다.

주식투자를 도박에 비유하고 주식 매수를 돈을 걸었다고 표현하는데, 주식투자와 도박의 차이점을 설명해달라.

돈을 잃을 가능성이 있는 모든 행위는 도박이다. 은행에 저축하면 반드시 이자가 지급되기 때문에 도박이 아니다. 주식투자는 돈을 거는 것이기 때문에 도박과 같다. 하지만 주식을 매수한 후 펀드처럼 장기 보유하고 리스크를 최대한 분산하면 도박적 요소가 적어진다. 국가가 안정적이라면 경제는 항상 발전하므로 주식시장은 장기적으로 틀림없이 상승하기 때문이다. 미국의 60년간 통계를 봐도 주식시장은 매년 약 11% 상승했고 은행 예금 금리보다 높았다. 하지만 주식시장에서 큰 수익을 올리고 싶다면 반드시 높은 리스크를 감수해야 하는데 리스크가 커질수록 도박적 요소도 많아진다.

저자의 주식투자 경험은 미국에서의 경험이다. 이런 경험을 중국이나 다른 나라에도 적용할 수 있나? 저자는 중국 주식시장의 인위적인 조작이 심각하다는 것을 아는가?

중국 주식시장에 인위적인 조작이 존재한다는 것을 안다. 하지만 여기서 중국이라는 두 글자를 인도, 프랑스, 말레이시아, 심지어 미국으로 바꿀 수 있다. 모든 주식시장에는 정도의 차이만 있을 뿐, 큰손이나 세력의 인위적인 조작이 존재한다.

여러분의 자금 규모가 매우 크다면 여러분의 매매는 주가에 영향을 미치게 될 것이며 다른 사람은 여러분이 시장을 조작한다고 말할 것이다. 이 책에서 설명한 원리는 세계 어느 곳의 주식시장과 선물시장에도 적용할 수 있다. 이 책 내용 중 많은 부분은 선물 트레이딩을 통해 깨달은 것이다. 이 세상에서 인위적인 조작이 가장 심한 시장은 주식시장이 아니라 선물시장이다. 어떤 주식도 적지 않은 장기 투자자가 존재하지만 선물 계약의 98%는 단기 거래를 하는 트레이더가 가지고 있다. 일반 시민이 3%의 계약금만 내고 대두 10만 톤을 사서 뭘 하겠는가? 평생을 먹어도 다 먹을 수 없고 보관할 장소도 없으니 완전히 투기를 위해서다. 자신의 투자 실패를 주식시장의 인위적인 조작 탓으로 돌리는 것은 패배자의 변명에 불과하다.

주가에 영향을 미치는 가장 중요한 요소는 무엇이라고 생각하는가?

이익과 미래 예상 이익이다. 주식을 매수하면 곧 그 기업의 주주가 된다. 여러분은 전망이 좋지 않은 기업에 자신의 돈을 오래 놔두고 싶지 않을 것이다. 다른 사람도 마찬가지다.

나는 주식투자를 배우고 싶지만 돈을 잃을까 겁난다. 먼저 모의 투자를 통해 주식 매매를 익힌 후 돈을 벌 수 있게 되었을 때 실제 투자를 시작하는 건 어떤가?

발상은 좋지만 실제로는 효과가 없다. 돈을 투입하지 않은 투자에서는 공포, 탐욕, 희망 등 심리적인 과정을 경험할 수 없기 때문이다. 결국 시간 낭비다.

내게 인상 깊었던 이야기를 하나 들려주겠다. 1981년 상하이 교통대학 3학년 때 전기공학을 들었는데 주로 전자 신호의 발송과 증폭에 관한 내용이었다. 마지막 강의 주제가 뜬금없게도 '자만하지 말고 겸허한 사람이 되라'였다. 교수님은 이 말의 의미를 깊이 새기면 나중에 사회생활을 하면 쓸모가 있을 것이라고 말씀하셨다.

이날 강의 내용은 짐작할 수 있을 것이다. 나는 당시 스무 살도 안 되었기에 '자만하지 말라'는 말이 마음속 깊이 와닿지는 않았다. 대학을 졸업한 지 30년이 지난 지금 전기공학에 관한 내용은 깡그리 잊었지만 교수님 말씀은 기억하고 있다. 시간이 지날수록 이 말은 그 가치를 드러내는 것 같다.

나는 지금도 고요한 밤이면 자주 이런 생각을 하곤 한다. '내가 진작 자만하지 않고 겸허할 줄 알았다면 지금 주식투자로 먹고살지는 않겠지.' 농담으로 넘겨버리면 안 된다. 내가 주식투자를 배우기 위해 얼마나 많은 대가를 지불했는지 모를 것이다. 물론 인생의 화禍와 복福은 맞물려 있다. 주식투자는 나에게 복이지, 화는 아니다. 인생을 다시 선택할 수 있다면 나는 그래도 주식투자를 생업으로 삼을 생각이다. 오랜 시간 버틸 수만 있다면 주식투자는 정말 비교할 데 없이 좋은 일이다. 베팅에서 이길 수만 있다면 세상에 이만한 직업이 없다.

여러분이 이 책에서 얼마나 많은 주식투자 방법을 배웠는지 알 수 없지만 '자만하지 말라'는 이 한마디만 기억해도 책을 헛되이 읽은 건 아니다. 나는 이 말을 주식투자에 인용해서 여러분에게 주는 마지막 충고로 삼으려 한다.

"자만하지 말고 겸허한 사람이 되라!"

만약 오늘
다시 시작한다면

　이 책은 여러 번 재판을 발행했고 매번 새로운 내용을 추가했다. 이 내용을 쓰고 있는 지금은 2018년이다. 내가 전업으로 주식투자를 한 지도 사반세기를 넘겼다. 그동안 주변 투자자에게 "주식투자를 처음부터 다시 배운다면 어떻게 시작하고 무슨 책을 읽을 건가요? 특별한 경험이나 교훈이 있나요?"라는 질문을 수없이 받았다.

　사반세기 동안 한 가지 일을 했으니 당연히 수많은 경험과 교훈이 쌓였을 것이다. 투자는 산처럼 항구적이어서 오늘 발생하는 일은 어제 일어났던 일일 것이고 이후에도 계속 발생할 것이다. 내 경험도 옛날 사람의 경험을 반복하는 데 불과할 것이고 오늘의 나는 심지어 어제의 나를 반복하고 있을 것이다. 이 업종에 오래 있게 되면 여러분의 경험도 아마 비슷해질 것이다. 확실히 월스트리트에 새로운 일은 없다. 이해 능력이 향상된다고 해도 언어적인 표현은 여전히 비슷할 것이다. 책의 내용을 다 담을 수는 없지만 가장 인상적인 내용을 다시 한번 정리해보겠다.

첫 번째 교훈: 급하게 돈을 벌려고 하지 말라

이 업종이 사람에게 주는 환상은 쉽게 돈을 벌 수 있다는 것이다. 뉴스, 인터넷을 보면 항상 순식간에 큰돈을 번 이야기가 있다. 여러분도 짧은 시간에 큰돈을 벌 기회와 맞닥뜨릴 수 있다. 문제는 주식시장에서 큰돈을 잃을 기회와 큰돈을 벌 기회는 같다는 것이다. 주식시장에서는 간단하게 키보드만 한 번 누르면 전 재산을 걸 수 있다. 너무나 유혹적이지만 반드시 이런 욕망을 통제해야 한다. 이 관문을 넘지 못하면 주식시장의 도박꾼에 불과하며 도박꾼의 결말은 대개 좋지 않다. 빨리 돈을 벌고자 하는 심리를 극복하기까지는 아주 오랜 시간이 필요한데 빨리 극복할수록 좋다. 내 경험을 돌이켜 봐도 크게 손실을 봤을 때 이런저런 변명을 찾으려 했지만 원인은 돈을 빨리 벌고자 하는 조급한 마음이었다.

두 번째 교훈: 도박 심리로 주가를 보지 말라

주식투자를 막 시작했을 때 나 역시 여러분과 마찬가지로 기본적 분석으로 주식을 연구해서 어떤 주식이 매수할 가치가 있는지 판단했다. 대다수 금융 전공자도 이렇게 할 것이다. 문제는 기본적 분석은 주가가 오를지 내릴지 알려주지 않으며, 많은 경우 싼 주식은 대개 주가가 더 내려간다는 것이다. 일반적으로 가격이 오르는 주식은 투자 가치가 있지만 내려가는 주식은 투자 가치가 없다. 이 사실은 기본적 분석과 모순된다. 기본적 분석에 따르면 주가가 하락할수록 투자 가치는 더 커진다. 이 모순은 설명할 도리가 없다.

현재 내가 채택한 방법은 기본적 분석으로 수치를 얻은 다음 기술적 분석으로 시장이 인정하는지 판단하는 것이다. 일단 기술적 분석을 활용하면 '예술적 사고'를 하게 되면서 심리 상태가 달라진다. 단지 기계적으로 수치만 참고하는 게 아니라 시장에서 거래 상대방의 심리를 추측하려 시도하게 되고, 거래 상대방이 큰손이라면 어떤 속임수를 쓸지 예측하게 된다. 이런 심리 상태는 빨리 가질수록 좋다. 항상 자신을 일깨워라. 매번 내가 사는 주식은 다른 사람이 나에게 판 주식이다. 상대방을 존경하라.

세 번째 교훈: 추세를 따르라

　젊었을 때 나는 내 두 손으로 세계를 바꿀 수 있으리라 꿈꿨다. 나이가 어느 정도 들고 나서야 내가 얼마나 미미한 존재인지 깨달았다. 아무것도 바꿀 수가 없었다. 주식투자를 시작할 때도 기본적 분석, 기술적 분석 등 이것저것 연구하며 나의 분석으로 내일의 주가를 예측할 수 있다고 생각했다. 물론 시장과 주가는 내 생각에 조금도 귀 기울이지 않았다.

　주식투자를 좋아하는 사람은 대체로 개성이 강하고 머리도 좋아서 자신의 안목과 판단에 대한 믿음으로 가득 차 있다. 이런 자신감이 없으면 어떤 일을 해도 성공할 수 없겠지만 주식시장에서는 자신감 때문에 문제에 부딪히곤 한다. 주가 움직임이 여러분의 예측과 다르다면 어떻게 할 것인가? 자신을 믿을 것인가, 아니면 주가를 믿을 것인가? 자신을 믿는 것에서 주가를 믿는 것으로 바뀌는 과정은 간단치 않다. 그러나 이 관문은 반드시 넘어야 한다.

　오늘 다시 시작한다면 나는 곧바로 이렇게 생각할 것이다. "주가야, 네가 내 말을 안 듣겠다면 내가 너의 말을 듣는 건 괜찮겠지? 네가 나와 같이 가지 않겠다면 내가 너와 함께 가겠다!"

　이상 세 가지 교훈은 심리 상태와 관련된다. 나도 정말 긴 시간이 지나서야 순응할 수 있었다. 즐거움에서 고통, 고통에서 천천히 마비되었다가 감각이 없어지는 점진적인 과정을 거쳐야 하는데 모든 단계가 쉽지 않다.

여러분이 빨리 돈을 벌고 싶은 데다 자신감까지 가득 차 있다면 이것은 틀림없이 재난이 닥쳐오는 신호다. 특별히 주의하기 바란다.

독서 얘기도 해보자. 처음부터 다시 책을 읽는다면 어떤 책을 읽을까? 주식시장에 대한 이해를 높이고 싶다면 실전 투자와 독서를 병행해야 한다. 시장에 진입해서 실전 경험을 쌓는 동시에 책을 통해 다른 사람의 경험에서 배워 시행착오를 줄일 수 있다. 거인의 어깨에 서면 공부하기가 훨씬 쉬워진다.

나는 먼저 주식에 대한 기본 지식을 쌓을 것이다. 주식은 대체 무엇인가? 역사를 통해 주식이 현대 사회에서 어떤 기능을 발휘하고 있는지 이해하고 싶다. 현대 사회의 기업은 어떻게 운영되는가? 주식 매매가 어떻게 완성되는지도 이해해야 한다. 나는 주식이 어떻게 상장되고 상장 조건은 무엇인지, 기업은 어떻게 재무제표를 공시하는지 등을 담은 기본적인 책을 몇 권 읽을 것이다.

그다음에 기본적 분석, 즉 주식의 가치를 이해하기 위해 노력할 것이다. 이 방면의 책은 아주 많지만 PER과 고정자산 등이 무엇인지 알려주는 간단한 책을 찾아서 볼 것이다. 나는 학교에서 가르치고 워런 버핏도 강조하는 이런 지식을 이해하기 위해 노력하지만 맹신하지 않을 것이다. 앞에서도 말했듯이 이론과 숫자에 뛰어난 금융학 교수들이 실제 주식시장에서 돈을 벌지 못하지 않았던가.

주식시장은 가끔 특별한 기회를 준다. 예를 하나 들어보자. 어떤 기업의 PER이 3배에 불과한데 부채도 거의 없고 사업도 계속 운영한다면 3년이면 기업을 통째로 살 수 있는 돈을 벌어들인다. 주식을 산 후 몇 년 기다리면 거의 틀림없이 돈을 벌 수 있다. 바로 이게 기본적 분석의 핵심이다. 일단 현행 기본적 분석 체계를 이해한다면 간혹 가격과 가치 간에 큰 차이가 있는 상황을 발견할 수 있고 작은 리스크로 큰 수익을 올릴 투자 기회를 잡을 수 있다.

하지만 기본적 분석을 완전하게 적용하는 데는 무리가 있다. 주가는 항상 기본적 분석의 스펙트럼을 벗어나기 때문이다. 주식의 가격은 기본적 분석의 결과에 따라서 움직이지 않는다. 우리가 확실히 아는 것은, 주식을 사는 사람이 많으면 주가가 올라가고 주식을 파는 사람이 많으면 주가가 내려간다는 것이다. 그렇다면 다른 사람의 주식 매매를 관찰해서 시장 진입 여부를 결정하면 되지 않는가? 여기서 기술적 분석과 만나게 된다.

나는 이제 기술적 분석 책을 찾아볼 것이다. 기술적 분석은 차트를 보는 것이다. 주가 차트는 돈이 만든 것이며, 돈은 거짓말을 하지 않는다. 차트를 보면 이동평균선이 있고 패턴을 볼 수 있다. 기술적 분석은 주식투자의 또 다른 학파다. 그러나 나는 기술적 분석도 간단한 책만 찾아보면서 주식투자는 예술이지,

과학이 아니라고 스스로에게 일깨울 것이다. 숫자뿐 아니라 차트 분석에도 너무 몰두하지 않을 것이다. 기본적 분석과 기술적 분석이라는 관문을 넘고 나면 개별 종목 분석에 필요한 지식은 충분하다. 이제 이 지식을 바탕으로 독립적으로 투자할 수 있다.

다음 도전할 영역은 투자 포트폴리오를 통해 리스크를 통제하는 방법이다. 500~1,000만 원 정도로 재미 삼아 주식투자를 한다면 포트폴리오까지 고려할 필요는 없다. 그러나 자산 규모가 커지면 달라진다. 돈을 천천히 버는 건 괜찮지만 손해를 보면 문제가 복잡해진다. 자산 배분 이론을 공부하는 건 필수적이다. 투자 리스크를 조절해서 기대 수익을 조정하는 것은 비교적 높은 수준의 지식이다. 장기간 노력하지 않는다면 성공하기 어렵다.

한 걸음 더 나간다면 옵션 관련 공부다. 옵션 역시 주식시장의 한 부분이다. 옵션은 주식의 리스크를 낮추기 위한 것이지만 옵션 자체는 극도로 리스크가 높은 상품이다. 지식으로서 이해할 필요는 있지만 일반 투자자가 옵션에 투자하는 건 추천하지 않는다.

주식의 움직임은 물리학 법칙을 따르지 않는다. 대중의 심리가 주가를 움직이는 주요 동력이므로 대중의 심리 연구는 고수의 길로 가는 필수 코스다. 이 분야의 공부로 가장 좋은 건 선배의 경험이다. 나는 엄청난 성공과 파산을 거듭한 트레이더 제시리버모어의 경험을 다룬 책에서 인간 본성과 대중 심리의 많은

주식투자의 지혜

것을 배웠다.

이 책을 다 읽은 독자 중 전업 투자를 하고 싶다며 조언을 요청하는 경우가 종종 있다. 내 대답은 대개 '반대'다. 돈을 좋아하는 사람은 많지만 리스크를 좋아하는 사람은 없다. 그러나 전업 투자로 성공하려면 리스크도 즐길 줄 알아야 한다. 돈만 좋아하면 이 업종에서 버틸 수가 없다. 깊은 생각 없이 전업 투자를 시작했다가 이룬 것 하나 없이 순식간에 몇 년이 흘러가 버린다. 자신에게 달리 물어보라. 혼자 창업하는 걸 좋아하는가? 그렇지 않은 성격이라면 전업 투자도 대체로 적합하지 않다. 주식시장에서 재미로 조금씩 베팅하는 것과는 다른 문제다.

전업 투자를 오래 할수록 이 업종은 틀에 박혀 있다는 걸 실감하게 된다. 역사적으로 주식시장을 대표하는 기업은 증기선을 생산하는 기업에서 기차, 자동차, 컴퓨터, 스마트폰을 생산하는 기업 등으로 계속해서 변하지만 주식 자체의 특징은 이전 그대로다. 상승하거나 아니면 하락한다. '보합'을 넣고자 하면 넣을 수도 있다. 어쨌든 새로운 게 출현한 적이 없다. 그러나 리스크를 즐길 수 있다면 주식시장은 정말 무궁무진한 매력이 있는 곳이다.

돈에 대한 반성

이 책은 돈 버는 방법을 다룬 책이다. 그렇다면 돈이란 무엇이며 돈을 어떻게 봐야 하는가? 심오한 문제다. 돈을 번다는 것은 경제적인 성공을 뜻하지만 경제적인 성공은 성공적인 인생의 일부일 뿐이다. 우리가 세상을 살면서 추구하는 것은 성공적인 인생이다. 성공적인 인생은 일종의 '마음 상태'다. 날마다 침착하고 평온하며 만족감을 느끼는 마음을 유지할 수 있다면 성공적인 인생을 사는 것이다.

돈 버는 걸 반대할 사람은 없다. 돈 자체는 나쁜 것도 아니다. 문제는 돈이 제법 모이고 나면 생각지 못한 곤혹스러운 일이 생긴다는 것이다. 우선 막대한 부는 정상적인 인간관계에 걸림돌이 된다. 만나는 사람마다 나를 이용하려고 하는 건 아닌지 경계하게 된다. 19세기 영국의 은행가 로스차일드도 이런 고민을

했다.

"나에겐 친구가 없고 오직 고객만 있다. 부는 나와 주위 사이에 높은 담장을 쌓아버렸다. 어디를 가도 사람들은 내가 후하게 지갑을 열기를 바란다. 얼마를 내놓든 뒤에서 인색하다고 원망한다."

풍족한 재산은 집안 문제의 씨앗이 되기도 한다. 옛말에 '부잣집에는 집안을 망치는 자식이 많다'고 했다. 부잣집의 재산은 자녀가 바른 목표를 세우고 이루기 위해 최선을 다할 필요성을 느끼지 못하게 한다. 애써 배우고 일하지 않아도 평생 먹고살 돈이 있다는 생각에 펑펑 쓰며 호강스럽게 자란다. 재산을 놓고 형제끼리 반목하고 부모와 자식 간에 불화가 생기는 일도 흔하다. 이들은 뼈대 있는 부잣집이 아니라 졸부인 경우가 많다. 가난할 때는 서로 돕고 의지하며 살다가 돈이 꽤 생기자 어떻게 누릴지에 골몰하며 혈육 간의 정도 사라진다.

이런 일은 수천 년 동안 반복되어왔다. 돈을 벌지 말라는 얘기가 아니다. 필요한 것보다 훨씬 더 많은 돈을 벌려고 하는 욕망은 의미가 없다는 말이다. 이런 욕망에 매달리다 보면 다른 많은 것을 잃게 되기 때문이다. 미다스 왕은 손에 닿는 것을 금으로 변하게 할 수 있었지만 결국 딸도 금으로 바꿔버렸다.

부자가 되고 싶은 마음은 종종 주식투자에도 걸림돌이 된다. 투자에는 최적의 타이밍에 올바른 실행을 할 수 있는 마음가짐이 필요할 뿐, 다른 생각과 방법은 방해만 된다.

나는 연 수입이 2,000만 원밖에 되지 않는데도 만족하는 사람을 봤고, 연 수입이 2억 원이나 되는데도 돈이 부족해 불만인 사람도 봤다. 돈이 남는 사람과 모자라는 사람 중 어느 쪽이 부자일까? 누가 더 평온하고 만족스럽게 살아갈까? 전적으로 자신의 선택에 달린 문제다. 절대로 자신의 경제 능력을 넘어서는 생활을 누리려고 탐하지 말라. 그러다간 치욕감만 남을 뿐이다.

어머니가 나에게 늘 타이르던 말씀을 기억한다.

"어릴 적에 고생을 많이 하면 나이 들어서 복을 받고, 어려서 복을 다 누리면 늙어서 고생하게 된단다."

나이가 들수록 고개가 끄덕여지는 말이다. 복을 소중히 여기고, 분수에 맞지 않는 생각을 하지 않으면 복은 저절로 따르게 된다. 분수에 맞지 않는 생활은 자신의 복을 미리 써버리는 것이어서 나중에 후회하게 되지만 이미 늦은 후회다.

부와 명예는 성공의 결과 중 하나일 뿐이다. 성공적인 인생은 목적지에 도달했다는 결말이 아니라 목적지까지 가는 과정이다. 성공의 생명이 초, 분, 시, 일로 구성되어 있다면 이를 부단히 지속하는 것이 성공적인 인생이다. 매시간, 매일, 매달 즐거운 순간이 여러분의 마음을 평온과 화목함으로 채워줄 것이다.

중국의 전통적 숙명론에 따르면 사람이 평생 먹고 쓰는 것은 하늘이 정해준다. 나는 이런 견해에 동의하지는 않는다. 부를 하늘이 정해준다면 굳이 힘들게 일할 필요가 있겠는가. 하지만 큰 부자는 하늘이 내린다고 믿는다. 누구라도 노력만 하면 억만

장자가 될 수 있다는 것은 비현실적이다. 우리가 평화로운 시대에 사는 것도 복이다. 전쟁이나 폭동이 없기에 부지런하면 최소한 입에 풀칠할 걱정은 하지 않아도 된다.

주식투자 역시 하나의 직업이므로 투자의 기술을 터득하면 생계를 걱정할 일은 없을 것이다. 하지만 주식투자로 큰 부자가 되려는 생각은 현실적이지 않다. 다른 업종에서 일하는 사람보다는 부유하게 살 수 있을 것이다. 하지만 큰 부자는 사람의 힘으로만 가능한 게 아니고 하늘에 달려 있다.

돈은 인간의 선량한 면을 끌어내기도 하지만 악한 면을 드러나게 할 때가 더 많다. '간사하지 않은 상인은 없다'는 말도 있지 않은가. 돈을 벌고자 하는 강한 욕망은 주식 공부를 열심히 하게 해서 돈 벌 계기를 만들어주지만 리스크를 경시하게 할 때도 많다. 결국 부정적인 결과를 낳기 쉽다.

명예욕이 강한 사람은 자존감이 부족한 경우가 많다. 돈과 명예에 대한 과도한 욕구는 마음의 평정을 잃게 만들며 주식시장에서 빨리 돈을 벌고 싶은 마음으로 나타난다. 조급함은 주식투자에서 아주 치명적이다! 그래서 유가 사상에서는 안신입명(安身立命, 편안한 자세로 삶을 따른다)을 위해서 '중용'을 신조로 삼는다. 주식투자든 사회생활이든 사람은 늘 자연에 순응하고, 탐욕을 경계하며, 성공에 너무 조급해하지 않고, 심신의 균형을 맞추는 데 힘쓰며, 방종하지 않아야 한다.

나는 여러분이 주식투자에서 성공하기를 바라는 것 이상으로 성공적인 인생을 보내기를 바란다. 군자는 재물을 취할 때도 도리를 지키는 법이다. 수단과 방법을 가리지 않고 재물을 탐하다가는 마음의 평정을 잃는다.

이런 사실을 깨닫고 나면 생활 속에서 많은 즐거움을 발견할 수 있을 것이다. 사람은 여러 단점을 지니기 마련인데 가장 치명적인 것이 탐욕이다. 탐욕이 너무 강하면 인격, 행동, 주식투자 모두 엉망이 되어버린다. 여러분이 짬을 내서 돈과 인생의 의미를 사색하는 시간을 가졌으면 한다. 주식투자에도 도움이 될 것이다. 맑고 평화로운 마음은 성공적인 주식투자의 근본이다.

여러분의 행운을 빈다!

옮긴이의 말

"아는 것과 행동하는 것은 다르다."

이 말이 주식시장보다 더 잘 적용되는 곳은 없을 것이다. 주식시장만큼 '자칭' 전문가가 많은 곳도 없다. 우리가 자주 보는 주식투자 전문가의 대다수는 '해설' 전문가지, '투자' 전문가가 아니다. 해설과 투자는 모의 투자와 실전 투자만큼이나 차이가 크다. 모의 투자는 결과에 대한 책임을 지지 않기 때문에 벅찬 희열을 주는 성공뿐 아니라 쓰라린 아픔을 주는 실패로부터도 배울 수 없다. TV에 나오는 투자 전문가 얘기를 들어봤자 별 도움이 되지 않는 이유다.

아는 것과 행동하는 것은 '책으로 지식을 쌓은book-smart' 사람과 '세상 이치에 밝은street-smart' 사람의 차이와도 같다. 수많은 경제학자 중 주식투자로 성공한 사람은 존 메이너드 케인스가 거의 유일하다. 우리가 주식투자를 잘하기 위해서는 이론보다 실전이 더 중요하다.

《주식투자의 지혜》는 실제 투자 과정에서 쓰라린 아픔과 벅찬 희열을 두루 경험한 '투자' 전문가가 쓴 책이다. 지금까지 수많은 주식 관련 책을 읽었지만 이 책만큼 저자의 실전 경험이 생생하게 와닿은 적이 없었다.

사람들이 다이어트에 실패하는 이유와 주식투자에 실패하는 이유는 똑같다. 방법을 몰라서가 아니라 그것을 실천할 의지가 부족하다는 점이다. 최고의 다이어트 비법은 적게 먹고 많이 움직이는 것이다. 주식투자 성공법도 누구나 알 수 있을 만큼 간단하다. 그중 하나는 '손실은 짧게, 이익은 길게' 가져가는 것이다. 그러나 작은 이익에 욕심을 내면서 조그만 손해도 보지 않으려는 게 인간의 본능이다. 장담컨대 작은 이익을 탐하지 않고 조그만 손해를 두려워하지 않는 마음가짐을 배우는 것은 정신없이 바쁜 오후 일과를 끝내고 책상 앞의 달콤한 도넛을 외면하기보다 훨씬 어렵다.

또한 다이어트에 성공하려면 탄수화물을 멀리해야 하는 것처럼 성공적인 주식투자를 위해서는 '물타기'를 경계해야 한다. 그러나 매수한 주식이 하락했을 때 물타기를 해서 평단가를 낮추고 싶은 게 인간의 본능이다. 주가가 조금만 상승해도 본전, 심지어 수익을 내고 매매를 마무리할 수 있으니 얼마나 달콤한 유혹인가.

주가가 하락하는 데는 이유가 있다. 또한 매수한 주식이 하락했다는 것은 이미 내 판단이 틀렸음을 뜻한다. 절대 추가 매수해서는 안 된다. 손절매하고 싶은 생각이 처음 들었을 때가 가장 적은 손실로 팔 수 있는 시점이라는 말이 있다. 정말 그렇다.

이 책은 전체 자금을 5~10등분 한 후 리스크 대 리턴 비율이 1 대 3 이상일 때만 자금을 투입하라고 강조한다. 기대 수익이 기대 손실보다 3배 이상 클 때만 투자하면서 분산투자와 손절매 원칙을 지킨다면 돈을 벌지 않으려야 않을 수 없다는 것이다.

가장 조심해야 할 건 뭘까? 저자는 투자자가 저지르는 실수의 심리 요인 중 99%는 공포, 탐욕, 희망이라고 설명한다. 주식투자에서는 아는 것도 중요하지만 마음속의 공포와 탐욕, 희망을 다스리는 게 훨씬 더 중요하다.

《주식투자의 지혜》는 산전수전 다 겪은 선배 투자자가 후배 투자자를 염려하는 마음에서 해주는 따뜻한 충고, 30년 이상 실전 투자를 통해 터득한 지혜street-smart가 가득하다. 책을 번역하는 내내 저자와 나란히 걸으면서 진심 어린 조언을 곁들인 투자 이야기를 듣는 기분이었다. 독자 여러분도 투자의 어려움이 닥쳤을 때 귀 기울일 수 있는 지혜로운 조력자를 얻게 되리라 생각한다.

김재현

차티스트 vs. 펀더멘털리스트

이 책과의 인연은 2010년으로 거슬러 올라간다. 내가 지금까지도 참 좋아하고 늘 배우는 나성욱 펀드매니저가 어느 날 문득 이 책을 건네주었다.

"이거 차트 책인데요, 재미있어요. 이런 것도 한번 공부해보세요."

나는 그분과 종종 투자에 대해 깊은 이야기를 나누었다. 당시의 주요 화두는 '좋은 기업은 어제도 좋은 기업이었고 내일도 좋은 기업일 것이다. 그런데 내가 어제 이 기업을 리서치했다고

---

* 이 글은 특정 종목에 대한 투자 의견을 제시하지 않는다. 이 글에 등장하는 사례는 과거의 사례일 뿐이며, 현재의 해당 기업에 대한 필자의 의견과 무관하다. 투자에 대한 판단은 투자자 각자가 하여야 한다.

해서 오늘 사야 하는 이유가 무엇일까? 최적의 타이밍이 있지 않을까?' 하는 의문이었다.

그때만 해도 나는 펀더멘털에 집중하는 여러 투자자와 마찬가지로 '그런 건 어차피 못 맞히고, 그래도 돈 버는 데 지장이 없다'는 입장이었다. 그러다가 이 책을 읽고 눈이 번쩍 뜨이는 기분이 들었다. 주가는 결국 사람의 마음이 정하는 것이고, 그 마음을 읽지 못하면 성공할 수 없겠다는 '깨달음'이었다.

나성욱 매니저는 이 책을 피터 린치의 《월가의 영웅》에 비견할 수 있다고 말한다. 《월가의 영웅》이 뛰어난 펀드매니저가 개인 투자자를 위해서 아주 쉽게 쓴 책이라면, 《주식투자의 지혜》는 거기서 채워주지 않은 한 조각을 맞춰 퍼즐이 완성된 느낌을 준다.

백 명의 사람이 있으면 백 가지 투자법이 있다. 누구도 다른 사람의 투자법을 온전히 이해하지 못한다. 나라고 이 책의 저자 천장팅의 투자법을 감히 '안다'고 단언할 수 없다. 그러나 이 세상에 확실한 것은 없고, 이 와중에도 다른 사람의 지혜를 빌려 '거인의 어깨에 올라서는' 데 조금이나마 도움이 되길 바라는 마음으로 글을 보탠다.

차트를 보시나요?

투자 이야기를 나누다 보면 빠지지 않고 등장하는 질문이 있다. "차트를 보시나요?" "기술적 분석을 어떻게 생각하시나요?" "차트를 분석하는 게 도움이 되나요?"

결론부터 말하면 이렇다. "네, 차트를 봅니다. 가끔 봅니다. 그런데 차트만 보는 건 아닙니다. 차트를 얼마나 중시하느냐고요? 그때그때 다릅니다."

뭔가 대답한 것 같기도 하고 회피한 것 같기도 해서 아리송하지만 예를 들어 설명해보겠다.

아래 차트는 'KODEX 은행' ETF의 주가와 거래량을 주간

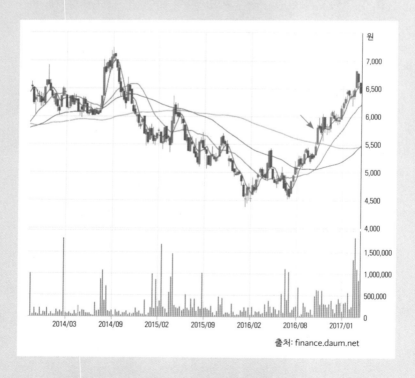

출처: finance.daum.net

주식투자의 지혜

단위로 표시한 것으로 2013년 말부터 2017년 초까지의 차트다. 여기서 최적의 매수 지점은 화살표로 표시한 2016년 10월 17~21일 주간이다. 수년간의 하락 끝에 2015년 말에 한 번, 2016년 중순에 한 번 해서 두 번의 바닥을 형성하고 반등한 후, 직전 고점인 2016년 4월 5,300~5,500원 언저리를 강하게 뚫고 올라가는 지점이다. 저항선 부근에서 몇 주간 머무르다가 모종의 이유로 저항을 뚫고 시세가 분출되는 모습이다. 이후 어떻게 되었을까?

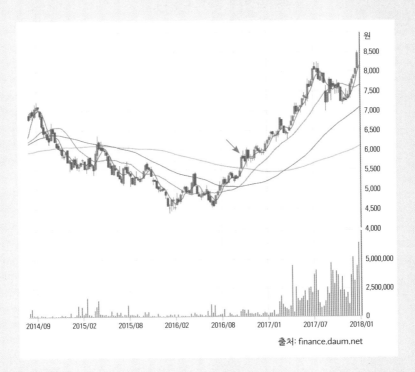

출처: finance.daum.net

2017년 내내 큰 폭의 상승을 그린다. 그런데 이렇게 단순하게 '쌍바닥 형성 이후 전고점 돌파'라는 기준만으로 이런 결과가 나올 수 있을까? 전혀 아니다.

2016년으로 돌아가서 은행 업종을 살펴보자. 당시는 2008 글로벌 금융위기의 여파를 딛고 세계 경제가 회복한 이후 금리 인상을 고려하던 시기였다. 그간 '더블 딥'이냐 '테이퍼링'이냐를 비롯해 다양한 우려와 이슈들이 있었는데, 그걸 다 극복하고 이제는 경제가 충분히 안정되었다는 판단하에 미 연준에서 2015년 12월, 금융위기 이후 최초로 금리 인상을 단행한다.

일반적으로 금리 인상은 은행업에 호재로 인식되지만, 한국의 은행주를 사기에는 그것만으로는 부족하다. 당시 한국은 오히려 경기가 안 좋은 상황이었다. 한국을 대표하는 중후장대 산업들, 즉 건설, 조선, 운송, 화학, 철강 등이 부진을 면치 못했고, '산업재'이자 '수주산업'으로 분류되는 건설과 조선업은 대규모 손실을 보였다. 이에 따라 은행에서는 이 회사들에 내준 대출을 끊임없이 상각해야 했고, 은행주 실적은 수년간 저조했다. 은행업의 PBR은 0.2~0.5배 수준으로 전 업종 중에서 가장 낮았다.

그러던 와중에 2015년 하반기부터 놀라운 일이 일어난다. 경기가 그렇게 나쁘지 않았고 은행들이 공격적으로 상각해놓은 대출들이 지나치게 보수적이었다는 것이 드러나면서 대출금이 조금씩 '환입'되기 시작한 것이다. 그 규모가 매 분기 수백억에서 수천억 원에 달했다. 여기에 더해 부동산 경기가 활황을 띠면서 신규 대출도 늘어났다. 그동안 낮은 수익성으로 만년 소외주였던 은행의 이익이 폭발적으로 증가하기 시작한 것이다.

한편 당시 다른 업종들을 보면 그렇게 나쁘지 않다 정도이지, 이익의 성장을 기대할 만한 섹터는 거의 없었다. 그렇기에 은행업의 이익 성장이 더욱 부각될 수 있었다.

그리고 또 한 가지. 금융업은 기본적으로 규제 산업이다. 더구나 한국의 은행들은 대부분 외국계 자본이 대주주이기 때문에, 은행이 많은 이익을 올리고 배당금을 지급하는 것을 정부가 마땅치 않게 여긴다. 따라서 은행의 이익이 아무리 늘어나도 그 이익이 주주의 몫으로 돌아오지 않으리라는 생각이 투자자들 사이에 지배적이다.

그런데 2016년 하반기는 당시 정권의 마지막 해를 앞두고 있었고, 보통 그때쯤에는 '레임덕'을 떠올리게 마련이다. 레임덕이 실제로 존재하건 그렇지 않건 간에 투자자들은 레임덕을 기대하고 움직일 수 있다는 뜻이다.

이렇게 펀더멘털과 심리 측면에서, 이익의 절대 강도와 상대 강도, 규제 등에서 긍정적인 분위기가 모락모락 피어오르던 와중에 저렇게 임계점을 형성하는 차트의 모양이 만들어진 것이다. 즉, 모종의 이유로 은행업을 긍정적으로 보는 사람이 부정적으로 보는 사람보다 훨씬 많아졌다.

만약 펀더멘털 지표를 보지 않았다면 어땠을까? 2014년 중순이나 2015년 하순의 유사한 차트에 뛰어들었다가 낭패를 볼 수 있었을 것이다.

만약 펀더멘털 지표'만' 보았다면 어떻게 되었을까? 앞에서는 이익의 절대 강도와 상대 강도를 언급했는데, 이런 사항을 무시하고 가치 지표인 PER, PBR 등만 보았다면 이미 한참 전에 은행주를 매수했을 것이다. 은행주는 언제나 쌌으니까. 그리고 몇 년간 더욱더 싸졌다. 즉, 물려 있게 된다는 뜻이다.

매도 시점에 대해서도 이야기해보자. 2018년 4월 6일 시점의 주봉 차트다. 2016년을 바닥으로 주가가 2년간 60% 이상 상승

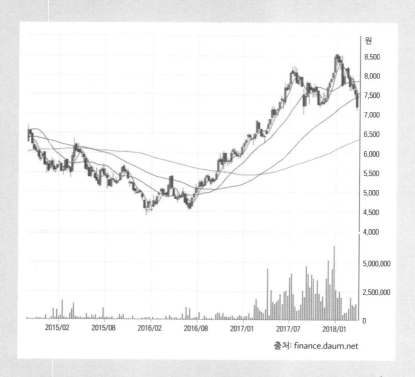

출처: finance.daum.net

했다. 박스권에 머무르던 코스피와 비교하면 괄목할 상승 폭이다. 그러다가 2018년 1월 고점을 찍고 하락, 2월 재차 반등을 시도하지만 전고점을 넘기지 못하고 미끄러진다. 그리고 직전 저점, 2017년 연말에 두 번의 반등을 보여서 지지선으로 작용해준 7,300원 레벨을 뚫고 하락한다. 거래량도 2017년에 확 늘어났다가 확연히 줄어드는 모습을 보여준다.

보통 이런 차트를 '헤드앤숄더'라고 부르고, 나는 '뒤돌아보지 말고 도망가야 할' 차트라고 부른다.

당시의 펀더멘털과 심리를 살펴보자. 은행주들의 '충당금 환입' 사이클은 거의 끝났다. 은행업에 대한 기대감이 높았고, 좋게 보는 사람들은 남은 금리 인상을 기대하고 있었다. 그런데 사실 한국의 은행들은 금리 인상에 따른 실적 수혜를 그렇게 많이 보지는 않는다. 어쨌거나 금리는 2015년부터 2017년까지 다섯 차례 인상되었고, 추가로 인상한다 하더라도 은행의 실적 개선 폭이 그렇게 크지는 않을 가능성이 높았다. 더구나 새로운 정부가 들어서면서 규제가 강화될 조짐이 보이고 있었다. 2015~2016년 시점으로 돌아갔을 때 은행을 안 좋게 보던 요소들이 2018년 시점에는 실제로 그대로 작동할 가능성이 높아졌다. 여기서 남들보다 좀 더 발 빠르게 움직이는 투자자들이 팔고 나가면서 지지선을 뭉개고 주가가 하락하는 것으로 해석할 수 있다.

이후 주가는 어떻게 되었을까? 2년간 내리 하락세를 겪으며 고전을 면치 못했다. 2020년의 급락은 코로나 때문이라고 쳐도, 그 이전의 주가도 결코 좋다고 볼 수 없다.

차트만 보는 투자자라면 저 사이사이의 수많은 반등 지점과 '매수 시그널'에 혹해 매수했다가 손해를 보았을 것이다.

가치 지표만 보는 투자자라면 어땠을까? 고점에서도 PBR 1배를 넘기지 못했기 때문에, 저 모든 과정에서 '아직도 싼데'를 외치면서 매도 기회를 잡지 못하고 평가손실만 하염없이 바라보고 있었을 것이다. 혹은 미약한 수익률에 만족하며 아주 일찍 팔

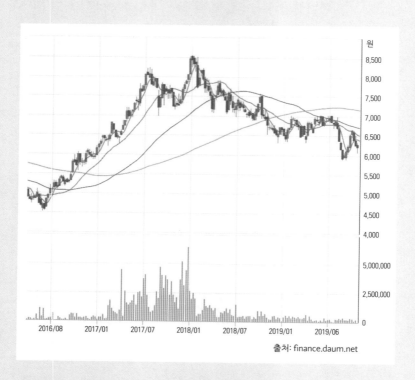

출처: finance.daum.net

주식투자의 지혜

아버렸거나. (최악은 그다음에 다시 사서 물리는 상황이다. 흠흠.)

차트를 본다는 건 무슨 뜻인가?

차트를 참고하는 것이 투자 성과에 (어쩌면) 도움이 될 수도 있다고 말했다. 그러나 몇 가지 사례만 가지고 '이게 도움이 된다'라고 말하는 건 위험하다.

좀 더 진지하게 논의해보자. '차트를 본다'는 건 대체 무슨 뜻일까? '차트를 본다'와 '기술적 분석 지표를 활용한다'는 상당히 다른 이야기다. 이동평균선 등 단순한 지표부터 MACD 오실레이터, 스토캐스틱, 볼린저 밴드 등 차티스트들이 사용하는 다양한 지표들이 있고, 각각의 지표는 고유의 '매수 시그널'과 '매도 시그널'을 제시한다.

그러나 그 지표들은 대체로 좋은 성과를 내지 못한다. 단기간 좋은 성과를 내더라도, 시간이 지나면 지표의 유의성이 희석되거나, 투자자가 굴리는 돈이 많아질수록 그의 매매 자체가 지푯값에 영향을 미쳐 성과가 낮아지기 때문이다.

그런 이유로 펀더멘털을 중시하는 투자자들은 '기술적 분석 지표'들을 '혐오'에 가까운 심정으로 대한다.

그런데 재밌는 것은, 펀더멘털 지표를 중시하는 수많은 투자자 또한 시장을 이기는 수익률을 내기가 대단히 어렵다는 점이다. 펀더멘털을 잘 분석해서 우량한 기업 혹은 턴어라운드하는 기업, 싼 기업을 사더라도 그다지 좋은 성과가 나지 않는다. (그나마 다행스럽게도, 펀더멘털을 중시하는 투자자는 대체로 차티스트보다 회전율이 낮기 때문에 짧은 기간에 큰 손해를 보는 일이 적다.)

차티스트는 그런 펀더멘털리스트가 과거에 있었던 일들과 서류 더미에만 파묻혀 사는, 현실을 모르는 사람이라고 생각한다. 자신은 펀더멘털로는 드러나지 않는, 실제 투자자의 움직임을 추적하는 시장의 '선수'라고 간주하고 말이다.

서로를 비난하는 아름답지 않은 이야기는 이쯤 하고 생산적인 이야기를 해보자. '가격'이란 무엇일까? 그리고 펀더멘털을 보는 사람들이 그렇게나 중요시하는 '가치'는 무엇일까?

나는 책 《주식하는 마음》에서, 가치는 각자의 마음속에 있는 주관적인 '환상'이고 가격은 그러한 환상들이 만나는 '합의된 환상'이라고 말한 바 있다.

주식은 회사에 대한 소유권의 일부이기 때문에 가치가 분명히 존재한다. 가치가 얼마인가는 공식으로도 표현할 수 있다. 문제는 그 공식에 들어가는 수치들이 상당히 주관적이기 때문에, 아무리 논리적인 가정을 사용한다 하더라도 결괏값이 주관적일 수밖에 없다는 점이다.

앙드레 코스톨라니는 '시세 = 돈 + 심리'라는 유명한 말을 남긴 바 있다. 가격이란 결국 그 자산을 대하는 사람들의 기분이 좋은가 나쁜가, 그리고 그 기분을 행동으로 옮길 돈이 많은가 적은가에 달려 있다는 뜻이다.

주식이 '기업의 소유권'이라는 객관적인 실체를 표상한다 할 지라도 거기에 얼마의 값어치를 매길 것인가는 사람들의 마음에 달려 있다. 따라서 기업의 내용, 즉 펀더멘털을 아무리 들이 파더라도 같은 실체를 보는 사람들의 판단이 제각각이기 때문에, 사람들의 심리를 이해하지 못하면 좋은 성과를 내기 어렵다. 그리고 심리만 보면 그 사람들이 무엇을 보고 있는지를 모르기 때문에 실체 없는 허상만 좇게 될 가능성이 무척 높다.

비유하자면, 펀더멘털만 보고 주식을 사는 것은 직원을 채용할 때 그 사람에 대한 다른 사람들의 평판을 확인하지 않는 것과 같다. 물론 좋은 사람을 채용하게 될 수도 있지만 가능성은 낮다. 차트만 보고 주식을 사는 것은 다른 사람의 평판만 듣고 직원을 채용하는 것과 같다. 실제로 내가 눈으로 확인할 수 있는 그 사람의 실적이 있음에도 불구하고 무시한다면 역시나 좋은 의사결정이 아닐 가능성이 높다.

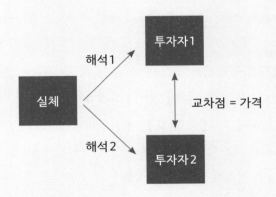

정리하면 가격이란 실체에 대한 해석들의 만남이다. 따라서 실체만 보아서는 가격을 이해할 수 없고, 해석의 교차점만 보아서도 가격을 이해할 수 없다. 누가 어떤 실체를 어떻게 해석하고 있는가를 보아야 한다. 펀더멘털을 이해하는 것은 가격을 이해하는 첫걸음이고, 심리를 이해하는 것은 가격을 이해하는 두 번째 걸음이다. 두 걸음을 온전히 걸어가야 시장을 제대로 마주할 수 있다.

무엇을 볼 것인가? 임계점과 확률분포

이 책의 저자는 차트 분석의 핵심은 임계점을 찾는 일이라고 누차 강조하면서 유리한 확률에만 자금을 투입하라고 한다. 확률분포는 미래에 생각할 수 있는 각각의 이벤트가 일어날 확률, 그리고 각 이벤트가 일어날 때 내가 얻을 이익/손실로 분해된다.

나는 《주식하는 마음》과 여러 매체에서 초과수익의 원천은 '시장과 나의 생각 차이'에 있다고 말한 바 있다. 주식의 미래에 대해서 ① 시장과 나의 생각이 다르고 ② 내 생각이 맞고 ③ 시장이 거기에 동의해서 생각을 바꾸면 시장을 뛰어넘는 수익을 볼 수 있다. ①은 펀더멘털 분석과 현재까지의 가격 움직임에서 추론 가능하다. 내 생각이 맞을 경우 얼마를 벌지, 틀릴 경우 얼마를 잃을지 계산하면 확률분포 계산의 첫걸음을 뗀 것이다.

그렇다면 여기서 '임계점'의 역할은 무엇인가? 저자가 말하는 임계점을 내 표현으로 바꾸면 '시장이 생각을 바꿔서 내 생각에 동의하기 시작하는 지점'이다. 내가 맞을 경우 100을 벌고 틀릴 경우 30을 잃는다면 이익:손실이 10:3이므로 내게 유리하다. 그러나 여기에는 내가 이길 확률과 질 확률이 빠져 있어서 약간 아쉽다. 나는 편의상 50:50으로 상정하지만 임계점을 찾아낸다면 이 확률을 유의미하게 높일 수 있다.

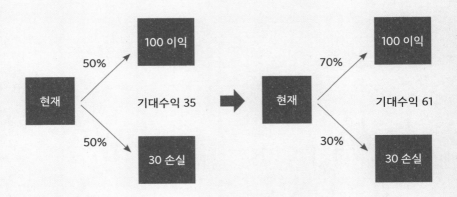

물론 사건이 일어날 가능성을 추론하는 것은 사건이 일어났을 때의 이익:손실을 계산하는 것보다 훨씬 어렵다. 그러나 임계점은 내가 돈을 벌 확률을 유의미하게 높여줄 수 있다는 것만으로 크게 도움이 된다. 자세한 내용은 본문에 나와 있으니 여기서는 사례를 하나 들어보겠다.

한국을 대표하는 화학회사 'L사'는 2015년 2분기 영업이익이 6,000억 원을 넘겼다고 발표한다. 그 이전 최고 호황기인 '차화정' 시절에 연간 영업이익이 1조 원 내외였던 점을 감안하면 어마어마한 실적이다. 실적이 발표된 2015년 8월 17일에 이 기업에 관심을 가지게 되었다고 해보자. 아래는 주가 차트다.

펀더멘털을 분석한 결과, 유가가 하락하고 그로 인한 수요 증가가 본격화되면서 이익이 증가하는 중임을 확인했다. 2015년 중반에 주가가 급등한 것으로 보아 실적에 대한 기대감이 이미 어느 정도 반영되었고, 오히려 실적 발표가 임박하자 주가가 하락했다고 해석할 수 있다.

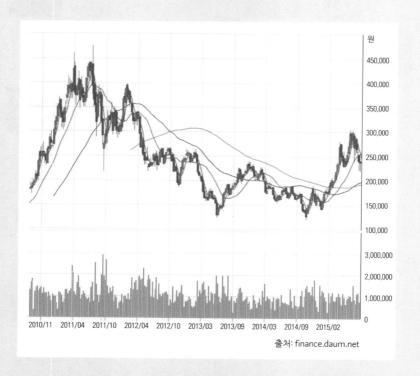

출처: finance.daum.net

가치 지표로 보면 반기 말 자기자본이 7.4조 원이고 시가총액이 8.1조 원이니 PBR은 1.09배다. 과거의 PBR 추이를 보면, 이례적이었던 '차화정' 시기를 제외하면 0.7배에서 1.5배 사이를 오갔다. 그렇다면 1.09배는 딱 그 중간이다. 아래는 '차화정' 시기가 끝난 직후부터 현재까지의 PBR 추이다.

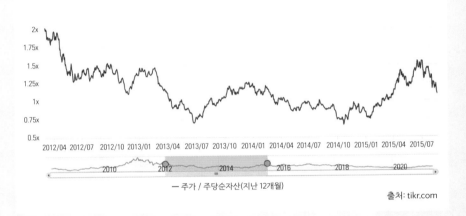

— 주가 / 주당순자산(지난 12개월)

출처: tikr.com

지금 투자에 나선다면 얼마나 유리한 확률일까?

먼저 긍정적인 시나리오에서의 업사이드를 생각해보자. 펀더멘털 분석 결과, 이번 2분기에는 미치지 못하지만 그래도 향후 1년간 영업이익 1조 원 정도는 할 수 있고 순이익이 7천억 정도는 된다고 판단했다고 해보자. (배당을 고려하지 않으면) 1년 후 자기자본은 8.1조 정도가 될 테고, 정상 국면에서 밴드 상단인 1.5배가 된다면 시가총액은 12.15조가 될 것이다. 그럼 업사이드는 현재의 시가총액 8.1조 대비 50%가 된다. 만약 진짜 시장이 뜨거워져서 '차화정' 시기만큼의 프리미엄을 받는다면 PBR 2배 이상도 기대해볼 수 있다. (최고치는 2011년 3월의 3.5배였다.) 적당히 기분 좋게 2배까지만 고려해본다면 시가총액은 자기자본 8.1조 × 2배 = 16.2조가 되어 업사이드는 100%가 나온다. 좋다.

다운사이드를 보자. 이익이 이번 2분기를 기점으로 피크아웃하고 업황이 별로 안 좋아서 순이익이 3,000억 정도밖에 안 났다고 해보자. 그럼 자기자본은 현재의 7.4조에 0.3조를 더한 7.7조가 될 테고, PBR은 밴드 하단인 0.7배를 적용할 수 있다. 시가총액은 7.7조 × 0.7배 = 5.39조가 되니 다운사이드는 -34%가 나온다.

향후 1년간, 적당히 호황이 지속되면 업사이드는 50%, 업황이 그 이상 좋으면 두 배 이상이 나오고, 무언가 잘못되어도 다운사이드는 -34%니까 유리한 확률인 것 같아 보인다.

매수해보고 싶은데 타이밍이 궁금해진다. 사실 이 정도 유리한 확률이면 일부 매수해놓고 타이밍을 재는 게 좋지만 그건 각자의 취향에 맡기겠다. 저자가 이야기하는 '임계점'을 골라보자.

우선 내 기준이 있어야 할 테니, 바닥을 지지한 다음 전고점을 뚫고 올라가는 형태를 매수(혹은 비중 확대) 시점으로 삼고, 저점을 뚫고 내려가는 지점을 손절매 시점으로 삼겠다고 해보자. (혹은 업황이 꺾여서 앞서 이야기한 1.5배 이상의 PBR을 전혀 기대할 수 없는 상황이 되었다면 그때도 팔아버리자.)

실제로 주가 차트를 열어서 한 칸씩 옆으로 옮겨 가며 찾아보면 흥미롭다. 몇 개월 옆으로 당겨보면 이런 모양이 나오면서 두 번의 유의미한 '임계점'이 드러난다. 2016년 2월 22일 주간에 전고점인 30만 원을 뚫고 올라갔고, 약간의 조정을 거친 다음 (저점을 낮추지 않은 채로) 2016년 12월 5일 주간에 높아진 직전 고점인 34만 원 라인을 또 돌파했다. 거래량이 계속 줄어서 아쉽기는 하지만, 이 정도면 꽤 유의미한 지점이다.

출처: finance.daum.net

이후는 다음과 같이 지속적인 상승을 보여주고, 여전히 저점을 낮추지 않는다. 저자가 말하는 '정상적인' 상승 차트다. 업황도 계속 호조여서(생각보다 더 좋아서) 2017년의 연간 영업이익은 무려 2.9조 원이 나왔다.

매도 타이밍은 어떻게 잡아야 할까? 펀더멘털로는 사실 이미 매도 시점이 나왔다. 2017년 2분기에 이미 분기 영업이익이 전년 대비 -8.9% 역성장했다. 이때부터 매도 고민을 계속 하고 있어야 한다. 비중을 일부 축소해도 된다.

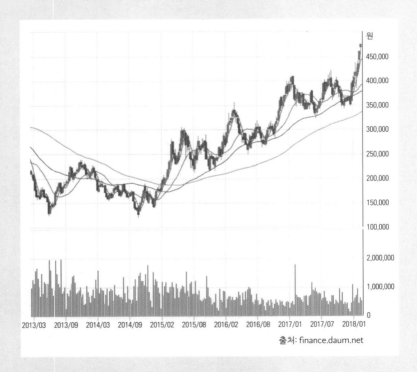

출처: finance.daum.net

주식투자의 지혜

    2018년 6월 18일 주간에 드디어 유의미하게 전저점 35만 원 라인을 깨고 내려왔다. 이 지점이 약간 애매하다면 2주 후인 7월 2일 주간에 더 확실하게 33만 원까지도 깨고 내려온다. 차티스트는 '3개 이평선 정배열 패턴'이 깨지고 '장기 이평선 이탈', '데드 크로스'라고 부르는 형태다. 나는 '뒤돌아보지 말고 도망가야 하는 차트'까지는 아니고 '별로 재미없는 그림'이라고 표현한다.

    이 시기면 2017년 4분기와 2018년 1분기의 2분기 연속으로 전년비 영업이익이 역성장하는 실적을 내놓은 이후다. 가치 지

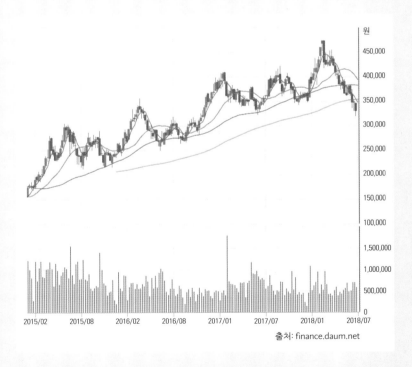

출처: finance.daum.net

표로 보면 2분기 말 영업이익은 10.4조(와, 많이 올라왔다), 시가총액은 11조 원 수준이다. PBR은 1.05배로 2년 전 주식을 샀을 때와 별반 달라지지 않았다. 자기자본의 증가 속도가 가팔라서, 주가가 30% 이상 상승했음에도 불구하고 가치 지표는 그대로다. 가치 지표만 본다면 이 지점에서 '팔기엔 아깝다'라고 판단할 수도 있었겠다. 차트가 유의미하게 매도 시그널을 이야기하니 다 팔아도 그만이고, 아까우면 조금은 남겨두어도 된다.

이후에는 어떻게 되었을까?

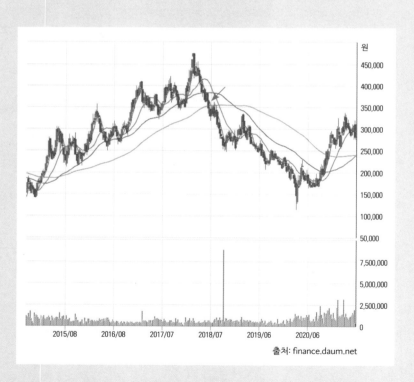

출처: finance.daum.net

주식투자의 지혜

어마어마하다. 화학이 코로나 수혜 업종으로 부각되면서 코로나 이전보다 높은 수준까지 반등하기는 했지만, 우리가 팔았던 때의 주가는 회복하지 못하고 있다. 2018년 6~7월 시점에 다 팔았다면 행복할 테고, 일부 남겨놨더라도 일부이니 손실 폭은 크지 않을 것이다. (어쩌면 코로나 때 PBR이 0.3배까지 하락하는 걸 보고 비중을 늘렸을 수도 있다.)

형의 극치는 무형

복잡계에서 의사결정의 핵심은 '유리한 확률분포에서 다수 시행을 해나갈 수 있느냐'다. 문제는 현실에는 동일한 환경에서 반복되는 사건이라는 게 존재하지 않기 때문에 확률분포를 온전히 추론할 수 없고 완전한 다수 시행을 반복할 수도 없다는 것이다.

확률분포를 추론하려면, 그리고 다수 시행을 한다고 주장하려면 현재 바라보고 있는 사건이 과거의 어떤 사건과 유사한지를 판단해야 하는데, 그 판단 자체가 각자의 주관이다. 앞서 이야기한 모든 설명이 무의미해질 수 있다.

그러나 좌절할 필요는 없다. 인간의 사고방식이라는 게 원래 주관적이고 순환 참조다. 엄밀한 합리성으로 돌아갈 것 같은 과학계에서도 따지고 따져보면 궁극적으로는 검증되지 않는 가설들이 서로를 참조하면서 '패러다임'을 형성한다. (장하석 교수의

《과학, 철학을 만나다》를 읽어보면 좋다.) 그렇게 한계가 명확한 인간의 사고방식으로도 달에 사람을 보내고 수백 미터 높이의 건물도 쌓아 올린다. 인간은 원래 그렇게 살아간다. 무엇 하나 확실한 게 없는 판에서 꾸역꾸역 뭐라도 해보려고 노력하고, 실패하고, 또 노력한다.

실패로부터 배우고 다른 사람의 지혜로부터 배우다 보면 언젠가는 저자가 강조하는 '무초식의 경지'에 다다를 수 있지 않을까 한다. 모든 분께 행운이 있기를 바란다.

形兵之極至於無形
無形 則深間不能窺 智者不能謀
因形而措勝於衆 衆不能知
人皆知我所以勝之形 而莫知吾所以制勝之形
故其戰勝不服 而應形於無窮

형의 극치는 무형이다.
특정 형태가 없으면 깊이 잠입한 첩자도 형태를 탐지할 수 없고,
지혜 있는 자도 계책을 꾸미지 못한다.
형태에 따라 대중의 눈앞에서 승리를 만들어내지만,
대중은 승리의 이유를 알아차리지 못한다.
사람들은 내가 승리한 형태는 알고 있어도,
어떻게 그 형태로 승리를 만들어냈는지는 알지 못한다.

주식투자의 지혜

그러므로 싸워 이기는 방법은 반복함이 없고,

적과 나의 형세에 따라 막힘없이 응용해나간다.

-《손자병법》〈허실편〉

홍진채(라쿤자산운용 대표)

주식투자의 지혜

초판 1쇄 | 2021년 6월 10일
    15쇄 | 2024년 4월 10일

지은이 | 천장팅
옮긴이 | 김재현, 양성희
감수 | 홍진채

펴낸곳 | 에프엔미디어
펴낸이 | 김기호
편집 | 양은희
기획관리 | 문성조
디자인 | 채홍디자인

신고 | 2016년 1월 26일 제2018-000082호
주소 | 서울시 용산구 한강대로 295, 503호
전화 | 02-322-9792
팩스 | 0303-3445-3030
이메일 | fnmedia@fnmedia.co.kr
홈페이지 | http://www.fnmedia.co.kr

ISBN | 979-11-88754-42-7